Zaubertricks für Dummies

Schummelseite

TÄUSCHUNG INKLUSIVE

Kneie Sogre, ich nib kine Legsahtekiner – nien! Man hat bei eneir elgnishcen Stidue huaresgfenuedn, dass es vilölg uwinichtg ist, in wlecher Reehinfloge die Bchstubaen in eenim Wort snid, dnen wir lseen ncht jdeen Bustchaebn ezineln, sndoern das Wort eehr als Blid. Kmoisch, was usner Gherin so mchat, oedr? Veil Sapß mit deeism Bchu!

So leicht, wie ich soeben Ihr Gehirn getäuscht habe, so leicht werden Sie in Kürze auch Ihre Zuschauer täuschen. Allerdings wesentlich prägnanter und effektvoller, als ich es hier getan habe. Die Zaubertricks in diesem Buch sind einfach auszuführen, leicht zu merken und überaus effektvoll. Vrepsrochen!

MAGISCHE WORTE UND IHRE BEDEUTUNG

- ✔ **Aufsitzer:** Ein Kunststück, dessen Geheimnis Sie scheinbar preisgeben. Am Ende merken die Zuschauer aber, dass sie doch getäuscht wurden.
- ✔ **Routine:** Der detaillierte Ablauf eines Zauberkunststücks.
- ✔ **Programm:** Die Abfolge der vorgeführten Zaubertricks.
- ✔ **Palmage:** Das heimliche Verbergen eines Gegenstands in der Hand. (Sehen die Zuschauer den Gegenstand trotz Ihrer Bemühungen, so handelt es sich nicht um eine Palmage, sondern um eine Blamage.)
- ✔ **Blitzen:** Wenn ein verborgen gehaltener Gegenstand trotz aller Sorgfalt doch von den Zuschauern gesehen werden kann, dann »blitzt« er.
- ✔ **Amateur:** Hobbyzauberer. Im Gegensatz dazu verdient ein »Profi« mit der Zauberkunst seine Brötchen.
- ✔ **Assistent:** Ein Zuschauer oder eine Zuschauerin, der/die Ihnen bei der Ausführung eines Zaubertricks behilflich ist. Die Person kann eingeweiht sein, dann kennt sie das Trickgeheimnis und ist Ihr heimlicher Helfer. Oder sie ist nicht eingeweiht und vom Effekt (hoffentlich) überrascht.
- ✔ **Effekt:** Die Wirkung eines Zauberkunststücks.
- ✔ **Sauber:** Wenn am Ende eines Kunststücks keine präparierten Gegenstände mehr vorhanden sind, so sind Sie »sauber«, und zwar unabhängig davon, wann Sie zuletzt gebadet haben.
- ✔ **Präparation:** Die heimliche Vorbereitung von Hilfsmitteln oder Requisiten, um einen bestimmten Effekt zu ermöglichen.

Zaubertricks für Dummies

Schummelseite

- ✔ Close-up: Die Zauberei in nächster Nähe, sozusagen direkt unter den Nasen der Zuschauer.
- ✔ Force: Das unmerkliche Aufdrängen eines bestimmten Gegenstands (beispielsweise einer Spielkarte), obwohl der Zuschauer glaubt, eine freie Wahl zu haben.
- ✔ Gimmick: Ein (präparierter) Gegenstand, der einen bestimmten Effekt ermöglicht oder zustande bringt.
- ✔ Illusion: Magischer Effekt.
- ✔ Stegreif: Vorführung ohne Vorbereitung, aus dem Stand heraus.
- ✔ Indifferente Karte: Beliebige Karte ohne Relevanz.
- ✔ Manipulator: Zauberkünstler, der bei der Ausführung seiner Tricks in erster Linie auf Handfertigkeiten angewiesen ist.
- ✔ Misdirection: Körpersprachliche Ablenkung vom eigentlichen Trickgeschehen.
- ✔ Dummie: (blutiger) Anfänger, Novize, Azubi, Nixblicker, Schüler, Dummian, absolute beginner.
- ✔ Vortrag: Gesprochene Untermalung, die das Kunststück interessant macht und ggf. sprachlich falsche Fährten legt, um vom Trickgeheimnis abzulenken.
- ✔ Üben: Unerlässlich, um Zauberkunststücke erfolgreich vorführen zu können.
- ✔ Vorhersage: Notiz über später eintreffende Ereignisse.
- ✔ Riffeln: Abspringenlassen von Spielkarten.

WIE WERDE ICH EIN GUTER ZAUBERER? ZEHN PROFI-TIPPS

1. Lesen Sie dieses Buch nicht nur sorgfältig durch, sondern auch von vorne nach hinten und von links nach rechts. Besorgen Sie sich parallel die Requisiten und probieren Sie wirklich jeden Effekt aus. Auch wenn Sie schon nach dem Lesen eine Vorstellung haben, wie die Sache abläuft (Bravo!), sollten Sie doch alle Tricks wirklich in die Tat umsetzen, um sich mit den unterschiedlichen Zauberprinzipien auseinanderzusetzen (mehr dazu in Kapitel 19). Dadurch wird Ihr Verständnis für diese Kunst geschärft und Sie bekommen einen echten Gegenwert für jeden einzelnen Buchstaben. Schließlich haben Sie dafür bezahlt.

2. Die Tricks und Kniffe in diesem Buch sind so ausgewählt, dass Ihnen die Tricktechnik möglichst leichtfällt (ich höre schon die Blondine rufen: »Ach so, das ist für Dummies!«). Aber Zauberei ist nicht »einfach« oder »simpel«. Erst die richtige Vorführung eines »Tricks« macht aus ihm ein »Kunststück«. Üben Sie daher alle Abläufe, sodass Sie alles »wie im Schlaf« beherrschen (aber nicht dabei einschlafen!).

Zaubertricks für Dummies

Schummelseite

Wenden Sie sich dann der Präsentation zu, also der Art und Weise, wie Sie Ihre Nummern präsentieren (ich präsentiere am liebsten die Nummer 0 und die Nummer 8. Scherz beiseite: Gehen eine 0 und eine 8 durch die Wüste. Sagt die 0 zur 8: »Du hast aber einen schicken Gürtel!«).

3. Sprechen Sie einen passenden Text zur Illustration und Verdeutlichung Ihrer Handlungen (aber nicht einfach »Ich habe hier ein Seil«). Schauspielern Sie, lenken Sie die Aufmerksamkeit Ihres Publikums auf bestimmte Zusammenhänge. Das alles hilft Ihnen dabei, das eigentliche Trickgeheimnis zu verschleiern (häufig im Orient angewandte Technik).

4. Treten Sie mit Ihren Tricks so oft wie möglich vor immer neuem Publikum auf (Verschleiß ist alles). Lernen Sie aus jeder einzelnen Vorführung: Was kam gut an, wo wurde über Gags geschmunzelt oder gelacht, was ist schiefgegangen, woran muss ich noch arbeiten?

5. Üben, üben, üben. Sie werden überrascht sein, wie schnell Sie den einen oder anderen Kniff vergessen, wenn Sie sich nicht permanent damit beschäftigen. Daher ist regelmäßiges Üben im stillen Kämmerlein ganz wichtig! (Sogar dann, wenn es im stillen Kämmerlein ganz schön laut ist.)

6. Denken Sie immer daran, dass Sie nicht wegen der Tricks zaubern, sondern zur Unterhaltung Ihrer Zuschauer (und damit ich mit dem Buchverkauf einen Reibach mache). Kein Mensch wartet darauf, von Ihnen hinters Licht geführt zu werden (ich warte nur darauf, dass noch mehr Dummies mein Buch kaufen). Doch wenn Sie es schaffen, dem Publikum ein paar lustige oder spannende Minuten zu bereiten, dann haben Sie gewonnen! (Und ich natürlich auch!)

7. Nutzen Sie jede nur denkbare Gelegenheit, andere Zauberer auf der Bühne zu erleben. Auf diesem Wege werden Sie vieles hinzulernen. Manch einer führt vielleicht sogar etwas vor, was den Tricks in diesem Buch ähnelt. Und Sie werden sich ganz bestimmt wundern, was in den Händen eines »Profis« daraus werden kann. Es geht eben nicht nur darum, das Geheimnis eines Tricks zu kennen, sondern ihn mit der richtigen Story und der richtigen Präsentation vor Publikum zu bringen. Damit Sie sich näher über die Profis und ihre Auftritte informieren können, stehen bei den meisten die Internetadressen dabei (bei den anderen spuckte meine Suchmaschine nichts aus ...). Suchen Sie darüber hinaus Kontakt zu Gleichgesinnten und tauschen Sie sich aus. Eine ideale Plattform für den Kontakt mit anderen Zauberern ist der Magische Zirkel von Deutschland. In Kapitel 21 finden Sie weitere Informationen hierzu.

8. Stellen Sie sich ein Programm zusammen, bei dem die Kunststücke möglichst sinnvoll aneinandergereiht sind (das heißt, fangen Sie nicht mit dem Ende an!). Beginnen Sie mit einem kurzen, klaren und verblüffenden Effekt, um die Zuschauer neugierig auf mehr zu machen. Danach können Sie zwei oder drei längere und vielleicht auch anspruchsvollere Tricks zeigen. Der Schluss sollte dann wieder sehr klar und vor

Zaubertricks für Dummies

Schummelseite

allem sehr täuschend sein. Ihre Darbietung benötigt also einen Spannungsbogen. Dazu tragen die eigentlichen Tricks und natürlich Ihre Präsentation bei. Meist reicht ein Programm von zehn Minuten völlig aus; übertreiben Sie es bitte nicht (besonders im Interesse der armen Zuschauer-Opfer).

9. Wiederholen Sie kein Kunststück vor gleichem Publikum. Man wird sich auf Ihre »falschen Fährten« und Ablenkungsmanöver nicht mehr einlassen, sondern versuchen, das Trickgeheimnis zu ergründen. Sie können sich gar nicht vorstellen, wie enttäuscht Ihr Publikum ist, wenn es herausfindet, wie einfach viele Ihrer »Wunder« in Wirklichkeit sind.

10. Besuchen Sie meine Website www.Zauberbuch.de. Dort finden Sie weitere Hinweise zu den Tricks und Kniffen in diesem Buch. Und sicher finde ich noch einen Weg, Ihnen auch im Internet das Geld aus der Tasche zu ziehen.

Den Trick zu dieser Abbildung, mit dessen Hilfe Sie den Dummie verschwinden lassen können, finden Sie in Kapitel 1. Sie können die Abbildung auch von meiner Website www.Zauberbuch.de herunterladen.

Zaubertricks für Dummies

Oliver Erens

Zaubertricks für dummies

3., komplett überarbeitete Auflage

WILEY-VCH GmbH

Zaubertricks für Dummies

Bibliografische Information der Deutschen Nationalbibliothek

Die Deutsche Nationalbibliothek verzeichnet diese Publikation
in der Deutschen Nationalbibliografie; detaillierte bibliografische
Daten sind im Internet über http://dnb.d-nb.de abrufbar.

3. Auflage 2025

© 2025 Wiley-VCH GmbH, Boschstraße 12, 69469 Weinheim, Germany

Alle Rechte vorbehalten inklusive des Rechtes auf Reproduktion im Ganzen oder in Teilen und in jeglicher Form.

Wiley, the Wiley logo, Für Dummies, the Dummies Man logo, and related trademarks and trade dress are trademarks or registered trademarks of John Wiley & Sons, Inc. and/or its affiliates, in the United States and other countries. Used by permission.

Wiley, die Bezeichnung »Für Dummies«, das Dummies-Mann-Logo und darauf bezogene Gestaltungen sind Marken oder eingetragene Marken von John Wiley & Sons, Inc., USA, Deutschland und in anderen Ländern.

Das vorliegende Werk wurde sorgfältig erarbeitet. Dennoch übernehmen Autoren und Verlag für die Richtigkeit von Angaben, Hinweisen und Ratschlägen sowie eventuelle Druckfehler keine Haftung.

Coverfoto: © Oliver Erens (Foto) / © chet – stock.adobe.com (Hintergrund)
Korrektur: Petra Heubach-Erdmann, Düsseldorf
Satz: Straive, Chennai, India
Druck und Bindung:
CPI Group (UK) Ltd, Croydon, CR0 4YY

Print ISBN: 978-3-527-72250-1
ePub ISBN: 978-3-527-84987-1

C9783527722501_151225

Bevollmächtigter Vertreter des Herstellers gemäß EU-Produktsicherheitsverordnung ist die Wiley-VCH GmbH, Boschstr. 12, 69469 Weinheim, Deutschland, E-Mail: Product_Safety@wiley.com.

Über den Autor

Dr. Oliver Erens, Jahrgang 1967, ist Arzt, Publizist und Hobbyzauberkünstler. Den ersten Kontakt zur Zauberkunst fand er im Alter von zehn Jahren; seither beschäftigt er sich intensiv mit dem Hobby. Erste öffentliche Auftritte hatte er mit zwölf Jahren. Seine Lieblingsbeschäftigung sind Tricks mit Spielkarten, er hat aber im Laufe der Jahre alle Sparten der Magie ausgeübt, darunter Close-up-Zauberkunst, Großillusionen, Mentalmagie und vieles mehr.

Mit 16 Jahren wurde er jüngstes Mitglied des Magischen Zirkels von Deutschland; in diesem Alter erfolgten auch erste Veröffentlichungen eigener Kunststücke in deutschen Fachzeitschriften, später auch in internationalen Zauberzeitschriften. Von 1990 bis 2000 publizierte er in dem deutschen Fachmagazin »Magische Welt«, eine in der Fachwelt viel beachtete Serie über außerordentlich effektvolle Kartenkunststücke, und machte sich damit weit über Deutschland hinaus einen Namen. 1995 zeichnete ihn der Magische Zirkel von Deutschland für seine Publikationen mit dem Titel »Schriftsteller des Jahres« aus.

Sein erstes Zauberbuch veröffentlichte Dr. Erens im Jahre 1995 im Eigenverlag. Er beschrieb darin die besten Tricks von prominenten Zauberfreunden aus aller Welt. Seither publizierte Dr. Erens zahlreiche weitere Bücher, sowohl aus seiner eigenen Feder als auch herausgegeben von ihm; Zielgruppen waren sowohl Laien als auch Fachleute. Ausgewählte Titel erschienen auch in englischer und spanischer Sprache. Seine Publikationen vertreibt er unter anderem im Internet auf www.Zauberbuch.de. Viele Jahre war Dr. Erens auch als Redakteur des monatlich erscheinenden Fachmagazins »MAGIE« des Magischen Zirkels von Deutschland aktiv und trug maßgeblich zum Erfolg der Zeitschrift bei. Ebenfalls für den Magischen Zirkel war er zudem mehrfach Juror bei den Deutschen Meisterschaften der Zauberkunst.

Für »... für Dummies« war Dr. Erens bereits 2001 tätig, als er für das deutschsprachige Fachlektorat von »Zaubern für Dummies« verantwortlich zeichnete, danach verfasste er die Vorgängerauflage dieses Buches und im Jahr 2011 den Band »Zauberei für Dummies«. Darüber hinaus stammt auch »Pressearbeit für Dummies« aus seiner Feder; das Buch entstand aufgrund seiner langjährigen beruflichen Expertise.

Dr. Erens ist verheiratet, hat zwei erwachsene Kinder und lebt in Stuttgart.

Bibliografie (Auszug)

Paramiracles (Mitarbeit, 1994)

Cambella (Mitarbeit, 1995)

Das große Buch der Kartentricks (Mitarbeit, 1995)

Inside CardMagic, Band 1 (1995)

Weiterführende Studien für Mediziner (1995)

Fragmente (Mitarbeit, 1996)

Inside CardMagic, Band 2 (1996)

Inside CardMagic, Band 3 (1997)

Zaubereien und Tricks mit Karten (1998)

Die Magie des David Acer (Mitarbeit, 1999)

Illusionen – Bühnentricks und Großtäuschungen (1999)

Magia y trucos con cartas (2000)

Concertos for Pasteboard (2000)

Zauber-Atlas (2000)

Zauber-Anthologie (2001)

Zaubern für Dummies (Mitarbeit, 2001)

Enzyklopädie der Tuchzauberei (Mitarbeit, 2002)

Zauber/system (2002)

ZauberWunder (2003)

Neues ... vom alten Joro (2004)

Der Zauberer mit den weißen Mäusen (2005)

Welche Krankheit ist denn das? (2005)

Zaubern mit Zmeck (2007)

Zaubern mit Kindern (2008)

Quick-Change Verwandlung (2008)

Chapeaugrafie (2009)

Pressearbeit für Dummies (2009)

Zauberei für Dummies (2011)

Geschichte(n) der Medizin, Band 1 (2014)

Geschichte(n) der Medizin, Band 2 (2015)

Geschichte(n) der Medizin, Band 3 (2016)

Widmung

Meiner ganzen Familie zugedacht: Meiner Frau Soheila sowie meinen Kindern Jessica und Kevin.

Auf einen Blick

Über den Autor	9
Einleitung	19

Teil I: Sesam öffne dich 23
Kapitel 1:	Appetithäppchen	25
Kapitel 2:	»Zahlen, bitte!«	43

Teil II: Zauberei im Alltag 61
Kapitel 3:	Im Restaurant und beim Essen	63
Kapitel 4:	Einfache Kartentricks	73
Kapitel 5:	Seilen Sie sich ab	89
Kapitel 6:	Handyhexerei I	99

Teil III: Gute Karten für alle Gelegenheiten 121
Kapitel 7:	Anatomische Tricks	123
Kapitel 8:	Tricks für Japaner & Politessen	127
Kapitel 9:	Mittelschwere Kartentricks	139
Kapitel 10:	Ihr Schädel ist magisch	155

Teil IV: Verzaubern Sie Ihren Kopf 161
Kapitel 11:	Geist-reiche Experimente	163
Kapitel 12:	Interaktives	179
Kapitel 13:	(Ehe-)Ringe	197
Kapitel 14:	Kartentricks: sauschwer	205

Teil V: Verzaubern Sie alles um sich herum 223
Kapitel 15:	Geld macht glücklich …	225
Kapitel 16:	Tricks mit Taschentüchern	245
Kapitel 17:	Handyhexerei II	253
Kapitel 18:	Noch mehr …	277

Teil VI: Der Top-Ten-Teil 293
Kapitel 19:	Zehn Zaubereffekte	295
Kapitel 20:	Viermal fünf Tipps für unangenehme Situationen	299

Teil VII: Anhang **301**
Kapitel 21: Der Club der Zauberer 303

Abbildungsverzeichnis **305**
Stichwortverzeichnis **309**

Inhaltsverzeichnis

Über den Autor **9**
    Bibliografie (Auszug) 9
    Widmung 10

Einleitung **19**
    Über dieses Buch 19
    Was Sie nicht lesen müssen 19
    Törichte Annahmen über die Leser 19
    Wie dieses Buch aufgebaut ist 20
    Symbole in diesem Buch 20
    Wie es weitergeht 21

TEIL I
SESAM ÖFFNE DICH 23

Kapitel 1
Appetithäppchen 25
    Ein paar Spielkarten (und eine CD oder ein Audiofile …) 25
    Wer lügt – und wer sagt die Wahrheit? 27
    Der Trick, der sogar Einstein täuschte 30
    Das Mirakel der Getränkedosen 33
    Kopf oder Zahl? 34
    Ich bin meiner Zeit voraus 36
    Asche zu Asche 37
    Der verschwindende Dummie 38
    Das magische Pendel 40

Kapitel 2
»Zahlen, bitte!« 43
    Gedankenlesen 43
    Blitzrechnen 45
    Die fehlende Zahl 47
    Blitzaddition 49
    Das Magische Quadrat I 51
    Ihre Glückszahl 54
    Vier Zahlen 54
    Das Magische Quadrat II 57

TEIL II
ZAUBEREI IM ALLTAG 61

Kapitel 3
Im Restaurant und beim Essen 63
    Die unkaputtbare Serviette 63
    Die noch unkaputtbarere Serviette 65
    Der unkaputtbare Zahnstocher 66
    Die Bierdeckel-Lotterie 67
    Flaschendurchdringung 69
    Cola-Mirakel 69
    Zuckersüß 71

Kapitel 4
Einfache Kartentricks 73
    Von Stunde zu Stunde 73
    Ihr Vorname? 74
    Sagen Sie »Stopp« 75
    Ass-Erscheinen 78
    Die wandernden Asse 79
    Rot und Schwarz 81
    Alle Vier! 83
    Keine halbe Sache 84
    Der Telefon-Trick 86

Kapitel 5
Seilen Sie sich ab 89
    Knoten, ohne die Enden loszulassen 89
    Zauberreif 90
    Der gefangene Knoten 91
    Schnitt! 93
    Schnur durch Daumen 97

Kapitel 6
Handyhexerei I 99
    Die Handy-Erleuchtung 99
    Ihre Rufnummer ist ... (Version 1) 102
    Der Codebrecher 104
    Telekinese 106
    Total verdreht 107
    Futschikato 111
    Ihre Rufnummer ist ... (Version 2) 113
    Mega-Multiplikations-Mysterium 115
    Das Handy im Ballon 117

TEIL III
GUTE KARTEN FÜR ALLE GELEGENHEITEN ... 121

Kapitel 7
Anatomische Tricks ... 123
- Der knirschende Nacken ... 123
- Der »abbe« Daumen ... 124
- Einen Finger durch die Luft fliegen lassen ... 126

Kapitel 8
Tricks für Japaner & Politessen ... 127
- Spontanes Visitenkartendrucken ... 127
- Der verschwindende Strafzettelblock ... 130
- Unkaputtbare Einkaufstüte ... 131
- Verschachtelt ... 134

Kapitel 9
Mittelschwere Kartentricks ... 139
- Die vier Asse wandern ... 139
- Die Fahrstuhl-Asse ... 141
- Die Karte an der genannten Stelle ... 142
- Vorhergesehen ... 144
- Magnetische Damen ... 145
- Kein zeitloser Trick ... 147
- Unmöglich ... 149
- Ein mentales Kartenkunststück ... 150
- Rot und schwarz ... 152

Kapitel 10
Ihr Schädel ist magisch ... 155
- Das abgebissene Glas ... 155
- Zeigen Sie ihnen die Zähne ... 156
- Luftballonluft wird verzaubert ... 158

TEIL IV
VERZAUBERN SIE IHREN KOPF ... 161

Kapitel 11
Geist-reiche Experimente ... 163
- Der magische Lolli ... 163
- Das Riesengedächtnis ... 164
- Die Kolumne ... 168
- Ein Gegenstand ... 170
- Farbstifte ... 172
- Je wertvoller der Geldschein 173

Echtes Gedankenlesen 175
Buchtest 177

Kapitel 12
Interaktives 179
Ein reißerischer Trick 179
Logisch 185
Alles hängt am Geld 186
Poker 188
Social-Media-Magie 189
Zufällige Karte 191
Vier Karten 193
Formenvielfalt 194

Kapitel 13
(Ehe-)Ringe 197
Der schwebende Ring 197
Der verschwundene Ehering 199
Erscheinender Ring 200
Ring durch Finger 202

Kapitel 14
Kartentricks: sauschwer 205
Perfekte Vorhersage 205
Drunter und drüber 209
Der fotokopierte Kartentrick 211
Gedächtniswunder 213
Bezauberndes Rendezvous 216
Der manipulierte Zufall 218

TEIL V
VERZAUBERN SIE ALLES UM SICH HERUM 223

Kapitel 15
Geld macht glücklich 225
Die zerriebene Münze 225
Münze durchdringt Taschentuch 227
Münze durchdringt Taschentuch und Ehering 229
Die Münze aus dem Nichts 231
Münze durch Glas 233
Eine markierte Münze verschwindet 234
Papier zu Geld 237
Aufgespießtes Geld 238
Geldschein in der Zitrone 241

Kapitel 16
Tricks mit Taschentüchern 245
- Rohrverstopfung 245
- Die gänzlich verschwundene Münze 246
- Dreifache Vorhersage 247
- Zerschnittenes Tuch wird heil 249
- Glas durch Tischplatte 251

Kapitel 17
Handyhexerei II 253
- iKamera rausnehmen 253
- Ihre Rufnummer ist ... (Version 3) 259
- Tuch durchdringt Handy 260
- Verschwindendes Handy 262
- Ihre Rufnummer ist ... (Version 4) 263
- Die Regierung weiß alles 265
- Schwebendes Telefon 266
- Die Karte im Handy 269
- Leere Hand 272
- Ihre Rufnummer ist ... (Version 5) 275

Kapitel 18
Noch mehr 277
- Magisches Domino 277
- Großmutters Maßband 279
- Deutungshoheit 280
- Topologisches Wunder 285
- Magisches Tic Tac Toe 289

TEIL VI
DER TOP-TEN-TEIL 293

Kapitel 19
Zehn Zaubereffekte 295
- Erscheinen 295
- Verschwinden 295
- Verwandeln 295
- Wandern 295
- Restaurieren 296
- Durchdringen 296
- Gegen die Naturgesetze 296
- Mentale Effekte 296
- Magie der Geisteskräfte 297
- Mnemotechnik 297

Kapitel 20
Viermal fünf Tipps für unangenehme Situationen............ **299**
    Wenn jemand zu spät an seinen Platz geht 299
    Wenn jemand während der Vorführung nach draußen geht 300
    Wenn keiner lacht oder applaudiert 300
    Wenn jemand sagt: »Kenne ich schon« 300

TEIL VII
ANHANG 301

Kapitel 21
Der Club der Zauberer.. **303**

Abbildungsverzeichnis **305**

Stichwortverzeichnis **309**

Einleitung

Über dieses Buch

Ich beglückwünsche Sie zum Kauf von »Zaubertricks für Dummies«! Wir werden sehr viel Spaß miteinander haben, das verspreche ich Ihnen. Und keine Angst, Sie müssen nicht das ganze Buch durchlesen, um am Ende zu wissen, wie viele Seiten es hat. Ich habe die Seiten nämlich nummeriert, und Sie können ganz einfach auf der letzten Seite nachsehen. Gut, gell?

Außerdem müssen Sie nicht das ganze Buch durcharbeiten, um zu einem erfolgreichen Zauberkünstler zu werden. Die Kapitel widmen sich zwar unterschiedlichen Themen, aber Sie dürfen ruhig auch von hinten nach vorn lesen, solang Sie nicht rückwärts oder von rechts nach links lesen. Aber das brauche ich Ihnen ja nicht extra zu sagen, denn Sie würden ja auch nicht auf der falschen Straßenseite Auto fahren (außer vielleicht in England, aber da gehen die Uhren ja bekanntlich ohnehin anders ...).

Also, wo war ich? Ach ja, schlagen Sie ruhig ein beliebiges Kapitel auf, und zaubern Sie einfach drauf los. Die verschiedenen Buchteile bauen nicht aufeinander auf, und ich erkläre langsam und geduldig alles, was Sie wissen müssen, an der jeweils passenden Stelle.

Was Sie nicht lesen müssen

Nachdem Sie sich dem Thema Zauberkunst ernsthaft widmen wollen, können Sie getrost alle Bücher über Magie vergessen, angefangen von Bibi Blocksberg bis Harry Potter. Oder haben Sie dort auch nur einen Trick erklärt bekommen? Na also!

Außerdem können Sie getrost auf das Lesen der Einleitung verzichten, insbesondere »Was Sie nicht lesen müssen« müssen Sie nicht lesen.

Törichte Annahmen über die Leser

Ich bin sicher, Sie haben dieses Buch nur gekauft, weil Sie wissen wollen, wie die Tricks der großen Magier funktionieren. Ätsch, reingefallen! Davon erkläre ich keinen einzigen, die fallen nämlich unter das Schweigegebot der Zauberer! Gehen Sie also schnell in die Buchhandlung zurück, und tauschen Sie diesen Band um – möglichst, bevor Sie die Zellophan-Verpackung aufreißen, mit der das Buch eingeschweißt ist.

Falls Sie tatsächlich und ernsthaft mit dem Zaubern anfangen wollen, sind Sie vermutlich einer, der seine Umwelt mit einzigartigen Fertigkeiten beeindrucken will. Sie Angeber! Ätsch, wieder reingefallen! Die Tricks in diesem Buch wurden bewusst so ausgewählt, dass jeder Dummie – also auch Leute mit zwei linken Händen – damit zurechtkommt. Beeindrucken werden Sie damit niemanden ...

Wie dieses Buch aufgebaut ist

Es gibt einzelne Seiten, die am Buchrücken zusammengeleimt sind. Drum herum hat der Buchbinder den Umschlag geklebt. Fertig.

Wenn Sie sich eher aufs Inhaltliche beziehen: Am Anfang stehen die wirklich einfachen Sachen, die sogar von selbst funktionieren (die könnte auch Tante Agathe vorführen). Danach hebe ich das Niveau zwar ein klein wenig an, aber Sie sollten problemlos in der Lage sein, die Tricks nach der Lektüre verstanden zu haben. Das heißt jedoch nicht, dass Sie damit dann sofort auf die Menschheit (oder Tante Agathe) zugehen sollten. Zunächst einmal muss so ein Trick nämlich intensiv geübt werden, damit bei der Vorführung niemand merkt, »wie« Sie es »gemacht« haben (nicht mal Tante Agathe).

Fürs Üben ist ein Spiegel hilfreich, da sehen Sie, wie Ihr Trick wirkt. Wenn Sie etwas ambitionierter an Ihr neues Hobby herangehen, verwenden Sie statt eines Spiegels die Videofunktion Ihres Handys zur Selbstkontrolle. – Apropos, Ihr Handy werden Sie bei der Lektüre häufiger zur Hand nehmen. Nein, nicht um Anrufe entgegenzunehmen oder Mails zu checken, sondern weil ich in dieser Auflage ganz neu zahlreiche Handyhexereien und interaktive Mirakel beschreibe.

Und am Ende des Buches finden Sie bei den Top-10-Listen weitere wichtige Informationen.

Symbole in diesem Buch

Bei meinen Erklärungen bediene ich mich verschiedener Symbole, die Ihnen auf einen Blick klarmachen, worum es geht:

Hinweise, die Ihnen den Umgang mit den Informationen noch leichter machen.

Achtung, hier geht es um die Wurscht! Befolgen Sie diese Anweisung genau, sonst geht der Trick womöglich daneben.

Vortragsanregungen, mit denen Sie sich besonders beliebt machen können, habe ich mit diesem Symbol hervorgehoben.

Bei diesem Trick kommt ein Mobiltelefon, neudeutsch Handy, zum Einsatz.

Kein Zuschauer vor der Nase? – Kein Problem, denn dieses Kunststück funktioniert beispielsweise auch im Videocall oder am Telefon.

Manche Tricks funktionieren scheinbar von selbst, und hier wird erklärt, warum das so ist.

 Es gibt auch Kunststücke, die Sie sich selbst vorführen können. Sie werden sich damit selbst verblüffen. Und natürlich können Sie damit auch andere verzaubern.

Wie es weitergeht

Der nächste Schritt ist der schwierigste: Blättern Sie die Seite um, und es geht endlich los. Denn diese Vorreden bringen uns zwar nicht wirklich weiter, aber sie helfen mir dabei, die Seiten des Buches billig zu füllen.

Übrigens: Wenn Sie das Buch durchgearbeitet und Spaß an der Zauberkunst gefunden haben, werden Sie sich fragen, wo Sie Gleichgesinnte treffen, um sich auszutauschen. Schlagen Sie doch einmal Kapitel 21 im Anhang auf, da verrate ich es Ihnen.

Bevor ich es vergesse: Viele Grüße an Tante Agathe!

Und wenn Ihnen dieses Buch Spaß macht, dann werfen Sie ruhig auch mal einen Blick in »Zauberei für Dummies«, ebenfalls aus meiner Feder.

Teil I
Sesam öffne dich

> **IN DIESEM TEIL ...**
>
> Die Tricks und Kniffe, mit denen wir dieses Dummies-Buch beginnen, sind ganz bewusst sehr einfach. Es sind fast ausschließlich sogenannte »Selbstgänger«, also Tricks, die von selbst klappen. Vermutlich werden Sie sich damit sogar selbst täuschen und überlegen, warum es geklappt hat.
>
> Halten wir es dabei doch wie Ali Baba: Der hat auch nicht den geheimen Mechanismus gesucht, der ihm die Tür geöffnet hat. Stattdessen war er froh, dass die Tür überhaupt aufging ...

Gedankenlesen, Teil 1

Sie sehen hier fünf Spielkarten abgebildet. Entscheiden Sie sich bitte jetzt für eine der Karten und merken Sie sich diese.

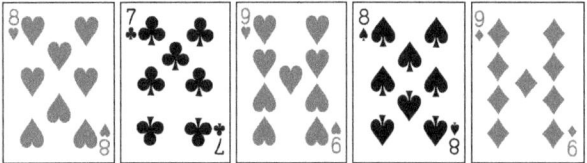

Prägen Sie sich das Bild Ihrer Karte fest ein. Vergessen Sie sie bloß nicht, das wäre fatal. Haben Sie?

Meine Aufgabe ist es nun, Ihre nur gedachte Karte herauszufinden. Schreiben Sie daher nichts auf, und sprechen Sie mit niemandem. Okay?

Gut, dann schlagen Sie jetzt bitte Teil III auf.

> **IN DIESEM KAPITEL**
>
> Ganz einfache Tricks, die von selbst funktionieren
>
> Topologische Wunder, die Ihr Publikum verrückt machen

Kapitel 1
Appetithäppchen

Sie haben noch nie gezaubert? Kein Problem! Bei diesen »Appetizern« können Sie sich ganz entspannt zurücklehnen, denn sie funktionieren vollkommen automatisch. Versprochen!

Trotzdem müssen Sie sich natürlich mit den Abläufen eng vertraut machen, damit Sie die Tricks flüssig und ohne Unsicherheiten vorführen können. Sonst verraten Sie sich – und den Trick.

Ein paar Spielkarten (und eine CD oder ein Audiofile …)

Auch wenn es zunächst so aussieht: Dies ist kein Kartentrick, sondern ein wirklich netter Voraussage-Effekt, bei dem Ihr Zuschauer scheinbar alle Freiheiten hat, am Ende aber doch genau dort landet, wo Sie ihn haben wollen.

Der Effekt

Mit diesem Kunststück werden Sie sich selbst täuschen. Eine Erklärung dafür, wie es funktioniert, gibt es eigentlich gar nicht. Ich bin jedes Mal selbst von den Socken, wenn es wieder klappt!

Das Geheimnis

1. Schauen Sie sich Abbildung 1.1 an. Sie sehen ein paar Spielkarten, die nun wirklich nichts Besonderes an sich haben.

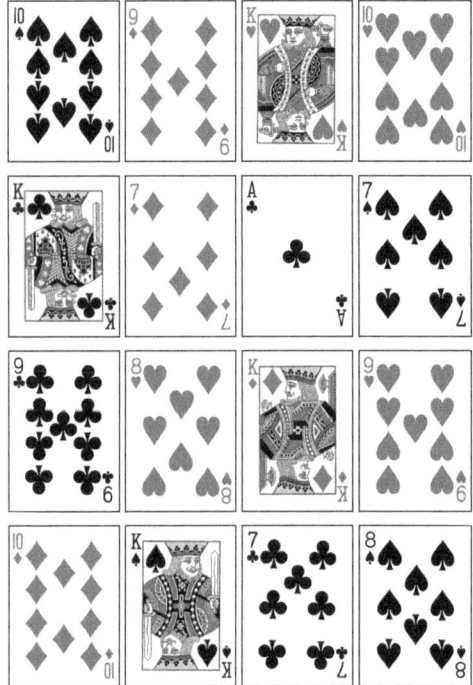

Abbildung 1.1: Der Spielplan

2. Legen Sie einen beliebigen kleinen Gegenstand (beispielsweise eine Münze) auf eine der schwarzen Karten.

 Falls Sie sich nicht sicher sind: Schwarze Karten tragen ein Kreuz- oder ein Pik-Symbol, während rote Karten ein Herz oder ein Karo zeigen.

3. Schieben Sie den Gegenstand jetzt nach rechts oder links auf die nächstliegende rote Spielkarte.

4. Jetzt schieben Sie Ihren Gegenstand nach oben oder unten zur nächstliegenden schwarzen Spielkarte.

Schon müde? Wir haben's gleich …

5. Schieben Sie Ihren Gegenstand jetzt diagonal zur nächstliegenden roten Karte.

6. Jetzt dürfen Sie Ihren Gegenstand ein letztes Mal verschieben: entweder nach oben oder nach rechts zur nächstliegenden schwarzen Karte.

7. Hmm ... lassen Sie mich nachdenken.

8. Ah ja. Ihr Gegenstand liegt jetzt auf dem Kreuz-Ass!

Na, das hat ja auf Anhieb geklappt. Danke fürs Mitspielen.

Und wie lässt sich daraus ein Trick für Ihre Freunde machen oder gar ein Kunststück für Ihren Auftritt vor Kollegen? Sie suchen zu Hause die passenden Spielkarten heraus und legen sie dann vor der Vorführung wie in der Abbildung aus. Wenden Sie sich ab, und instruieren Sie Ihren Mitspieler, die entsprechenden Züge zu machen. Keine Sorge, die Sache klappt immer, wenn Sie sich die Instruktionen gut eingeprägt haben und der Zuschauer alles richtig macht.

Kurzzeitgedächtnis schwach? Sie können sich die Anweisungen nicht merken? Kein Problem, hier kommt ein Tipp: Sprechen Sie die Anleitung mit Grabesstimme in den Voice-Recorder Ihres Handys oder brennen Sie sich eine CD mit dem gesprochenen Text. Bei der Vorführung spielen Sie einfach die Anweisungen ohne Unterbrechung ab. Dabei können Sie sogar verfolgen, ob Ihr »Delinquent« alles richtig macht oder ob Sie behutsam eingreifen müssen.

Auch wenn Sie bei diesem Kunststück Spielkarten einsetzen – es ist eigentlich kein Kartentrick. Präsentieren Sie ihn daher als Experiment, bei dem die Karten nur eine untergeordnete Rolle spielen. Und wenn Sie unbedingt Kartentricks lernen wollen, dann blättern Sie schnell weiter zu Kapitel 4!

Wer lügt – und wer sagt die Wahrheit?

Mit diesem Kunststück können Sie beweisen, dass Sie wesentlich mehr drauf haben als das Panel in dieser lächerlichen Fernsehsendung »Sag die Wahrheit«. Denn dort müssen die Promis am Ende raten, wer gelogen hat. Sie hingegen wissen es am Ende hundertprozentig!

Der Effekt

Zeigen Sie zunächst Ihren Talisman vor.

Wenn Sie noch keinen Talisman haben, ist jetzt eine gute Gelegenheit, sich einen zuzulegen. Beispielsweise ein Schlüsselanhänger in Zauberstabform, eine *Dummies*-Puppe oder eine ähnlich attraktive Devotionalie. Worum es sich bei dem Ding genau handelt, ist völlig egal, Hauptsache, Sie führen damit das wirklich beeindruckende Spielchen mit den Gedanken Ihrer Zuschauer vor.

Sie rufen zwei Zuschauer zu sich, überreichen Ihren Talisman einer der beiden Personen und sagen: »Sobald ich mich abgewendet habe, darf einer von Ihnen beiden diesen Gegenstand irgendwo an seinem Körper verstecken. Und achten Sie darauf, sich nicht zu verraten, wenn ich mich Ihnen anschließend wieder zuwende.«

Geben Sie Ihren Mitspielern einen Moment Zeit, dann wenden Sie sich ihnen wieder zu. Man könnte ja meinen, dass derjenige, der Sie am unschuldigsten anlächelt, den Gegenstand bei sich trägt. Aber verlassen Sie sich nicht darauf. Wenden Sie lieber nachfolgenden Kniff an:

»Es gibt ja ganz unterschiedliche Charaktere in dieser Welt. Die einen sagen immer die Wahrheit, während die anderen die ganze Zeit lügen. Entscheiden Sie nun bitte heimlich, still und leise, welche Rolle Sie im Folgenden spielen wollen. Und denken Sie bitte daran: Es ist nur ein Spiel!«

Lassen Sie die beiden Zuschauer ihre Entscheidungen treffen.

»Haben Sie sich entschieden? – Nein, bitte nicht antworten, denn wenn Sie ein Lügner wären, müssten Sie ja mit ›Nein‹ antworten. Deshalb wende ich mich noch einmal ab. Sie können dann Ihr Gegenüber über Ihre Rolle informieren. Und beachten Sie bitte: Nur noch dieses eine Mal darf der Lügner die Wahrheit sagen, aber bitte ganz leise, dass ich es auf keinen Fall hören kann.«

Wenden Sie sich ein weiteres Mal ab, damit die beiden sich austauschen können. Es ist wichtig, dass jeder vom anderen weiß, welche Rolle er spielt, sonst funktioniert der Trick nicht!

Sobald Sie Ihren Mitspielern wieder in die Augen sehen, sagen Sie: »Einer von Ihnen beiden hat meinen Talisman bei sich versteckt. Ich habe keine Ahnung, wer das ist. Außerdem haben Sie beide völlig frei entschieden, ob Sie im Folgenden immer die Wahrheit sagen oder immer lügen. Ich habe keine Ahnung, wie Sie sich entschieden haben. Nur Sie beide wissen das. Und nur Sie beide wissen, welche Rolle Ihr Gegenüber spielt. Sie könnten beispielsweise die Wahrheit sagen und der andere lügen. Oder umgekehrt. Oder Sie sind beide Lügner. Oder Sie sagen beide die Wahrheit. Es gibt viele Möglichkeiten. Wenn ich Sie frage, ob Sie die Wahrheit sagen, werden Sie mir wahrheitsgemäß sagen ›Ja‹, und wenn ich Sie als Lügner frage, werden Sie auch ›Ja‹ sagen. Es ist zum Mäusemelken, es gibt für mich keine Möglichkeit, die Tatsachen herauszufinden. Es sei denn, ich wende ein wenig Magie an …«

Wenden Sie sich an die erste Person: »Wenn Sie die Wahrheitsrolle spielen, müssen Sie immer wahrheitsgemäß antworten. Und wenn Sie einen Lügner spielen, müssen Sie immer lügen. Antworten Sie bitte nur mit Ja oder Nein. Ich will jetzt versuchen herauszufinden, wer meinen Talisman hat, deshalb frage ich Sie: Haben Sie meinen Talisman?«

Wenden Sie sich dann an die zweite Person mit genau den gleichen Hinweisen und der gleichen Frage. Merken Sie sich die Antworten.

»Na, das war ja ziemlich einfach. Ich lese in Ihnen wie in einem offenen Buch. Ich weiß jetzt schon, wer meinen Talisman hat, aber lassen Sie mich zur Sicherheit noch eine weitere Frage stellen.«

Wenden Sie sich wieder an den ersten Mitspieler: »Wenn Sie die Wahrheitsrolle spielen, müssen Sie immer wahrheitsgemäß antworten. Und wenn Sie einen Lügner spielen, müssen Sie immer lügen. Antworten Sie bitte nur mit Ja oder Nein. Spielen Sie beide die gleiche Rolle?«

Stellen Sie die gleiche Frage auch dem zweiten Mitspieler und merken Sie sich auch diesmal die Antworten.

»Jetzt weiß ich nicht nur, wer meinen Talisman hat, ich kenne auch genau die Rollenverteilung. Denn bei der ersten Frage haben die Augen von einem von Ihnen beiden bei der Antwort gezuckt und sich damit verraten. Und beim zweiten Mal ist einer von Ihnen beiden kaum merklich rot geworden, das sagt eigentlich alles. Tja, das Spiel ist aus.«

Wenden Sie sich an den ersten Mitspieler: »Sie sind bei unserem kleinen Spiel der Wahrheit verbunden, nicht wahr? Geben Sie jetzt Ihre Rolle auf, und antworten Sie bitte wahrheitsgemäß.«

Und an den zweiten Mitspieler gewandt: »Und Sie haben sich als Lügner verraten, geben Sie's zu.«

Zum Abschluss sagen Sie zum ersten Mitspieler: »Und jetzt hätte ich gerne meinen Talisman von Ihnen zurück!«

Natürlich zeigt Ihnen obiger Dialog nur beispielhaft, wie Sie das Spiel am Ende auflösen können. Sie müssen natürlich jeweils improvisieren, sobald Sie die Antworten hören.

Und so funktioniert der Trick:

Das Geheimnis

1. **Merken Sie sich die Antworten auf Ihre erste Frage (»Haben Sie meinen Talisman?«). Sie geben Ihnen (leider) noch keinen Hinweis auf den Verbleib Ihres Talismans.**

    Eigentlich können Sie mit der Antwort auf die erste Frage **noch** überhaupt nichts anfangen, bis Sie mit der zweiten Frage herausfinden, welche der Personen lügt.

2. **Erst die zweite Frage (»Spielen Sie beide die gleiche Rolle?«) gibt Ihnen Aufschluss über die Rollenverteilung.**

    Wenn einer von beiden »Nein« sagt, dann ist die **andere** Person der Lügner. Wenn einer der beiden »Ja« antwortet, so sagt die **andere** Person die Wahrheit.

    Das ist auch der Grund, warum Sie die Fragen immer **beiden** Personen stellen müssen.

3. **Sobald Sie die Rollenverteilung durch die zweite Frage kennen, können Sie die Antworten auf die erste Frage richtig deuten und wissen, wer Ihren Talisman bei sich trägt.**

     Wenn Sie mir nicht glauben, dass die Sache so einfach funktioniert, sollten Sie dieses Buch schleunigst verschenken und dabei so tun, als wäre es das Großartigste, was Sie je gelesen haben. Noch besser ist es allerdings, wenn Sie das Buch ins Altpapier geben, ein neues Exemplar kaufen und dann verschenken.

Wenn beide die Wahrheit sagen und Sie stellen die zweite Frage, ob beide die gleiche Rolle spielen, bekommen Sie ein »Ja« und wissen, dass der **andere** die Wahrheit sagt.

Wenn Sie den Lügner fragen, ob beide die gleiche Rolle spielen, bekommen Sie ein »Ja« und wissen, dass der **andere** die Wahrheit sagt. – Das bedeutet: Wann immer Sie bei der zweiten Frage ein »Ja« bekommen, wissen Sie, dass der **andere** die Wahrheit sagt. Nicht schlecht, oder?

Und was, wenn derjenige, den Sie gerade **nicht** fragen, der Lügner ist? Wenn beide lügen, bekommen Sie auf die zweite Frage, ob beide die gleiche Rolle spielen, ein »Nein« und wissen, dass der **andere** lügt. Und wenn derjenige, den Sie fragen, die Wahrheit sagt, dann bekommen Sie ein »Nein« und wissen, dass der **andere** lügt.

Sobald Sie mit der zweiten Frage herausbekommen haben, wer lügt und wer die Wahrheit sagt, können Sie anhand der Antworten auf die erste Frage auf den Verbleib Ihres Talismans schließen.

Am Ende des Tricks ist es wichtig, die Sache nicht nur lapidar aufzulösen, sondern den Zuschauern spannend zu »verkaufen«. Wir Zauberkünstler sind ja im Grunde genommen Schauspieler, die einen Zauberkünstler spielen. Deshalb legen Sie bei der Verkündung Ihrer Ergebnisse die Stirn in Falten, strengen sich scheinbar ungeheuer an und pressen schließlich die Rollenverteilung der Zuschauer heraus. Danach fassen Sie das bisher Geschehene zusammen und betonen, dass Sie keine Chance hatten, anhand der Antworten etwas über den Verbleib des Talismans herauszubekommen. Spannen Sie die Zuschauer ein wenig auf die Folter, bevor Sie Ihre Erkenntnis verkünden. Erst durch den »Verkauf« wird aus einem lapidaren Trick ein täuschendes und unterhaltsames Kunststück!

Der Trick, der sogar Einstein täuschte

Der Titel ist kein Witz, sondern beruht auf einer wahren Begebenheit. Einstein wurde damit sogar zweimal hintereinander ausgetrickst. Kein Wunder, denn täuschend sind dabei nicht die Zahlen, sondern die verwendeten Worte …

Der Effekt

»Ich habe Ihnen einen ganzen Sack Kleingeld mitgebracht, alles 50-Cent-Stücke. Greifen Sie hinein, um ein paar Geldstücke herauszuholen. Zählen Sie die Münzen heimlich. Ich hole auch eine Handvoll heraus und zähle meine Geldstücke für mich.

Lassen Sie mich Ihre Münzen nicht sehen, aber halten Sie Ihre Handvoll Münzen neben mein Ohr, damit ich sie hören kann, wenn Sie damit klimpern.«

Hören Sie aufmerksam zu, und denken Sie scheinbar angestrengt nach. Dann sagen Sie: »Alles klar. Ich habe genauso viel Geld wie Sie.«

Lassen Sie Ihren Mitspieler noch einmal klimpern. »Und dann noch vier weitere Münzen.«

Nach einem weiteren Klimpern sagen Sie: »Und dann so viele, um Ihre Summe auf 4,50 Euro zu ergänzen.«

Lassen Sie den Zuschauer die Summe seiner Münzen nennen. Nehmen wir an, er sagt 2,50 Euro.

Sie zählen aus Ihrer Hand fünf Geldstücke auf den Tisch – Ihre erste Aussage trifft zu.

Jetzt zählen Sie vier weitere Geldstücke auf den Tisch – auch Ihre zweite Aussage ist richtig.

Sagen Sie: »Sie haben also 2,50 Euro. Ich habe behauptet, dass ich genügend übrig habe, um Ihre Summe auf 4,50 Euro zu ergänzen. Bitte zählen Sie Ihre Geldstücke auf den Tisch.«

Sobald der Zuschauer bei 2,50 Euro angekommen ist, zählen Sie mit Ihren Geldstücken weiter: »3,00 Euro, 3,50 Euro, 4,00 Euro und …« Öffnen Sie Ihre leere Hand dramatisch, wenn Sie Ihre letzte Münze auf den Tisch legen. »… 4,50 Euro!«

Ihr Mitspieler wird völlig perplex sein. Woher konnten Sie wissen, wie viel Geld er in seiner Hand hielt?

Gar nicht! Das Ganze ist ein rhetorischer Schwindel. Aber ein guter! Und er funktioniert beinahe von selbst!

Das Geheimnis

1. **Lassen Sie Ihren Mitspieler ein paar Geldstücke aus dem Säckchen nehmen. Der Begriff »ein paar Geldstücke« suggeriert, dass es einige Münzen sein sollen, aber auch nicht zu viele.**

     Ganz wichtig dabei: Ihr Mitspieler muss Ihnen genügend Münzen übrig lassen, damit Sie anschließend mehr nehmen können als er. Aber das dürfen Sie natürlich nicht verraten.

2. **Nehmen Sie ungefähr zehn Münzen mehr, als die vermutete Menge Ihres Mitspielers beträgt.**

    Blicken Sie einfach auf die geschlossene Faust Ihres Mitspielers. Wenn sie sehr voll ist, machen Sie Ihre noch voller.

3. **Sie beide zählen heimlich Ihre Münzen.**

    In Gedanken teilen Sie Ihre Summe in eine große und eine kleine Teilsumme auf. Wenn Sie beispielsweise 6,50 Euro haben, teilen Sie sie gedanklich in 4,50 Euro und vier extra Münzen (2,00 Euro).

4. **Hören Sie sich die klimpernden Münzen in der Hand des Zuschauers an – scheinbar, um seine Summe zu bestimmen.**

    Das hat natürlich nichts mit der Tricktechnik zu tun. Allerdings sollte es für Ihren Mitspieler authentisch wirken. Strengen Sie sich also merklich an.

5. **Jetzt sagen Sie einfach die Wahrheit.**

   Aber anstatt lapidar zu sagen: »Ich habe 6,50 Euro«, tun Sie so, als wüssten Sie, wie viel Geld der Zuschauer in seiner Hand hat: »Ich habe genauso viel Geld wie Sie.« Natürlich, denn Sie haben ja mehr Münzen als er genommen.

6. **Wichtig ist, das Ganze dramatisch aufzubauen, von Klimpern zu Klimpern zu steigern.**

   Nach einem weiteren Klimpern des Zuschauers orakeln Sie: »Und vier weitere Münzen.« Natürlich, denn Sie haben mehr Münzen genommen als Ihr Gegenüber.

7. **Jetzt wird's besonders dreist ...**

   Das letzte Klimpern scheint Ihnen die folgende Aussage zu ermöglichen: »Und dann noch genug Münzen, um Ihre Summe auf 4,50 Euro zu ergänzen.« Es ist wirklich kein Geheimnis, dass 4,50 Euro plus viermal 50 Cent insgesamt 6,50 Euro ergeben. Und wenn Ihr Mitspieler weniger als 4,50 Euro genommen hat, haben Sie natürlich genauso viel Geld wie er (die Münzen, die Sie vorher bereits auf den Tisch gelegt haben) – und noch genug Münzen, um seine Summe auf 6,50 Euro zu ergänzen.

Sind Sie verwirrt? Ein einfaches Beispiel: Halten Sie einige Finger hoch. Ich behaupte, dass ich genauso viele wie Sie hochhalte, plus einige mehr, um auf die Summe 11 zu kommen.

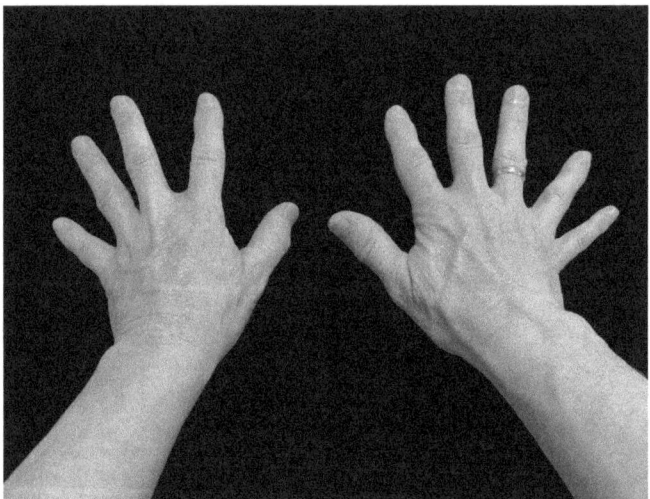

Abbildung 1.2: Genauso viele Finger, wie Sie hochhalten, plus einige weitere, um auf insgesamt elf zu kommen!

Die Summen, die in dieser Beschreibung erwähnt sind, dienen nur als Beispiele. Bei der Vorführung können es ganz andere Summen sein. Und Sie können natürlich auch andere Münzen verwenden.

Das ist einer der wenigen Tricks, die Sie auch mehrmals hintereinander vorführen können. Dann sollten Sie jedoch die Summe und vor allem die Zahl der Extramünzen jedes Mal stark variieren, sonst kommt man Ihnen auf die Schliche.

Das Mirakel der Getränkedosen

Das folgende Kunststück gehört zu den einfachsten in diesem Buch – und hat trotzdem enorme Wirkung auf die Zuschauer. Was will man mehr?

Der Effekt

Sie oder Ihre Zuschauer besorgen zwei Getränkedosen, beispielsweise direkt aus einem Automaten, an der Tankstelle oder im Getränkemarkt. Auch die Minibar im Hotel ist eine Option, falls Sie sich für diesen Trick extra in einem Hotel einmieten wollen.

In jedem Fall benötigen Sie die beiden Dosen, am besten solche, die sich auch äußerlich deutlich voneinander unterscheiden, denn: »Ich bin der Kohlensäure-König! Ja, ich kann die Kohlensäure in diesen beiden Dosen zu jedem Zeitpunkt nach meinem Belieben kontrollieren. Sie werden mich dafür lieben und verehren.«

Ein Zuschauer darf zwei beliebige Dosen auswählen, sie können sogar von verschiedenen Herstellern stammen.

1. **Berühren Sie die Getränkedosen nicht. Weisen Sie Ihre Zuschauer ausdrücklich auf diese Tatsache hin.**

2. **Lassen Sie einen Mitspieler eine der beiden Dosen auswählen und kräftig schütteln. Wenn ich sage kräftig, dann meine ich richtig kräftig.**

3. **»Nicht genug geschüttelt. Bitte mehr.«**

4. **»Jetzt werde ich die Dosen zum ersten Mal berühren.« Halten Sie die geschüttelte Dose Ihrem Mitspieler ans Ohr. »Hören Sie, wie es da drin bitzelt und brodelt? Da braut sich ja ein richtiger Orkan zusammen ...«**

    Auf diese Weise sind die übrigen Beobachter überzeugt, dass alles seine Richtigkeit hat.

5. **»Als Kohlensäure-König ist es mir ein Leichtes, die aufgewühlte Kohlensäure aus dieser Dose in die friedvolle Dose zu übertragen.«**

    Tun Sie das pantomimisch. Eigentlich ist es völlig egal, was Sie hier tun, Hauptsache den Zuschauern ist klar, welches die geschüttelte Dose ist.

6. **Übergeben Sie die nicht geschüttelte Dose Ihrem Mitspieler. Sie selbst behalten die zuvor geschüttelte Dose. Wiederholen Sie, was bisher geschah.**

7. **Wenn Sie sicher sind, dass allen klar ist, dass Sie die geschüttelte Dose haben, sagen Sie im Brustton der Überzeugung: »Es ist vollbracht. Die geschüttelte Dose ist nun die friedvolle Dose.«**

8. **Sie halten die Dose vor die Nase Ihres Mitspielers und öffnen sie. Nichts geschieht.**

   Tatsächlich, das Getränk schäumt weder über, noch passiert sonst etwas Unangenehmes.

9. **Jetzt nehmen Sie die friedvolle Dose von Ihrem Zuschauer: »Dies ist nun die aufgebrachte Dose. Sie hat die gesamte Energie der geschüttelten Dose absorbiert.«**

10. **Sie halten die Dose vor die Nase Ihres Mitspielers und lassen ihn selbst öffnen. Dabei schießt ein beeindruckender Strahl aus der Dose, der so stark ist, dass er sogar die Seitenwände der Dose eindellt. Was Ihre beiden Aussagen beweist: Zum einen, dass die friedvolle Dose nun die geschüttelte ist, und zum anderen, dass Sie der Kohlensäure-König sind.**

Das Geheimnis

Drücken Sie die zweite Dose beim Öffnen zusammen. Das ist alles.

Und wieso schäumt die geschüttelte Dose nicht über? – Tatsächlich können Sie eine Getränkedose nach Belieben schütteln, und wenn sie danach etwa zwanzig Sekunden in Ruhe verbleibt, verflüchtigen sich die Gase wieder. Die Dose kann danach ganz normal und ohne Gefahr für Leib und Leben geöffnet werden.

Das bedeutet für Sie, dass die scheinbare Übertragung der angeregten Kohlensäure wenigstens zwanzig Sekunden dauern sollte. Entsprechend viel magisches Brimborium sollten Sie veranstalten, was Ihnen in der Rolle des Kohlensäure-Königs allerdings keine Probleme bereiten dürfte. Außerdem müssen Sie die Dose beim Öffnen senkrecht halten und in einem Zug komplett öffnen. Dadurch sorgen Sie für den nötigen Druckausgleich, falls sich (noch) nicht alle Kohlensäureatome, -mikrowellen und -globuli beruhigt haben.

Wenn der Zuschauer die zweite Dose öffnet, halten Sie sie ihm hin. Dabei müssen Sie nur fest gegen die Wand der Dose drücken, am besten auf der den Zuschauern abgewandten Seite. Sobald das Flüssigkeit-Gas-Gemisch herausschießt, ziehen Sie die Dose vom Zuschauer weg. Dadurch bleibt die Öffnung klein, was den Kohlensäureneffekt verstärkt.

Schließen Sie eine Kohlensäure-Haftplichtversicherung ab, falls Sie die zweite Dose beim Öffnen auf den Zuschauer richten. Andernfalls könnten Sie schadenersatzpflichtig werden. Weder der Verlag noch ich übernehmen irgendeine Gewähr für die Richtigkeit der gemachten Aussagen, noch sind wir haftbar zu machen. Davon abgesehen werde ich zum fraglichen Zeitpunkt außer Landes sein und gemäß Dosenschutzprogramm eine neue Identität angenommen haben.

Kopf oder Zahl?

Hierbei handelt es sich eigentlich eher um einen Gag, aber einen guten. Sie können damit Ihre Lebenshaltungskosten drastisch senken. Allerdings brauchen Sie eine gewisse kriminelle Energie. Diese setze ich speziell bei Ihnen allerdings voraus, zumal Sie dieses

Buch wahrscheinlich nur ausgeliehen haben und sich von den besten Tricks Fotokopien anfertigen wollen. Seien Sie daher an dieser Stelle darauf hingewiesen, dass wir jede Seite mit Mikrochips ausgestattet haben, die beim Fotokopieren aktiviert werden und dafür sorgen, dass der Kopierer online und via Satellit die Kostenstelle des Kopierers vertausendfacht. Ich freue mich schon darauf, wenn Ihnen der Copyshop die Rechnung ausstellt beziehungsweise wie Sie Ihrem Chef die entsprechenden Massenkopien im Monatsbericht erklären wollen.

Der Effekt

Im Restaurant nehmen Sie nach dem Essen eine Münze zur Hand und sagen: »Wollen mal sehen, wer bezahlen muss … Kopf oder Zahl?« Ob Sie es glauben oder nicht: Mehr als die Hälfte der Rechnungssumme werden Sie niemals bezahlen. In vielen Fällen wird Ihr Gegenüber sogar alles übernehmen.

Das Geheimnis

Wir verwenden eine präparierte Münze. Pssst! Nicht weitersagen.

Sie wenden sich vertrauensvoll an ein beliebiges Online-Auktionshaus und kaufen eine Spezialmünze, die auf beiden Seiten entweder Kopf oder Zahl trägt. Und versuchen Sie nicht, so eine Münze selbst zu basteln. Ich weiß, dass Sie scheitern werden.

1. **Die Münze befindet sich an einem leicht zugänglichen Platz.**

    Wichtig ist, dass Sie sie nicht mit dem Kleingeld verwechseln, das Sie normalerweise zum Bezahlen ausgeben. Nehmen wir an, die Münze trägt auf beiden Seiten einen »Kopf«.

2. **Holen Sie die Münze beiläufig heraus.**

    Erläutern Sie Ihr Vorhaben, danach: »Wollen mal sehen, wer bezahlen muss … Kopf oder Zahl?«

3. **Werfen Sie die Münze sofort in die Luft, sodass Ihr Gegenüber reagieren muss.**

    Nennt er »Zahl«, haben Sie gewonnen und Ihr Begleiter muss zahlen!

    Nennt er »Kopf«, fangen Sie die Münze im Flug auf und sagen gönnerhaft: »Nein, ich habe natürlich nur Spaß gemacht. Lassen Sie uns die Rechnung teilen.«

 Wenn Ihre Münze beidseitig »Zahl« zeigt, müssen Sie die Instruktionen umdrehen. Nein, nicht das Buch umdrehen und auch keinen Kopfstand machen, sondern Kopf und Zahl in der Beschreibung vertauschen.

Ich bin meiner Zeit voraus

Das ist ein wirklich perfekter Trick: Er ist sehr einfach auszuführen, er täuscht Ihre Umgebung vollkommen, und Sie können sich damit einen tollen Ruf schaffen.

Der Effekt

Dieser Trick beginnt schon einige Stunden, bevor Ihre Umgebung es überhaupt wahrnimmt. Wenn Sie zu Besuch bei Freunden sind, sagen Sie um die Mittagszeit: »Wollen wir heute Abend gemeinsam essen gehen? Gute Idee, oder? Ich habe nur eine Bitte: Überrascht mich. Sagt mir vorher nicht, wohin es geht. Und führt mich in ein Restaurant aus, in dem ich noch nie zuvor war. Okay?«

Sobald Sie im Restaurant angekommen sind, leihen Sie sich von einem Ihrer Freunde dessen Armbanduhr. »Wie ihr wisst, war ich noch nie hier. Ruft doch mal bitte eine Bedienung an unseren Tisch.« Unterhalten Sie sich mit der Bedienung, fragen Sie nach ihrem Namen, wie lange sie schon in dem Restaurant tätig ist, ob sie verheiratet ist, nach ihrem Geburtsmonat und so weiter.

»Würden Sie mir einen Gefallen tun und mir bei einem kleinen Experiment behilflich sein? Nehmen Sie doch bitte diese Uhr mit in die Küche. Stellen Sie die Uhr dort auf eine beliebige Zeit ein. Dann wickeln Sie die Uhr wieder in die Serviette, damit niemand das Zifferblatt sehen kann.« Bei diesen Worten schlagen Sie die Uhr in eine Papierserviette vom Tisch ein und überreichen sie der Bedienung, die sie in die Küche trägt – und hoffentlich irgendwann wiederkommt.

Sobald die Bedienung Ihren Tisch verlassen hat, konzentrieren Sie sich kurz und schreiben dann verdeckt etwas auf eine weitere Serviette oder auf die Speisekarte. Bedecken Sie Ihre Notiz mit einem Salzstreuer. Anschließend erinnern Sie Ihre Begleiter, dass diese das Restaurant ausgewählt haben und Sie keine Gelegenheit hatten, irgendetwas zu planen oder abzusprechen.

Sobald die Bedienung zurückkehrt, darf sie die Serviette mit der Uhr einem Ihrer Begleiter überreichen und sich anschließend wieder ihren übrigen Gästen widmen. Ihr Freund darf die Uhr aus der Serviette auswickeln und die dort eingestellte Zeit laut nennen.

Lassen Sie einen weiteren Ihrer Begleiter den Salzstreuer hochheben. Sie haben zuvor auf dem Zettel exakt die Zeit notiert, die eine wildfremde Person auf der Uhr eingestellt hat!

Das Geheimnis

Bevor Sie Ihre Freunde besuchen, notieren Sie handschriftlich auf einem Notizzettelchen: »Bitte stellen Sie die Uhr auf 18.48 Uhr. Bitte behalten Sie den Geldschein und danke, dass Sie den Spaß mitmachen!« Mit einem Tacker oder einer Büroklammer befestigen Sie einen zusammengefalteten 5-Euro-Schein am Zettelchen. Sobald Sie im Restaurant Platz genommen haben, befördern Sie das kleine Päckchen unbemerkt in Ihren Schoß.

Jetzt kommt die oben beschriebene Interaktion mit Ihrer Bedienung. Unterhalten Sie sich sympathisch mit ihr, damit sie Ihnen wohlgesonnen ist und Ihrer ungewöhnlichen Bitte nachkommt.

Kurz bevor Sie die Uhr in die Serviette einwickeln, fällt Ihre rechte Hand beiläufig in den Schoß und versteckt das Päckchen in der Handinnenfläche. Ergreifen Sie mit der Linken drei Ecken der Serviette. Mit der rechten Hand nehmen Sie die Uhr vom Tisch und geben sie – gemeinsam mit dem Päckchen – in den Serviettenbeutel. Sofort ergreift die Rechte die vierte Ecke, um sie zu den übrigen drei zu geben. So können Sie das Bündel der Bedienung reichen.

Der Rest ist »Verkauf«, das heißt, Sie müssen entsprechend schauspielern, um Ihre Begleiter darauf einzustellen, dass alles unter kontrollierten Bedingungen abläuft und dass Sie unmöglich im Vorhinein etwas arrangieren konnten. Haben Sie ja auch nicht.

Dieser Trick funktioniert zwar automatisch, aber seien Sie trotzdem auf der Hut: Die Bedienung sollte fließend Deutsch sprechen beziehungsweise lesen. Probieren Sie das Ganze nur auf eigene Gefahr in Dönerbuden, Chinarestaurants oder Pizzerien.

Asche zu Asche

Bei diesem Kunststück beziehen Sie einen Zuschauer unmittelbar in die Handlung ein, und er wird am Ende vollkommen perplex sein. Dabei ist die Vorführung ein Kinderspiel.

Der Effekt

Sie bitten einen Zuschauer, seine beiden Hände zu Fäusten zu schließen. »Das Feuer hat in vielen Kulturen dieser Welt eine ganz besondere magische Bedeutung. Das ist allgemein bekannt. Aber wussten Sie, dass an manchen Orten auch der Asche besondere Fähigkeiten nachgesagt werden? Ich werde es Ihnen beweisen.«

Aus einem Aschenbecher geben Sie ein wenig Zigarettenasche auf einen der Handrücken Ihres Zuschauers. »Wenn man die Asche nur wenige Sekunden einwirken lässt und dann wieder von Ihrem Handrücken wegwischt, so brennt sich ihre atomare Struktur doch in Ihre Haut ein. Sie dringt anschließend immer tiefer in die Haut, und ein Abbild der Asche landet schließlich in der Hand.« Der Zuschauer darf seine Hand öffnen, sie ist jedoch leer.

»Kaum zu glauben, Sie müssen einer jener wenigen Auserwählten sein …! Bei Ihnen ist die Asche nicht nur durch Haut, Bindegewebe, Muskulatur und Knochen Ihrer Hand gewandert, sondern sie hat auch noch die Sphäre gewechselt. Bitte öffnen Sie vorsichtig Ihre andere Hand.«

Tatsächlich! Die Asche ist in die andere Faust gewandert!

Das Geheimnis

Für dieses Mirakel benötigen Sie nur eine Sekunde Vorbereitung: In einem unbeobachteten Moment feuchten Sie Ihren linken Zeigefinger an und nehmen damit ein wenig Asche aus einem Aschenbecher auf. Ab sofort sind Sie bereit zur Vorführung. Passen Sie einen günstigen Moment dafür ab.

Je improvisierter dieser Trick wirkt, desto besser wird er bei Ihrem Publikum ankommen. Schauspielern Sie, als würde Ihnen die Geschichte von den Wirkungen von Feuer und Asche spontan einfallen. An Ihre Zauberkünste sollte sich dabei niemand erinnert fühlen.

Sie lassen den Zuschauer beide Hände ausstrecken. Weil Ihnen die Hände nicht hoch (oder tief) genug gehalten werden, ergreifen Sie sie mit Ihren eigenen Händen, um die Position scheinbar zu korrigieren. Dabei liegen Ihre Daumen auf den Handrücken des Zuschauers und Ihre Finger in den Handflächen des Zuschauers. Ganz automatisch wird dadurch etwas Asche von Ihrem linken Zeigefinger in die Handfläche des Zuschauers übertragen. Im Zuge dessen können Sie die Hände des Zuschauers auch so positionieren, dass sie in gehörigem Abstand voneinander gehalten werden.

Damit ist der tricktechnische Teil gelaufen, die Asche befindet sich demnach von Anfang an in der Faust des Zuschauers – nur bemerkt er davon nichts.

Der Rest der Vorführung besteht darin, den Zuschauern die vermeintlich magischen Eigenschaften von Asche zu erläutern, ein wenig Verbrennungsreste auf die linke (von Ihnen aus gesehen rechte) Faust des Mitspielers zu geben und diese anschließend wieder wegzuwischen. Danach sollten Sie den Händen des Zuschauers nicht mehr zu nahe kommen. Am besten ist es sogar, wenn Sie sich jetzt etwas weiter weg positionieren und das bisher Geschehene rekapitulieren.

Nach dem obligatorischen magischen Brimborium darf der Zuschauer seine rechte (von Ihnen aus gesehen linke) Faust umdrehen und öffnen: Tatsächlich ist die Asche dort angekommen! Ihr Mitspieler wird ganz schön geschockt sein.

Der verschwindende Dummie

Ja, ich weiß, Sie wünschen sich nichts sehnlicher, als dass der Dummie endlich verschwindet. Ich kann es ja verstehen.

Also gut, Ihr Wunsch ist mir wie immer Befehl. Wir lassen jetzt den Dummie verschwinden. Und zwar völlig. Aber sagen Sie hinterher nicht, er soll wieder zurückkommen. Auch die Zauberei hat ihre Grenzen.

Diesen Trick kennen Sie bereits von der »Schummelseite« ganz vorn im Buch. Dort finden Sie auch eine richtig große Kopiervorlage. Und die lässt sich im Vorfeld oder während einer Videokonferenz natürlich auch verschicken.

Der Effekt

Sie überreichen Ihren Zuschauern ein Bild: Darauf sind 15 Dummies zu sehen. Sie lassen das Bild in drei Teile zerschneiden und neu zusammensetzen: Jetzt sind nur noch 14 Dummies zu sehen!

Abbildung 1.3: Einer dieser 15 Dummies verschwindet vor Ihren Augen. Welcher? Wohin?

Das Geheimnis

Ich will ganz ehrlich zu Ihnen sein: Ich habe bis heute nicht verstanden, wie der Trick funktioniert! Aber er klappt ganz hervorragend, das ist doch die Hauptsache, oder?

1. **Sehen Sie sich die Abbildung 1.3 genauer an: Sie zeigt das Bild, das mein Zauberkumpel Michael Pähler extra für dieses Buch angefertigt hat.**

   Auf dem Bild ist richtig was los, es erzählt kleine Geschichten: Ein Sportler und sein Fan, jemand bekommt Blumen geschenkt, ein Dummie müht sich mit seiner Hantel ab, jemand liest in einem schlauen Buch. Obwohl man den Handlungen folgen kann und sich ja eigentlich auf dem gedruckten Bild nichts verändern kann, verschwindet in wenigen Augenblicken einer der Dummies vor Ihren Augen …

2. **Blättern Sie ganz nach vorne in diesem Buch. Auf der Schummelseite finden Sie die gleiche Abbildung. Schneiden Sie die Abbildung aus. Kontrollieren Sie noch einmal, ob auch wirklich 15 Dummies zu sehen sind …**

   Natürlich sind es 15, ich schummle ja nicht, oder? Würde ich nie tun.

3. **Zerschneiden Sie die Abbildung jetzt entlang der Linien in drei Teile.**

   Achten Sie darauf, dass dabei kein Dummie aus dem Bild herausfällt (man kann ja nie wissen, oder?).

4. **Puzzlen Sie das Bild neu zusammen, allerdings sollte diesmal der breite obere Streifen links liegen und der schmale obere Streifen rechts. Zählen Sie die Dummies … es sind … 14!**

   14? Vierzehn? Das kann doch nicht sein. Zählen Sie schnell noch einmal nach!

Natürlich wird sich am Ergebnis nichts ändern. Es sind und bleiben 14 Dummiane. Es sei denn, Sie legen die oberen Teile nochmals um. Dann sind es wieder 15.

5. Überlegen Sie genau, woran das liegen kann. Wenn Sie an Ihren Augen zweifeln, nutzen Sie den auf dem Streifen abgebildeten Sehtest.

6. Ein kleiner Tipp: Verfolgen Sie die Position jedes einzelnen Dummies vor und nach dem Umlegen der beiden oberen Teile. Welcher verschwindet? Und warum? Wo geht er hin? Von wo kommt er zurück?

7. Wenn Sie den Trick auch Ihren Freunden zeigen wollen, kaufen Sie sich ein neues Buchexemplar, denn die Schummelseite fehlt nun ja leider in Ihrer Ausgabe. Keine Sorge, die verblüfften Gesichter Ihrer Freunde sind die kleine Investition wert!

Das magische Pendel

Eigentlich ist das streng genommen kein Trick, sondern ein Experiment, denn die Sache kann auch mal – wenn auch selten – schiefgehen. Aber der minimale Aufwand und der beeindruckende Effekt machen das »magische Pendel« zu einem idealen Kunststück, das Sie jederzeit und überall vorführen können, selbst wenn Sie nicht vorbereitet sind. Sie müssen lediglich ein Stückchen Schnur oder Faden organisieren und daran einen Gegenstand befestigen, beispielsweise einen Fingerring.

Der Effekt

Sie überreichen einem Zuschauer ein Pendel, lassen ihn sein eigenes verwenden oder basteln ein improvisiertes Pendel (siehe oben). »Ich habe eine sehr interessante Entdeckung gemacht. Solche Pendel reagieren auf die Farbe des Untergrundes, über dem sie schwingen. Das hängt mit den elektromagnetischen Schwingungen zusammen, die auch bei der Magnetresonanztomografie, also beim Kernspin, zum Einsatz kommen. Ich werde es Ihnen zeigen.«

Ihr Mitspieler darf seinen Ellbogen auf den Tisch stellen und das Pendel locker in der Hand halten, sodass sich das Gewicht unmittelbar über der Tischoberfläche bewegt (Abbildung 1.4).

Schieben Sie nun ein beliebiges farbiges Papier unter das Pendel und sagen Sie: »Dieses Pendel reagiert auf die Farbe im Papier. Es saugt gewissermaßen die Farbpartikel auf. Dieser Vorgang führt dazu, dass das Pendel sehr regelmäßig im Kreis schwingt. Am Anfang ist die Wirkung noch gering, die Kreise sind klein. Aber wenn Sie genau hinschauen, werden Sie feststellen, dass die Kreisbewegungen immer deutlicher werden. Achten Sie darauf, dass Sie Ihren Arm und Ihre Hand ganz still halten, damit jede Beeinflussung ausgeschlossen ist.« Tatsächlich beschreibt das Pendel eine Kreisform.

»Achten Sie bitte auf die Reaktion des Pendels, sobald ich das Papier wegnehme. Weil es dann über dem blanken Holz des Tisches hängt, wird es innerhalb kürzester Zeit hin- und herschwingen. Denn die aufgesaugten Holzpartikel haben eine andere molekulare Dichte und sorgen im Pendel für eine hyperaktivierte Schwingung. Zunächst nur mit kurzen

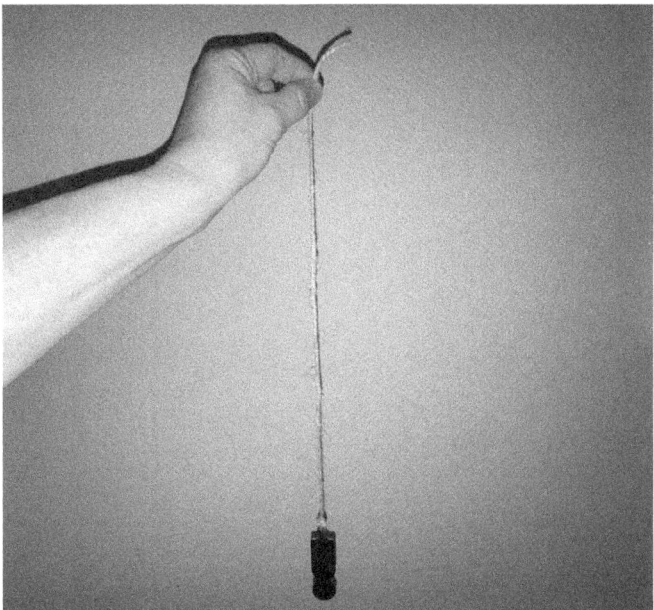

Abbildung 1.4: So hält der Mitspieler das Pendel über dem Tisch.

Ausschlägen, doch dann wird die geradlinige Schwingung immer deutlicher. Schauen Sie genau hin und halten Sie Ihre Hand bitte absolut still.« Auch hier bewegt sich das Pendel genau so, wie Sie es vorhergesagt haben.

»Jetzt nehme ich dem Pendel magisch seine Reaktionsfähigkeit und verkehre sie ins Gegenteil. Ich erzeuge also ein paradoxes Reziprok. Fortan schwingt das Pendel über dem farbigen Papier hin und her, während es über der Tischoberfläche Kreisbahnen beschreibt. Probieren Sie's gleich aus!« Es bedarf keines Kommentars – natürlich ist es exakt so, wie Sie sagen.

Das Geheimnis

Wenn Sie das Experiment wie beschrieben vorführen, wird es auf Anhieb funktionieren! Jedoch nicht aufgrund der von Ihnen genannten Effekte, sondern weil sich die Erwartung des mitspielenden Zuschauers, dass die entsprechenden Pendelbewegungen zustande kommen, in unbewusste Minimalbewegungen von Hand und Arm umsetzt. Er selbst bringt also das Pendel unbewusst zum Schwingen, und zwar so, wie Sie es ihm beschreiben. Die Aufforderung, er möge Hand und Arm ganz ruhig halten, verstärkt die Schwingbewegung, denn in der im Foto dargestellten Haltung ist es völlig unmöglich, ganz still zu halten – probieren Sie's aus.

> **IN DIESEM KAPITEL**
>
> Keine höhere Mathematik, keine niedrigen Beweggründe. Sondern einfach zahlreiche trickreiche Zahlen.
>
> So werden Sie zum Schnellrechner, Hellseher, Gedankenleser, Lebemann, Charmeur und Mittelpunkt jeder Party.

Kapitel 2
»Zahlen, bitte!«

Ja, ja, die gute alte Mathematik. Ein Lexikon definiert sie folgendermaßen (und das ist wirklich kein Witz!): »Für Mathematik gibt es keine allgemein anerkannte Definition; heute wird sie üblicherweise als eine Wissenschaft, die selbst geschaffene abstrakte Strukturen auf ihre Eigenschaften und Muster untersucht, beschrieben.« Mit anderen Worten: Keine Ahnung, warum, aber es funktioniert. So ähnlich ist es auch mit den folgenden Kunststücken …

Gedankenlesen

Dieser Trick ist ein sehr gutes Beispiel dafür, dass man ein einfaches mathematisches Prinzip vollkommen verfremden kann, um am Ende den Eindruck zu erwecken, bloße Zufälle hätten zu einem von Ihnen vorhergesagten Ergebnis geführt. Oder anders gesagt: Nichts ist unmöglich …

 Das Gute ist, dass Sie mit Ihrem Mitspieler nicht einmal im gleichen Raum sein müssen. Sie könnten den Trick demnach auch fernmündlich – das ist ein etwas antiquierter Begriff für »am Handy« – vorführen.

Der Effekt

Vor Beginn dieser Demonstration Ihrer besonderen mentalen Fähigkeiten wenden Sie sich ab. Ihr Zuschauer schreibt eine beliebige Zahl mit drei Stellen auf. Anschließend kehrt er die Zahl um und schreibt sie ebenfalls auf. Nun zieht er die kleinere der beiden Zahlen von der größeren ab. Das Ergebnis kehrt er abermals um und addiert diese beiden Zahlen.

> **Beispiel für die Aktionen des Zuschauers:**
>
> ```
>  841
> −148
> ────
>  693
> +396
> ────
> 1089
> ```

Das Ergebnis aller Bemühungen soll Ihr Zuschauer vor Ihnen verstecken. Erst anschließend wenden Sie sich Ihrem Mitspieler wieder zu. Er darf sich jetzt auf sein Endergebnis konzentrieren. Eine Zahl nach der anderen lesen Sie seine Gedanken und nennen so die von ihm zufällig gebildete Summe!

Das Geheimnis

Dieser Trick funktioniert vollkommen automatisch. Ihr Zuschauer muss sich nur genau an Ihre Anweisungen halten. Das Ergebnis seiner Handlungen wird dann **immer** 1089 sein!

Es gibt nur eine kleine (und seltene) Ausnahme: Manchmal ist das Ergebnis der Subtraktion 99. In diesem Fall muss der Zuschauer zunächst sein Ergebnis 99 mit 2 malnehmen und dann fortfahren wie beschrieben. Da Sie sich ja abgewandt haben, sollten Sie nach der Subtraktion Folgendes sagen: »Hat Ihr Ergebnis drei Stellen?« Wenn der Zuschauer bejaht, fahren Sie fort: »Dann kehren Sie die Zahl um, schreiben Sie sie unter das Ergebnis und zählen Sie beide zusammen.« Verneint der Zuschauer Ihre Frage, so sagen Sie: »Dann machen wir es noch ein wenig schwerer: Multiplizieren Sie diese Zahl doch bitte mit 2. Dieses Ergebnis kehren Sie um und addieren es zum Ergebnis.«

Beim Gedankenlesen sollten Sie sich ein wenig Unsicherheit gönnen, um das Ganze realistischer wirken zu lassen. Beispielsweise so: »Ich sehe eine Zahl, dann noch eine … und … noch eine. Drei Zahlen. Ist das korrekt? Nein, sagen Sie nichts, da scheint sich noch etwas zu materialisieren. Ja, aha, hm. Ach so, jetzt wird es klarer. Eine Null kommt noch dazu, das ist immer etwas schwierig mit den Nullen, weil sie ja eigentlich keinen Wert an sich darstellen. Also vier Zahlen. Eine Neun ist dabei und eine Eins. Und noch eine Null – nein, halt, das sieht nur so ähnlich aus, ich glaube, das ist eine … ja, eine Acht.« Machen Sie eine erschöpfte und schöpferische Pause. »Die Acht und die Neun, die stehen beieinander. 89 oder 98, das ist hier die Frage. Hm, ich stelle das zurück. Erst einmal zu den anderen beiden Zahlen. Ja, da bin ich mir sicher, das ist Eins und Null.« Noch einmal die Stirn in tiefe Falten legen und angestrengt schauen. »Okay, sind Sie bereit, hier kommt die ganze Zahl, ich hoffe, es stimmt: Eins – Null – … Neu… nein, Acht – Neun. Also 1089.

1089 – stimmt das, ist das Ihr Ergebnis?« Lassen Sie den Zuschauer laut bestätigen und seine Rechnung vorweisen.

Wenn Sie wollen, können Sie den Trick noch ein wenig spannender machen: Der Zuschauer soll ein bestimmtes Buch aufschlagen, und zwar auf der Seite, die den ersten drei Stellen (108) des Endergebnisses entspricht. Anschließend soll er das Wort, das der vierten Stelle (9) entspricht, heraussuchen, sich darauf konzentrieren und das Buch wieder zuklappen. Sie lesen dann das nur gedachte Wort in seinen Gedanken. Klar, kein Problem, denn das Endergebnis kennen Sie ja und haben sich den Begriff schon vorher angesehen.

Blitzrechnen

Dies ist einer meiner mathemagischen Lieblingseffekte, denn er wirkt so, als hätten Sie eine wirklich außergewöhnliche rechnerische Begabung, während Sie tatsächlich nur minimale Kopfarbeit erledigen müssen. Also genau der richtige Trick für eine Mathe-Niete wie mich.

Nachdem jedes Handy einen integrierten Taschenrechner hat, dürfte es empfehlenswert sein, den Zuschauer nicht mit der Rechenaufgabe alleine zu lassen. Ermutigen Sie ihn, gegebenenfalls sein Handy zu nutzen.

Der Effekt

Sie lassen einen Zuschauer eine beliebige Zahl mit fünf Stellen aufschreiben. Sie selbst treffen eine Vorhersage, die Sie verdeckt auf einem Zettel notieren und einem weiteren Zuschauer zur Aufbewahrung überreichen.

Anschließend darf Ihr erster Zuschauer jeweils eine weitere Zahl mit fünf Stellen unter und über die erste Zahl schreiben.

Jetzt sagen Sie: »Jetzt zeige ich Ihnen, wie ich daraus mein gewünschtes Ergebnis mache.« Blitzschnell schreiben Sie zwei weitere Zahlen mit jeweils fünf Stellen unter die ersten drei Zahlen.

Der Zuschauer darf alle fünf Zahlen addieren. Sobald er das Endergebnis hat, darf er es mit Ihrer Vorhersage vergleichen: Natürlich war Ihre Vorahnung vollkommen korrekt.

Das Geheimnis

Lassen Sie mich zunächst erklären, wie Ihre Vorhersage zustande kommt: Nehmen wir an, der Zuschauer schreibt die Zahl 58436 auf. In diesem Fall muss Ihre Vorhersage 258434 lauten. Verkünden Sie beim Aufschreiben: »Ich sehe in die Zukunft und weiß bereits jetzt das Ergebnis einer Addition, die Sie erst in ein paar Minuten mit ganz beliebigen Zahlen vornehmen werden.«

Beispiel für die frei gedachte Zahl des Zuschauers

58436

Es ist sehr einfach, diese Vorhersage zu treffen: Sie ziehen zunächst 2 von der letzten Ziffer ab und schreiben diese 2 vor das Ergebnis. Falls die letzte Ziffer eine 0 oder eine 1 ist, müssen Sie die 2 von den letzten beiden Ziffern abziehen. Ihre Vorhersage für 74531 würde demnach 274529 lauten. Schreiben Sie Ihre Vorhersage auf einen Zettel, den Sie anschließend zusammenfalten und einem weiteren Zuschauer zur Aufbewahrung überreichen.

Jetzt schreibt Ihr Mitspieler zwei weitere Zahlen mit jeweils fünf Ziffern über und unter seine erste Zahl. Dann sieht sein Blatt so aus:

Beispiel für zwei weitere frei gedachte Zahlen des Zuschauers

23874
58436 (das ist die ursprüngliche Zahl)
44763

Jetzt sind Sie wieder dran und schreiben blitzschnell zwei weitere Zahlen mit jeweils fünf Stellen darunter. Außerdem ziehen Sie einen Strich unter alle Zahlen, damit der Zuschauer am Ende alles zusammenzählen kann.

Sie schreiben zwei weitere Zahlen hinzu

23874 (x)
58436 (das ist die ursprüngliche Zahl)
44763 (y)
76125 (x)
55236 (y)
———
258434 (Ergebnis der Addition des Zuschauers)

Auf diese beiden Zahlen kommen Sie mit dem Neunerprinzip: Jede einzelne Ziffer der beiden zuletzt notierten Zahlen wird von Ihnen so ergänzt, dass die Summe 9 ergibt. Um Ihnen das Verständnis zu erleichtern, habe ich die Zahlenpaare, die sich gemäß dem Neunerprinzip ergänzen, mit x und y markiert.

Sehen wir uns das für die 23874 aus dem Beispiel an: Die erste Ziffer ist 2, deshalb schreiben Sie als erste Ziffer 7. Die nächste Ziffer ist die 3, deshalb bei Ihnen 6. Dann kommt 8, bei Ihnen 1. Danach 7, also für Sie 2. Am Ende 4 gibt bei Ihnen 5. Ganz einfach, oder? Falls der Zuschauer eine 9 notiert hat, ergibt sich bei Ihnen eine 0 oder, wenn es um die erste Ziffer geht, eine Leerstelle. Bei einer 0 ergibt sich bei Ihnen umgekehrt eine 9.

Sie müssen Ihre Ergänzung schnell und ohne Zögern hinschreiben. Es darf keinesfalls der Eindruck entstehen, Sie würden dabei rechnen oder auch nur nachdenken.

Am Ende darf der Zuschauer alle fünf Zahlen addieren. Er wird damit bei Ihrem vorhergesagten Ergebnis ankommen.

Und warum funktioniert der Trick immer? Ganz einfach: Durch Ihre Ergänzung nach dem Neunerprinzip ist die Summe der zuletzt notierten vier Zahlen immer identisch, nämlich 99999 plus 99999 = 199998. Oder anders ausgedrückt: 200000-2. Lediglich die vom Zuschauer zu Beginn notierte Summe ist variabel. Deshalb subtrahieren Sie 2 zunächst von seiner ersten Zahl und addieren anschließend 200000.

Ein weiteres Beispiel

95126 (x)
43990 (das ist die ursprüngliche Zahl)
74598 (y)
 4873 (x)
25401 (y)
_____

243988 (Ihre Vorhersage)

Die fehlende Zahl

Ein toller Trick, der wirklich ganz einfach ist. Selbst gestandene Mathematiker (also Leute, die nicht wissen, warum die ganze Rechnerei funktioniert) werden für dieses Wunder keine Erklärung haben und vor Ihnen auf die Knie fallen. Vergessen Sie nicht, sich in diesem Fall sofort als Universalerbe einsetzen zu lassen!

Der Effekt

Ihr Zuschauer notiert heimlich eine beliebige Zahl, sie sollte jedoch mindestens aus vier oder fünf Ziffern bestehen. Jetzt addiert er sein Geburtsjahr, zieht vom Ergebnis seine Schuhgröße ab und nimmt alles mal neun, um zu einer unvorhersehbaren Zahl zu gelangen.

Im Endergebnis markiert er eine beliebige Ziffer. Die übrigen Ziffern liest Ihnen der Zuschauer – in beliebiger Reihenfolge! – vor.

Trotzdem sind Sie in der Lage, die vom Zuschauer markierte Ziffer zu nennen.

> **Beispiel: Die vom Zuschauer notierten Zahlen**
>
> 21759 (beliebige Zahl des Zuschauers)
> +1967 (Geburtsjahr des Zuschauers)
> ———
> 23726 (Zwischenergebnis)
> −42 (Schuhgröße des Zuschauers)
> ———
> 23684 (Zwischenergebnis)
> × 9
> ———
> 213156 (Endergebnis)
>
> 213156 (der Zuschauer markiert die 2 und liest die übrigen Zahlen vor)

Das Geheimnis

Der Trick ist sehr einfach, wenn Sie einmal das Prinzip verstanden haben. Daher hier zunächst ein kleiner Exkurs.

Sie müssen zunächst wissen, wie man die einstellige Quersumme von Zahlen bildet. Bei der Zahl 45 ist es 4 + 5 = 9. Wenn Sie die Zahl 58 haben, wäre die Quersumme eigentlich 5 + 8 = 13. Das ist aber keine einstellige Zahl. Also addieren Sie nochmals die beiden Ziffern 1 + 3 = 4.

Das gleiche Prinzip kann man auch auf größere Zahlen anwenden. So ergibt sich beispielsweise für 183649 als einstellige Quersumme 4. Wenn Sie das »zu Fuß« ausrechnen, dauert es relativ lange. Wenn Sie jedoch zu Beginn »die Neuner aussortieren«, geht das Ganze blitzschnell: Sie ignorieren dabei alle Neunen und alle Zahlen, die addiert 9 ergeben. Denn durch sie wird das Endergebnis nicht beeinflusst!

Sehen Sie sich also noch einmal das Beispiel 183694 an, indem wir es ein wenig anders darstellen: [1 8] [3 6] 4 [9]. Übrig bleibt die 4.

Ein anderes Beispiel: 8145728936. Auf einen Blick können Sie als Ergebnis die 8 nennen!

Es ist unerheblich, ob Sie nur zwei Ziffern zur 9 zusammenzählen oder mehrere: Bei 1446 beträgt das Ergebnis 6, denn [1 4 4] 6.

Bei jeder x-beliebigen Zahl, die durch 9 teilbar ist, können Sie die Neuner aussortieren, um die einstellige Quersumme zu bilden. Damit ist der Exkurs beendet.

1. **Sie können den Zuschauer beliebige Berechnungen anstellen lassen, solange er am Ende einmal mit 9 (oder 18 oder 27 etc.) multipliziert.**

   Das vom ihm errechnete Produkt wird automatisch der oben beschriebenen Regel entsprechen und ebnet Ihnen damit den Weg. Sie verkaufen das Ganze natürlich ungefähr so: »Um es noch ein wenig komplizierter zu machen und eine wirklich x-beliebige Zahl zu erhalten, multiplizieren Sie jetzt bitte mit 9.«

2. **Der Zuschauer darf jetzt eine beliebige Ziffer markieren, beispielsweise einkreisen.**

   Hier gibt es eine kleine Einschränkung: Der Zuschauer darf keine 0 markieren. Aber das lässt sich einfach darstellen: »Falls Ihre Zahl eine 0 enthält, bitte diese nicht markieren, das wäre zu einfach.«

3. **Jetzt lassen Sie den Zuschauer die Ziffern – bis auf die markierte – in beliebiger (!) Reihenfolge nennen.**

   Während der Zuschauer die Ziffern vorliest, sortieren Sie die Neuner aus und bilden die einstellige Quersumme.

   In unserem obigen Beispiel (im Kasten) nennt Ihnen der Zuschauer: 6, 3, 1, 5, 1. Im Kopf bilden Sie die einstellige Quersumme: [6 3] 1 5 1. Als Ergebnis erhalten Sie 7.

4. **Ziehen Sie die einstellige Quersumme von 9 ab, und Sie erhalten die markierte Zahl!**

5. **Fassen Sie das bisher Geschehene zusammen. Danach verkünden Sie die gesuchte Zahl.**

Blitzaddition

Wollten Sie auch schon immer einmal die Preise aller Waren im Einkaufswagen im Kopf addieren und sind schon beim dritten Artikel kläglich gescheitert? Mit der folgenden Demonstration beweisen Sie, dass Ihr Hirn jeden Supercomputer in den Schatten stellt (da ist er ohnehin besser aufgehoben, die Mikrochips werden sich freuen ...).

Der Effekt

Sie wenden sich ab und bitten Ihren Zuschauer, zwei beliebige Zahlen zwischen 1 und 10 untereinander aufzuschreiben. Als Nächstes soll er diese beiden Zahlen addieren und das Ergebnis ebenfalls darunterschreiben. Im nächsten Schritt zählt er die zweite und dritte Zahl zusammen und schreibt das Ergebnis als vierte Zahl darunter. Das macht er so lange weiter, bis insgesamt zehn Zahlen untereinanderstehen.

Ein Beispiel für die vom Zuschauer notierten Zahlen

3
7
10
17
27
44
71
115
186
301

Sobald Sie sich dem Zuschauer wieder zuwenden, ziehen Sie einen waagerechten Strich unter seine Zahlen, wenden sich sofort wieder ab und sagen: »Bitte addieren Sie alle Zahlen.« Sobald sich der Mitspieler an seine Aufgabe macht, rufen Sie ihm das korrekte Ergebnis zu, in diesem Beispiel 781!

Das Geheimnis

1. Es gibt natürlich einen wichtigen Grund für Sie, den Strich unter die Zahlen zu ziehen. Sie haben dabei Gelegenheit, sich die vierte Zahl von unten zu merken.

2. Sobald Sie sich wieder abgewendet haben, multiplizieren Sie die gemerkte Zahl mit 11. Das Ergebnis ist auch gleichzeitig das Ergebnis der Addition aller Zahlen.

In unserem Beispiel

$71 \times 11 = 781$

Wenn Sie das Multiplizieren mit 11 überfordert, verwenden Sie entweder einen anderen Trick oder kaufen Sie sich »Algebra für Dummies«. Oder lesen Sie weiter, denn jetzt gibt's einen Crashkurs für Dummies.

Kopfrechnen schwach? Es gibt eine recht einfache Methode, wie man das Ergebnis der Multiplikation mit 11 herausbekommt: Addieren Sie die beiden Ziffern Ihrer ausgespähten Zahl (71, also 7+1 = 8) und stellen Sie das Ergebnis in die Mitte der beiden Zahlen (781). Das funktioniert immer!

Es gibt nur zwei Ausnahmen:

1. Wenn die ausgespähte Zahl beispielsweise 76 lautet, bekommen Sie 13 als Additionsergebnis. Die 3 kommt in die Mitte zwischen 7 und 6 und Sie müssen die 1 der linken Ziffer hinzuzählen. Als Ergebnis der Multiplikation 76 × 11 ermitteln Sie somit 836.

2. Wenn Sie eine dreistellige Zahl (beispielsweise 134) erspähen, funktioniert es ganz ähnlich: Sie addieren die beiden rechten Ziffern (3 + 4 = 7); das Ergebnis kommt links neben die letzte Ziffer. Dann addieren Sie die beiden linken Ziffern (1 + 3 = 4). Das Ergebnis kommt rechts neben die erste Ziffer. Das heißt: 134 × 11 = 1474. Noch ein Beispiel: 452 × 11 = 4972. Und noch eins: 483 × 11 = 5313 (hierbei müssen Sie wieder jeweils die 1 der linken Ziffer hinzuzählen).

Das Magische Quadrat I

Was ist überhaupt ein »magisches Quadrat«? Es handelt sich um eine mathematische Knobelei, bei der eine bestimmte Menge von Zahlen in einem Quadrat angeordnet werden. Dabei sollen die Summen aller Zeilen und Spalten gleich sein. Eine mathematisch strengere Forderung ist, dass auch noch die Summen der Diagonalen mit den Zeilen- und Spaltensummen übereinstimmen (Abbildung 2.2). Wenn jemand ein magisches Quadrat auf Zuruf zu einer beliebigen Endsumme erstellen kann, wirkt das schon wie echte Zauberei. Mit diesem Trick können Sie also endlich allen beweisen, dass Sie kein Dummie sind.

16	5	9	4
2	11	7	14
3	10	6	15
13	8	12	1

Abbildung 2.1: Beispiel für ein magisches Quadrat

Der Effekt

»Jeder, der ein magisches Quadrat erstellt, muss wenigstens einige Minuten über die Anordnung der Zahlen nachdenken, wenn er nicht gleich einen Computer zurate zieht. Ich habe meinen Geist in den letzten Jahren sehr intensiv trainiert und bin mittlerweile in der

Lage, die komplexen Berechnungen im Kopf anzustellen. Das würde ich Ihnen gerne demonstrieren. Wichtig ist, dass Sie dabei bemerken, dass ich, nachdem mir die Aufgabe gestellt wurde, sofort mit dem Ausfüllen des Quadrates beginne.«

Zeichnen Sie auf ein Blatt Papier ein Quadrat mit vier Reihen und vier Spalten, also mit sechzehn Feldern.

»Bitte denken Sie an eine beliebige Zahl, sagen wir zwischen 34 und 100. Verraten Sie mir die Zahl aber noch nicht. Überlegen Sie zunächst, ob Sie mir die Aufgabe so stellen wollen oder ob Sie lieber in Gedanken eine andere Zahl wählen.«

Der Zuschauer bestätigt es Ihnen, sobald er an eine Zahl denkt.

»Sind Sie bereit? Dann nennen Sie mir die Zahl bitte jetzt!«

In dem Augenblick, da der Zuschauer die Zahl sagt (nehmen wir im Folgenden an, es ist die 68), schreiben Sie bereits die ersten Ziffern in das magische Quadrat. In Windeseile füllen Sie alle Felder.

Am Ende sagen Sie: »Ich habe wirklich sofort mit dem Schreiben begonnen, nicht wahr? Das kommt durch mein jahrelanges Training. Die Zahl, die Sie sich gewünscht haben, ist die 68.« Schreiben Sie die 68 zur Verdeutlichung neben das Quadrat.

Das magische Quadrat für die Zahl 68

8	11	48	1
47	2	7	12
3	50	9	6
10	5	4	49

»Lassen Sie mich nun beweisen, dass es sich hierbei tatsächlich um ein vollkommenes magisches Quadrat handelt: Wenn man die Zahlen in den einzelnen Reihen addiert, ergibt sich jedes Mal die Summe 68! Und auch wenn man die Zahlen in den Spalten addiert, kommt immer die 68 heraus!« Jedes Mal addieren Sie die passenden Zahlen und streichen die Reihe oder Spalte durch, wenn das Ergebnis korrekt ist.

»Auch die beiden Diagonalen – 8, 2, 9, 49 und 10, 50, 7, 1 – ergeben Ihre Wunschzahl 68! Und wenn man die Zahlen in den vier Ecken (8, 1, 10, 49) addiert, kommt natürlich 68 heraus! Sie können aber auch alle vier Zahlen, die unmittelbar nebeneinanderliegen (beispielsweise 8, 11, 47, 2), zusammenzählen und bekommen als Ergebnis 68!

Die versetzten Diagonalen (beispielsweise 47, 11, 4, 6) sind ebenfalls möglich. Und in jedem Quadrat mit 4 × 4 Feldern gibt es vier 3 × 3-Felder. Wenn man deren Eckfelder (beispielsweise 8, 48, 3, 9) addiert, kommt – na was wohl – 68 heraus!

Mit anderen Worten: Jede nur denkbare Zahlenkombination in diesem Quadrat führt zu Ihrer gewünschten Zahl 68. Und das ist Zauberei!«

Das Geheimnis

Für diese Demonstration ist es unerlässlich, dass Sie zunächst ein Blankoquadrat auswendig lernen:

Das Blankoquadrat

8	11	*14*	1
13	2	7	12
3	*16*	9	6
10	5	4	*15*

1. **Sobald Ihnen der Zuschauer seine Zahl nennt, schreiben Sie wirklich sofort los, indem Sie die ersten beiden Felder ausfüllen (8 und 11). Dann geht es weiter mit 1, 2, 7, 3 und so weiter.**

    Das heißt, Sie lassen die Felder 13, 14, 15 und 16 leer. Diese werden erst ganz am Ende gefüllt.

2. **Ziehen Sie gedanklich 21 von der gewünschten Zahl ab. Bei unserem Beispiel mit der Zahl 68 würde sich 47 ergeben. Die kommt in Feld Nr. 13. Die 48 in Nr. 14, die 49 in Nr. 15 und die 50 in Nr. 16.**

    Jetzt wissen Sie auch, warum die Zahl, die der Zuschauer nennt, zwischen 34 und 100 liegen muss. Denn wenn Sie von 34 die Zahl 21 abziehen, erhalten Sie 13, und die Zahl steht ja schon in Ihrem Blankoquadrat.

3. **Fahren Sie dann fort, indem Sie die schier endlosen Kombinationsmöglichkeiten demonstrieren, um innerhalb des Quadrates zur frei gewählten Zahl des Zuschauers zu gelangen.**

 Diese Demonstration sollten Sie vor dem gleichen Publikum niemals wiederholen, denn sonst wird man Ihnen auf die Schliche kommen! Außerdem würden Ihre Zuschauer zu sehr ermüden, denn nichts ist langweiliger, als den gleichen Trick zweimal zu sehen.

Ihre Glückszahl

 Effekte, bei denen Ihre Zuschauer beteiligt werden und sich magisch eine bestimmte unvorhersehbare Konstellation ergibt, sind etwas besonders. Die nachfolgende Spielerei verfehlt ihre Wirkung nicht, wenn sie entsprechend locker dargeboten, das Endergebnis jedoch als Wunder präsentiert wird.

Der Effekt

Sie versprechen Ihrem Zuschauer, dass das Ergebnis seiner nachfolgenden Berechnungen seine unverwechselbare persönliche Glückszahl sein wird.

Zunächst darf der Mitspieler die Zahl zwölf Millionen dreihundertfünfundvierzigtausend sechshundertneunundsiebzig notieren, also 12.345.679. Nun soll er eine der Ziffern einkreisen, die eine ganz besondere Bedeutung für ihn hat, seine Glückszahl. Nehmen wir an, der Zuschauer wählt die 7.

Als Nächstes darf er seine Zahl mit 9 malnehmen und das Ergebnis wiederum mit der 12.345.679 multiplizieren. Das Endergebnis besteht ausschließlich aus seiner Glückszahl, in diesem Fall 777.777.777. Das ist seine neue Super-Glückszahl!

Das Geheimnis

Ich enttäusche Sie wirklich nur ungern, aber das Geheimnis ist, dass es kein Geheimnis gibt! Wenn der Zuschauer Ihren Anweisungen folgt, wird er automatisch zu seiner Super-Glückszahl kommen.

Ein weiteres Beispiel

3 = Glückszahl des Zuschauers
3 × 9 = 27
27 × 12.345.679 = 333.333.333

Vier Zahlen

Ist Ihnen das auch schon mal passiert? Als Sie nach einem leckeren Essen im Restaurant dem Ober zugerufen haben »Zahlen, bitte!« antwortete der seelenruhig »4, 7, 1, 1«. – Jetzt werden Sie sagen, das ist immer noch besser als die 8 und die 0, die sich am helllichten Tag auf offener Straße begegnen. Sagt die selbstverliebte 0 zur modebewussten 8: »Schicker Gürtel!«

So, jetzt habe ich endlich mein Ziel erreicht, ein Wort, in dem drei identische Konsonanten nacheinander kommen, in meinem Buch unterzubringen! Hurra, her mit dem Champagner!

Der Effekt

Der Magier schreibt die Zahlen von 1 bis 4 auf vier Zettel und spielt ein kleines Spiel mit seinem Gegenüber. Am Ende gewinnt natürlich der Zauberer, zudem ergibt sich ein überraschendes Ereignis.

Das Geheimnis

1. Sie benötigen nur vier Notizzettel oder, noch besser, Karteikarten und einen Stift.

2. »Ich habe ein kleines Gewinnspiel für Sie. Es findet in drei Runden statt. Wenn Sie alle drei Runden gewinnen, lade ich Sie zu einem Drink ein. Andernfalls geben Sie bitte mir einen aus. Okay?«

3. Sie halten die Karten zu sich gewandt und schreiben auf die oberste Karte eine 1.

 Achtung: Sie werden später aus der 1 eine 4 machen müssen! Daher entscheiden Sie sich an dieser Stelle, wie Sie diese 1 schreiben: entweder nur als senkrechten Strich (wie eine amerikanische 1). Oder mit Aufstrich (also wie in unseren Breiten). In beiden Fällen kann sehr leicht eine 4 daraus werden; siehe Abbildung 2.2.

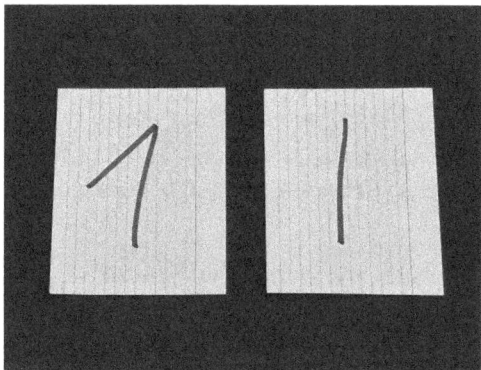 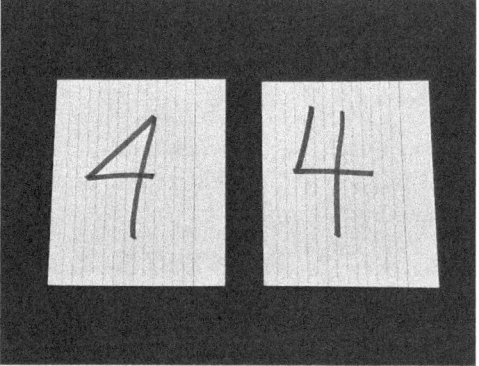

Abbildung 2.2: Ein Blick auf die 1 und wie sie zur 4 wird: links die deutsche Schreibweise und rechts die amerikanische Variante.

4. Sie wenden die Karten zu Ihrem Mitspieler, damit er die Zahl sehen kann.

5. Jetzt wenden Sie die Karten wieder zu sich, legen die vorderste Karte nach hinten und schreiben auf die nächste Karte die Ziffer 2.

6. Wieder wenden Sie die Karten zu Ihrem Mitspieler, damit er die soeben geschriebene Zahl sehen kann.

7. Anschließend wenden Sie die Karten wieder zu sich, legen die vorderste Karte nach hinten und schreiben auf die nächste Karte die Ziffer 3.

8. Sie wissen schon, was kommt: Erneut wenden Sie die Karten zu Ihrem Mitspieler, damit er die Zahl sehen kann.

9. Achtung, aufpassen: Wieder wenden Sie die Karten zu sich und legen scheinbar die vorderste Karte nach hinten. In Wirklichkeit legen Sie dieses Mal jedoch zwei Karten als eine nach hinten!

10. Sie blicken jetzt auf die 1 von vorher, lassen sich jedoch nichts anmerken! Stattdessen schreiben Sie scheinbar die 4. In Wirklichkeit wird dabei zwar der »Haken« der 4 geschrieben, aber den einzelnen Strich von oben nach unten deuten Sie nur pantomimisch an – denn dieser Strich befindet sich ja schon auf dem Papier! – Siehe noch einmal Abbildung 2.2.

11. Anschließend wenden Sie die Karten zu Ihrem Mitspieler, damit er die Zahl auch dieses Mal sehen kann.

    Alles erscheint normal; Sie haben keinerlei Verdacht erregt. Der Trick ist jetzt praktisch »gelaufen«. Sie müssen sich nur noch auf die Präsentation konzentrieren.

12. Die oberste Karte wird wie zuvor nach hinten gelegt.

13. Sie fächern die Karten vor sich aus und legen zunächst die 3 mit der Schrift nach oben auf den Tisch. Danach legen Sie auch die 4 mit der Schrift nach oben auf den Tisch. Jetzt wird die Karte mit der 2 verdeckt zwischen die beiden ersten auf den Tisch gelegt. Am Ende kommt die letzte Karte verdeckt neben die 3.

14. »Beginnen wir mit Runde Nummer Eins.« Sie deuten auf die letzte Karte; die vermeintliche 1. »Wenn ich Ihnen sagen würde, dass hier die 1 liegt – wo liegt dann die 2?«

15. Ihr Zuschauer antwortet, dass es nur die verdeckte Karte zwischen der 3 und der 4 sein kann. Sie drehen diese Karte mit der Schrift nach oben und bestätigen seine Vermutung.

16. Drehen Sie jetzt die 4 mit der Schrift nach unten, um sie zwischen die 2 und die 3 zu legen.

17. »Runde Nummer Zwei: Wie lautet die Summe der sichtbaren Ziffern?« – Der Zuschauer antwortet natürlich »5«. Mit dieser Vermutung liegt er goldrichtig.

18. Jetzt legen Sie die 2 und die 3 in die Mitte zwischen die anderen beiden verdeckten Karten.

19. »Und jetzt die alles entscheidende Runde Nummer Drei: Wie lautet die Summe der verdeckten Zahlen?« – Der Zuschauer antwortet erneut »5«, denn 4 plus 1 ergäbe natürlich 5.

20. Jetzt machen Sie's spannend: Sie decken zuerst die 4 auf und danach zögerlich die letzte Karte: Sie ist leer, und der Zuschauer hat das Game eindeutig verloren! – Und natürlich kann er alles genauestens untersuchen.

Das Magische Quadrat II

Magische Quadrate sind ein echter Klassiker der Zauberkunst. Dabei geht es darum, dass ein Zuschauer eine beliebige Zahl nennt und der Magier sofort und blitzschnell das Magische Quadrat mit weiteren Zahlen befüllt. Addiert man die Zahlen jeder Spalte, ergibt sich jeweils die vom Zuschauer vorgegebene Summe. Aber auch die Summe der Zahlen jeder einzelnen Zeile ergibt das gewünschte Ergebnis, ebenso die vier Eckzahlen, die vier mittleren Zahlen und viele andere Kombinationen.

In der Regel geht es um Quadrate mit vier Spalten und vier Zeilen. Natürlich gibt es zig Varianten, wie man die 16 Felder möglichst zügig befüllen kann, und das im Idealfall auch noch mit nur geringer Rechenarbeit.

Als Dummies bevorzugen wir es natürlich, gar nicht denken zu müssen, nicht wahr? – Also gut, Ihr Wunsch ist mir mehr als Befehl!

Der Effekt

Vier Zuschauer bestimmen nach dem Zufallsprinzip vier Zahlen von 1 bis 16. Für deren Summe wird anschließend in Nullkommanix vom Wundermann ein Magisches Quadrat erstellt.

Das Geheimnis

1. Zeichnen Sie zunächst zwei »Magische Quadrate« mit vier Spalten und vier Reihen.

2. In eines der Quadrate schreiben Sie jetzt nacheinander die Zahlen von 1 bis 16 (siehe Abbildung 2.3).

1	2	3	4
5	6	7	8
9	10	11	12
13	14	15	16

Abbildung 2.3: Sie zeichnen zwei leere Magische Quadrate, von denen eins mit den Zahlen von 1 bis 16 befüllt wird.

3. »Lassen Sie uns vier beliebige Zahlen bestimmen, aus denen wir dann eine Summe bilden.« Sie wenden sich an den ersten Mitspieler: »Kreisen Sie bitte eine der Zahlen ein.« Sobald dies geschehen ist, streichen Sie die übrigen Zahlen der gleichen Spalte und Reihe durch (siehe Abbildung 2.4).

Abbildung 2.4: Der erste Zuschauer nennt beispielsweise die 8.
Die übrigen Zahlen der gleichen Spalte und Reihe werden durchgestrichen.

4. Der zweite Zuschauer darf anschließend eine der übrig gebliebenen Zahlen einkreisen, und wieder streichen Sie die restliche Reihe und Spalte durch (siehe Abbildung 2.5). Das wiederholt sich dann auch mit zwei weiteren Zuschauern (von denen der vierte keine freie Wahl mehr hat; er darf das letzte freie Feld einkreisen). Schauen Sie sich Abbildung 2.6 und Abbildung 2.7 an.

Abbildung 2.5: Der zweite Zuschauer nennt beispielsweise die 2.
Die übrigen Zahlen der gleichen Spalte und Reihe werden durchgestrichen.

Abbildung 2.6: Der dritte Zuschauer nennt beispielsweise die 11.
Die übrigen Zahlen der gleichen Spalte und Reihe werden durchgestrichen.

	2		
			8
		11	
13			

Abbildung 2.7: Für den vierten Zuschauer bleibt in diesem Fall die 13 übrig.

5. Lassen Sie die Zuschauer die vier eingekreisten Zahlen addieren und Ihnen das Ergebnis nennen. – Betonen Sie, dass bei Wahl nur einer anderen Zahl ein völlig anderes Ergebnis herausgekommen wäre. Und dass Sie keinesfalls vorhersehen konnten, welche Summe die Zuschauer bilden.

6. Jetzt befüllen Sie das zweite Magische Quadrat freihändig mit folgenden Zahlen (siehe Abbildung 2.8): Dabei können Sie entweder linear von Kästchen zu Kästchen vorgehen (also 16, 3, 2 etc.) oder Sie gehen numerisch vor und beginnen bei 1 rechts unten, dann 2 oben rechts von der Mitte, 3 oben links von der Mitte etc. Die Entscheidung bleibt Ihnen überlassen.

Und ja, zu diesem Zweck müssen Sie dieses Quadrat auswendig lernen! Aber das ist wirklich leicht und der Effekt verspricht Ihnen ganz tolle Reaktionen des Publikums.

16	3	2	13
5	10	11	8
9	6	7	12
4	15	14	1

Abbildung 2.8: So wird das zweite Magische Quadrat befüllt.

7. Sobald Sie eilig fertig geschrieben haben, demonstrieren Sie Ihren verblüfften Zuschauern, dass die Zahlen jeder Reihe, Spalte, Diagonalen etc. jeweils die Summe 34 ergeben.

In der Tat, wenn die Zufallssumme auf die beschriebene Art und Weise gebildet wird, so werden Sie immer ein Magisches Quadrat für die Zahl 34 bilden. Und das haben Sie ja glücklicherweise auswendig gelernt.

Addieren Sie beispielsweise auch die Zahlen der vier äußeren Ecken (16+13+4+1) oder die vier inneren (10+11+6+7). Oder die vier Quadrate in den jeweils äußeren Quadranten (16+3+5+10) und (2+13+11+8) und (9+6+4+15) und (7+12+14+1). Was beispielsweise auch geht: (3+2+15+14) und (5+9+8+12). Oder (5+3+12+14) und (2+8+15+9)! Und natürlich auch die Diagonalen (16+10+7+1) sowie (4+6+11+13)!

Teil II
Zauberei im Alltag

IN DIESEM TEIL ...

Zaubertricks wirken besonders dann, wenn Sie scheinbar ohne jegliche Vorbereitung und spontan ein kleines Wunder zelebrieren. Genau das lernen Sie in diesem Teil. Alle Kunststücke erscheinen Ihrem Publikum »impromptu«, also unvorbereitet. Im einen oder anderen Fall sind sie das wirklich, aber meistens müssen Sie kleinere Vorbereitungen treffen, um die Mirakel zu ermöglichen.

Unter anderem geht es auch um Kartenzauberkunst, ein wichtiges Kapitel der Magie. Es gibt wohl so viele Kartentricks wie Sandkörner an den Stränden dieser Welt; vielleicht sogar einen mehr. Anhand von ganz leichten Tricksereien führe ich Sie langsam und behutsam in die Zauberei mit Spielkarten ein. Weiter hinten im Buch finden Sie dann auch mittelschwere und schwere Kartentricks. Aber keine Angst – auch die richtig schweren Mirakel werden Sie mit ein wenig Übung meistern, Sie sind ja kein Dummie.

> **IN DIESEM KAPITEL**
>
> Geschmackvolle Tricks, die jeden Hunger stillen
>
> Der Beweis, dass Omas Hinweis »Mit dem Essen spielt man nicht« ausgedient hat

Kapitel 3
Im Restaurant und beim Essen

Bei welcher passenden oder unpassenden Gelegenheit ziemt es sich zu zaubern? Diese Frage müssen Sie sich nicht mehr stellen, wenn Sie dieses Kapitel durchgearbeitet haben, denn die darin beschriebenen Tricks passen einfach immer.

Die unkaputtbare Serviette

Ein klassischer Effekt in der Zauberkunst ist das Zerstören und anschließende Wiederherstellen eines Gegenstands. Hier haben wir ein schönes Beispiel dafür.

Der Effekt

Sie zerreißen eine Papierserviette und machen sie anschließend wieder ganz.

Das Geheimnis

1. Natürlich benötigen Sie für diesen Trick zwei identische Papierservietten. Eine davon rollen Sie vor der Vorstellung unbemerkt zu einem Ball zusammen und halten sie in der linken Faust versteckt.
2. Ergreifen Sie die zweite Serviette vom Tisch, um sie vorzuzeigen. Dadurch hat die linke Hand etwas zu tun und muss nicht verkrampft die zusammengeknüllte Serviette verborgen halten (Abbildung 3.1).

Abbildung 3.1: Die zusammengeknüllte Papierserviette ist in der linken Hand versteckt.

3. **Zerreißen Sie die Papierserviette zwischen beiden Händen in viele kleine Stücke.**

4. **Die kleinen Stücke werden zu einem Ball zusammengeknüllt.**

   Der Ball sollte ungefähr die gleiche Größe und Form haben wie Ihre präparierte Serviette.

5. **Drücken Sie den Ball zwischen den Fingern zusammen, dabei ist es ein Leichtes, ihn mit dem anderen Ball zu vertauschen. Dadurch gelangt die intakte Serviette an die Fingerspitzen, während die zerrissene in der linken Faust verborgen wird (Abbildung 3.2).**

Abbildung 3.2: Die zerrissene und die intakte Serviette werden vertauscht.

Für die Zuschauer sieht der Vorgang so aus, als würden Sie die Papierserviette lediglich fest zusammendrücken.

6. **Nach einer magischen Geste entfalten Sie die Papierserviette unter Zuhilfenahme der rechten Finger.**

   Die zerrissenen Stücke werden nach wie vor in der linken Hand verborgen gehalten.

7. **Am Ende rollen Sie die intakte Serviette nebenbei zusammen und legen sie beiseite. Dabei kommt der Ball mit den zerrissenen Stücken ins Innere und bleibt den Zuschauern verborgen.**

Die noch unkaputtbarere Serviette

Bei diesem Effekt lernen Sie, was ein »Aufsitzer«-Effekt ist: Die Zuschauer durchschauen das Geheimnis, müssen am Ende jedoch feststellen, dass sie doch gekonnt getäuscht wurden.

Der Effekt

Wie beim vorhergehenden Trick wird eine Serviette zerrissen und wiederhergestellt. Allerdings zeigen Sie den Zuschauern haarklein, wie alles abläuft. Am Ende entrollen Sie den Ball mit den zerrissenen Stücken – und auch diese haben sich magisch restauriert!

Das Geheimnis

1. **Sie benötigen mehrere Papierservietten. Am besten besorgen Sie sich eine Spenderbox für Papiertaschentücher.**

2. **Zur Vorbereitung rollen Sie wieder eine Serviette zu einem Ball zusammen und verstecken diesen unter der obersten Serviette.**

3. **»Jetzt möchte ich Ihnen zur Abwechslung mal einen Trick beibringen. Haben Sie Lust?« Bevor der Trick beginnt, müssen Sie heimlich eine Vorbereitung treffen: Nehmen Sie eine Serviette zur Hand und rollen Sie sie zu einem kleinen Ball zusammen.**

   Sie zeigen Ihre linke Hand leer vor und ziehen damit die oberste Serviette – gemeinsam mit dem dahinter verborgenen Ball – aus der Box.

4. **Jetzt rollen Sie – für alle sichtbar – die Serviette zu einem Ball zusammen und halten sie anschließend hinter den Fingern verborgen (neben dem ersten Ball).**

   Sie können das Ganze sogar kurz vorzeigen, denn es sieht für Ihre Zuschauer wie ein Ball aus. Halten Sie Ihre linke Hand ruhig absichtlich etwas unbeholfen, damit jeder erkennt, dass Sie einen Ball verborgen haben.

5. Aber davon darf kein Zuschauer etwas mitbekommen. Versuchen Sie, die Hand so natürlich wie möglich zu halten. So treten Sie vor Ihr Publikum.
6. Ergreifen Sie eine weitere Serviette, die Sie auseinanderreißen. Die zerrissenen Stückchen werden anschließend zu einem Ball zusammengerollt und an den linken Fingerspitzen gehalten.
7. Jetzt müssen Sie nur die zerrissenen Stückchen unbemerkt gegen die intakte Serviette vertauschen – und der Trick ist gelaufen. Am einfachsten geht das, wenn Sie den Ball scheinbar fest zusammendrücken.

   Demonstrieren Sie, was Sie beschreiben: Mit beiden Händen pressen Sie den Ball scheinbar fest zusammen und tauschen ihn dabei gegen einen der verborgenen aus. Danach halten Sie von den Fingern verdeckt einen intakten und einen zerrissenen Ball.
8. Entfalten Sie den sichtbaren Ball und zeigen Sie die Serviette zwischen beiden Händen vor: Sie ist magisch restauriert.

   Rollen Sie anschließend die restaurierte Serviette nebenbei zusammen, wobei Sie Gelegenheit haben, den zerrissenen Ball unbemerkt hinzuzufügen. Legen Sie das kleine Päckchen zur Seite.
9. Natürlich dürfen Ihre Zuschauer keinesfalls den zerrissenen Ball bemerken. Falls das doch einmal geschieht – brauchen Sie besondere Zauberkräfte!

   Entrollen Sie den zweiten Ball – die zerrissenen Stücke haben sich scheinbar magisch zusammengefügt!

Der unkaputtbare Zahnstocher

In der Zauberkunst gibt es zahlreiche Effekte, die darauf beruhen, dass nicht nur die Augen der Zuschauer, sondern auch ihre Ohren getäuscht werden. Das folgende Kunststück ist ein gutes Beispiel für diese Kategorie.

Der Effekt

Sie nehmen einen Zahnstocher zur Hand, halten ihn vor das rechte Ohr Ihres Gegenübers und zerbrechen das Hölzchen. »Bitte deuten Sie auf die Stelle, wo Sie das Geräusch gehört haben.« Natürlich deutet Ihr Mitspieler auf sein rechtes Ohr.

Sie nehmen einen weiteren Zahnstocher und zerbrechen ihn vor dem linken Ohr des Zuschauers. Natürlich ordnet er das Geräusch auch diesmal richtig zu.

Ein weiterer Zahnstocher wird genau vor seiner Nase zerbrochen. Der Mitspieler sagt, er habe das Zerbrechen vor seinem Gesicht wahrgenommen.

Sie öffnen die leeren Hände und sagen: »Ist jetzt der Zahnstocher verschwunden – oder haben Sie sich das alles nur eingebildet?«

Das Geheimnis

1. Sie benötigen einige Zahnstocher (oder Streichhölzer). Werfen Sie sie als Häufchen auf den Tisch.

2. Alles läuft genauso ab wie oben beschrieben, bis Sie das zweite Hölzchen zerbrochen haben. Beim Aufnehmen der Hände halten Sie die Zahnstocher immer hinter den Fingern verborgen.

3. Nehmen Sie dann scheinbar einen dritten Zahnstocher vom Tisch auf, in Wirklichkeit sind Ihre Hände jedoch leer.

   Weil noch eine undefinierbare Zahl weiterer Hölzchen auf dem Tisch liegen bleibt, wird niemand Verdacht schöpfen.

4. Sie halten die Hände vor die Nase des Zuschauers und mimen das Zerbrechen des Zahnstochers. Dabei schnalzen Sie Ihre beiden Daumennägel aneinander, sodass ein Geräusch entsteht, das nicht vom brechenden Hölzchen zu unterscheiden ist.

5. Sobald der Zuschauer antwortet, wo er das Zerbrechen gehört hat, nehmen Sie Ihre Hände auseinander und zeigen sie langsam und deutlich leer vor. Sagen Sie: »Ist jetzt der Zahnstocher verschwunden – oder haben Sie sich das alles nur eingebildet?«

Die Bierdeckel-Lotterie

Sie gemeiner, hinterhältiger Schurke. Dass Sie immer falsche Tatsachen vorspiegeln müssen. Können Sie sich nicht wenigstens ein bisschen zurückhalten und der Wahrheit den Vorzug geben?

Der Effekt

Sie erklären Ihren Mitessern (also, damit meine ich die Personen, die gemeinsam mit Ihnen am Tisch sitzen, um eine Mahlzeit einzunehmen), dass die Brauerei am Folgetag ein bislang geheim gehaltenes Glücksspiel veröffentlichen werde: In jedem zehnten Bierdeckel ist ein 10-Euro-Schein zwischen den Papplagen versteckt. Jeder, der einen Schein findet, kann ihn behalten.

»Bislang weiß praktisch kein Mensch davon, deshalb stehen die Chancen sehr gut, tatsächlich fündig zu werden ...«

Sie nehmen Ihren Bierdeckel zur Hand und falten ihn einmal zur Hälfte zusammen. Wird der Deckel dann am Falz auseinandergebrochen, steckt im Innern tatsächlich ein 10-Euro-Schein! Sie sind ja ein echter Glückspilz!

Seien Sie versichert, dass Ihre Mitesser den Rest des Tages in der Kneipe verbringen, um die übrigen Bierdeckel auf weitere verborgene Scheine zu untersuchen – selbstverständlich ohne Erfolg.

Das Geheimnis

Natürlich ist die Geschichte erstunken und erlogen. Ihre einzige Vorbereitung besteht darin, vor der Schlemmerei einen Geldschein klein zusammenzulegen.

1. **Sie halten den Schein in der rechten Hand verborgen und nehmen mit der Linken nebenbei Ihren Bierdeckel vom Tisch. Bringen Sie die rechte Hand darunter, sodass der Schein flach auf der Unterseite des Deckels liegt.**

   Jetzt sind Sie in der Position, mit der Geschichte zu beginnen. Natürlich lässt sich der Deckel problemlos falten, obwohl der Geldschein darunter verborgen gehalten wird. Anschließend sollte der Schein ziemlich genau in die Mitte des Deckels verschoben werden.

2. **Sobald Sie genügend Spannung bei Ihren Mitessern aufgebaut haben, sagen Sie: »Schauen wir mal nach ...«**

   Dabei reißen Sie den Bierdeckel am Falz entlang in zwei Hälften. Achten Sie darauf, die rechts gehaltene Hälfte ein wenig nach unten geneigt zu halten.

3. **Durch das Auseinanderreißen kommt rechts ein Teil des Geldscheins ins Blickfeld. Obwohl er sich unter dem Bierdeckel befindet, sagen Sie: »Tatsächlich, da hatte ich ja Glück. Mitten im ersten Bierdeckel gleich 10 Euro zu finden ...« Ziehen Sie den Schein mit der rechten Hand heraus und entfalten Sie ihn langsam.**

   Erfahrungsgemäß sind die Zeugen dieses Vorgangs wesentlich mehr an der Echtheit des Geldscheins interessiert als an den Überresten des Bierdeckels. Sorgen Sie sich also nicht, dass irgendjemand den Bierdeckel untersuchen will.

4. **Am Ende sagen Sie verschwörerisch: »Aber verratet das bloß keinem, die Aktion wird ja erst morgen um Punkt 12 Uhr gestartet!« Logisch, dass alle zustimmend nicken, sich aber in Wirklichkeit schon ausrechnen, was sie mit dem Geld machen werden, das sie in den nächsten Stunden aus stinknormalen Bierdeckeln befördern werden.**

 Die Sache lässt sich auch am Frühstückstisch vorführen, selbst wenn Sie um diese schlaftrunkene Zeit keine Alkoholika zu sich nehmen: Weisen Sie stattdessen auf die neue Promotion des lokalen Bäckers hin, der in jeden zehnten Brötchenteig einen 10-Euro-Schein steckt. Beim Auseinanderbrechen eines beliebigen Brötchens vom Frühstücksbüffet lassen Sie den klein zusammengefalteten Schein einfach los: Es sieht dann so aus, als wäre er aus der Mitte der Backware herausgefallen!

Flaschendurchdringung

 Nein, hier wird kein Dummie durchdrungen, Sie Flasche. Bei diesem Trick geht's auch nicht um die Wurscht, sondern um Ihr Handy.

Der Effekt

… ist schnell erzählt. Sie haben sich gerade den letzten Rest aus Ihrer Wasser- oder Softdrink-Flasche genüsslich einverleibt. Jetzt nehmen Sie Ihr Handy zur Hand und befördern es magisch ins Flascheninnere. – Das Ganze geht blitzschnell und ist für Ihre Zuschauer total überraschend und täuschend.

Das Geheimnis

Sie benötigen eine PET- oder anderweitige Kunststoffflasche. – Ich liebe Wörter mit drei f hintereinander! – Und natürlich sollte Ihr Handy greifbar sein.

Zur heimlichen Vorbereitung schneiden Sie mit einem scharfen Messer einen senkrechten Schlitz in den Flaschenbauch, am besten direkt neben dem Label, wodurch der Schlitz völlig unsichtbar bleibt.

Bei der Vorführung kann sich noch etwas Flüssigkeit in der Flasche befinden. Dadurch wird unausgesprochen unterstrichen, dass sich keinerlei Öffnung in der Flasche befindet. So können Sie vor Ihr Publikum treten.

1. Leeren Sie nebenbei die Flasche, beispielsweise in ein Glas. Dabei achten Sie darauf, die Flasche so zu halten, dass die Flüssigkeit nicht durch den Schlitz herausläuft und der Schlitz sich auf der den Zuschauern abgewandten Seite befindet.
2. Sie nehmen Ihr Handy in die andere Hand.
3. Bewegen Sie Handy und Flasche in einer großen und schnellen Bewegung aufeinander zu. Dabei bugsieren Sie das Handy durch den Schlitz ins Flascheninnere.
4. Sie verlangsamen sofort Ihre Bewegungen und zeigen deutlich, dass sich das Handy nun im Inneren der Flasche befindet.
5. Lassen Sie den Effekt kurz auf die Zuschauer wirken und suchen Sie anschließend das Weite mit den Worten: »Wo geht's denn hier zum Leergutautomaten …?«

Cola-Mirakel

Ich finde ja, dass Cola per se ein Mirakel ist. Diese Zuckerbrause erfreut sich nach wie vor weltweit ungebremster Beliebtheit. Das ist doch *wirklich* ein Wunder! Und das meine ich ernst. – Und jetzt etwas anderes: Wissen Sie eigentlich, warum man Cola und Bier nicht mischen darf? – Weil man sonst colabiert!

Der Effekt

Sie geben Eiswürfel und Cola in einen Becher. Das Ganze schütten Sie in einen zweiten Becher, um zu beweisen, dass nichts ungewöhnlich ist. Binnen einer Millisekunde sind Sie in der Lage, das Erfrischungsgetränk und die Eiswürfel magisch zu separieren.

Vorbereitung

Sie benötigen drei Plastikbecher:

Becher Nummer 1 ist völlig normal.

Bei Becher Nummer 2 wird der Boden mit Löchern durchsetzt, sodass die Flüssigkeit ablaufen kann, aber die Eiswürfel im Becher verbleiben.

Von Becher Nummer 3 wird der obere Rand abgeschnitten und weggeworfen.

Am Ende wird Becher Nummer 2 in Becher Nummer 3 gestellt.

Sie sind bereit zur Vorführung.

Das Geheimnis

1. **Becher 1 und die kombinierten Becher 2 und 3 stehen auf dem Tisch. Für die Zuschauer wirkt es, als hätten Sie nur zwei Becher.**
2. **Sie geben Eiswürfel in Becher 1 und füllen anschließend mit Cola auf.**
3. **Gießen Sie den gesamten Inhalt in den kombinierten Becher 2 und 3. – Alles sieht völlig normal aus.**
4. **Stellen Sie die kombinierten Becher 2 und 3 in Becher 1.**
5. **Sie schnipsen mit den Fingern und ziehen nur Becher 2 wieder heraus. Darin befinden sich die Eiswürfel, während die Cola in den jetzt kombinierten Bechern 1 und 3 zurückbleibt.**

Achtung! Der Trick ist zwar super, aber es ist aufgrund der Präparation nicht ganz zu vermeiden, dass Cola ausläuft. Es ist daher sehr zu empfehlen, das Kunststück nur im Freien vorzuführen. Und wenn es doch drinnen sein soll, dann halten Sie sich einen Fluchtweg frei, falls die Dame des Hauses angesichts der klebrigen Flüssigkeit auf ihren Biedermeiermöbeln in Ohnmacht zu fallen droht. – Verwenden Sie präventiv ein Zero-Getränk oder einfach nur Wasser (was dann allerdings nicht ganz so eindrucksvoll aussieht).

Zuckersüß

 Mein Tipp vorab: Legen Sie sich bloß nicht mit dem Zucker an, denn der ist raffiniert!

Der Effekt

Sie sitzen beispielsweise im Café und lassen den Inhalt aus einem Zuckertütchen verschwinden. Der Zucker erscheint anschließend wieder in Ihrem Handy.

Vorbereitung

Aus einem Zuckertütchen entfernen Sie den Zucker. Das Tütchen wird anschließend aufgepustet und wieder verschlossen. Dadurch unterscheidet es sich nicht von den gefüllten Zuckertütchen.

Der Zucker kommt in Ihre offene linke Hand. Machen Sie mit Ihrem iPhone ein Foto von Hand und Zucker. Anschließend nehmen Sie weitere Fotos von ganz anderen Dingen auf. Dadurch gelangt das zuckersüße Bild in der Foto-App weiter nach hinten.

Das Geheimnis

1. Wenn Sie bereit zur Vorführung sind, suchen sie zunächst das Zuckerfoto und machen einen Screenshot davon. Anschließend fotografieren Sie einen beliebigen Gegenstand.

   Das zuckersüße Foto wird damit zur zweiten Aufnahme. Wird später die Kamera-App gestartet, sieht man es nicht als Miniatur, sondern ein völlig belangloses Bild.

2. Sie lenken die Aufmerksamkeit Ihrer Umgebung auf die Zuckertütchen und nehmen einige zur Hand. Wenn Sie schütteln, können die Zuschauer den Zucker darin hören.

3. Legen Sie die normalen Zuckertütchen zurück auf den Tisch. Ihr vorbereitetes Tütchen kommt auf die linke Handfläche.

4. »Der Zucker wird gleich vor Ihren Augen verschwinden. Damit Sie sich später daran erinnern, machen wir zuvor noch schnell ein Foto davon.« Sie fotografieren das Tütchen in Ihrer Hand mit Ihrem Handy.

5. Sie schauen sich das Foto noch einmal an. Dabei haben Sie Gelegenheit, diese Aufnahme und die zweite heimlich zu löschen. Sofort danach legen Sie das Handy beiseite und lenken die Aufmerksamkeit auf das Zuckertütchen.

6. Nach einigem Brimborium zerreißen Sie das Tütchen, um den Zuschauern plastisch vor Augen zu führen, dass der Zucker verschwunden ist.

7. »Und wo ist der Zucker hin verschwunden? Zum Glück haben wir gerade ein Beweisfoto gemacht. Schauen wir nach!«

8. In der Fotos-App finden Sie gemeinsam mit den Zuschauern das Foto mit dem losen Zucker in Ihrer Handfläche. – Sie haben offenbar das Raum-Zeit-Kontinuum überlistet, Sie Süßer!

> **IN DIESEM KAPITEL**
>
> Tricks für Ihre 32 beziehungsweise 52 besten Freunde
>
> Kunststücke mit Spielkarten, die fast von selbst funktionieren

Kapitel 4
Einfache Kartentricks

In diesem und zwei weiteren Kapiteln stelle ich Ihnen Kartenkunststücke vor, deren Schwierigkeitsgrad stetig wächst. Los geht es mit den ganz einfachen.

Von Stunde zu Stunde

Ein überaus beeindruckendes Kartenkunststück, das fast von selbst funktioniert. Konzentrieren Sie sich also vollkommen auf die Präsentation, um aus einem »mathematischen Selbstgänger« ein »mentalmagisches Wunder« zu machen.

Der Effekt

Ein Zuschauer wählt eine Spielkarte, die mithilfe eines zweiten Zuschauers herausgefunden wird.

Das Geheimnis

1. Geben Sie einem Zuschauer folgende Anweisung: »Bitte mischen Sie zunächst das Kartenspiel. Denken Sie dann an eine beliebige ganze Stunde von 1 bis 12. Merken Sie sich jetzt die Spielkarte, welche sich an der entsprechenden Stelle von oben im Spiel befindet.« Dann wenden Sie sich ab, um weder den Kartenwert noch die nur gedachte Zahl zu erfahren.

   Denkt der Zuschauer zum Beispiel an »5«, so merkt er sich anschließend den Wert jener Karte, die als fünfte (von oben gezählt) im mit dem Bild nach unten gehaltenen Kartenspiel liegt.

2. Wenden Sie sich an einen zweiten Zuschauer: »Nennen Sie uns nun bitte eine Zahl zwischen 13 und 24, also aus der zweiten Hälfte des ›Ziffernblatts‹. Ich werde nun die Karte des ersten Zuschauers an diese neue Position legen, obwohl ich weder seine gedachte Stunde noch die Karte selbst kenne.«

3. Gehen Sie mit den Karten hinter Ihren Rücken oder unter den Tisch. Entsprechend der Zahl des zweiten Zuschauers werden nun Karten »umgezählt«: Zählen Sie die Karten einzeln von der linken in die rechte Hand ab, wobei Sie die Karten aufeinanderlegen. Somit haben Sie die Reihenfolge der Karten umgekehrt.

   Zählen Sie genau so viele Karten um, wie vom zweiten Zuschauer genannt wurden. Bringen Sie das Kartenspiel wieder ins Blickfeld des Publikums.

4. Wenden Sie sich an den ersten Zuschauer: »Bitte nennen Sie uns nun Ihre gedachte Zahl.« Bei dieser Zahl beginnend zählen Sie einzeln Karten vom Spiel, bis Sie zur Zahl des zweiten Zuschauers kommen.

   Hat der erste Zuschauer beispielsweise »10« gedacht und der zweite »14«, so zählen Sie die Karten folgendermaßen offen vom Spiel ab: »10, 11, 12, 13, 14.«

5. Rekapitulieren Sie: »Sie haben zu Anfang an eine beliebige Stunde von 1 bis 12 gedacht und sich die korrespondierende Karte angesehen. Anschließend nannte dieser Herr eine Stunde von 13 bis 24. Ohne Ihre Stunde oder Karte zu kennen, habe ich dann Ihr gewähltes Blatt genau an diese zweite Stunde gelegt. Hier ist der Beweis ...«

6. Drehen Sie die zuletzt abgezählte Karte mit dem Bild nach oben; es ist die Karte des ersten Zuschauers!

Ihr Vorname?

Dieses Kunststück ist geradezu ideal geeignet, einer attraktiven Zuschauerin oder einem echt gut aussehenden Zuschauer ein wenig näherzukommen und ihren/seinen Vornamen zu erfahren. Besonders dreiste Zauberer lassen sich auch gleich noch die Handynummer verraten ...

Der Effekt

Mithilfe eines Zuschauers, genauer mithilfe seines Vornamens, finden Sie eine gewählte Karte wieder.

Das Geheimnis

1. Lassen Sie den Zuschauer das Kartenspiel zunächst mischen. Fragen Sie dabei beiläufig nach dem Vornamen.

2. Wenden Sie sich ab: »Bitte denken Sie an eine beliebige Zahl von 1 bis 20. Zählen Sie jetzt so viele Karten vom Spielrücken ab, wie Ihrer gedachten Zahl entsprechen, und merken Sie sich die Karte an der gedachten Position. Schließlich vereinigen Sie das Spiel wieder, indem Sie die abgezählten Karten zurücklegen, ohne die Reihenfolge zu verändern.«

 Wo es gerade um Vereinigen geht: Jetzt ist noch nicht der richtige Zeitpunkt, nach der Telefonnummer zu fragen.

3. Lassen Sie sich das Spiel hinter Ihrem Rücken in die Hand geben und wenden Sie sich dann wieder dem Publikum zu. Resümieren Sie kurz, was bisher geschehen ist, und fahren Sie dann fort: »Ich werde Ihre gemerkte Karte verschwinden lassen – und das, obwohl sich die Karten hinter meinem Rücken befinden.«

4. Legen Sie hinter Ihrem Rücken einzeln Karten von der Bildseite des Spiels nach oben, während Sie heimlich den Vornamen des Zuschauers buchstabieren. Das heißt, für jeden Buchstaben seines Vornamens legen Sie eine Karte von der Bildseite des Spiels auf den Spielrücken.

5. Bringen Sie die Karten wieder nach vorne. »Ich habe die Karten ein wenig durcheinandergebracht, jetzt werde ich noch einmal abheben.«

6. Es folgt ein Falschabheben: Sie heben ungefähr in der Spielmitte ab und legen den oberen Teil auf den Tisch. Der untere Spielteil kommt rechts daneben. Anschließend legen Sie den linken auf den rechten Spielteil.

Mit diesen Handgriffen haben Sie das Spiel falsch abgehoben; an der Reihenfolge der Karten hat sich dabei nichts verändert!

7. Lassen Sie den Zuschauer seine anfangs gedachte Zahl nennen und zählen Sie entsprechend viele Karten vom Spiel ab. Die letzte Karte wird aufgedeckt, aber es ist nicht seine gewählte. Lassen Sie den Zuschauer dann seinen Vornamen buchstabieren und für jeden Buchstaben eine Karte vom Spiel nehmen. Die letzte Karte darf er umdrehen – es ist seine anfangs gedachte Karte!

Sagen Sie »Stopp«

Dieses Kunststück ist sowohl einfach auszuführen als auch sehr effektvoll. Der Effekt ist einer der vielen »Klassiker« in der Kartenkunst.

Der Effekt

Eine gewählte Spielkarte kommt zurück ins Spiel, das anschließend gemischt wird. Danach werden Karten ausgeteilt, bis der Zuschauer »Stopp« sagt. Die nächste Karte ist seine gewählte!

Das Geheimnis

1. Fächern Sie das Spiel aus, während Sie sagen: »Sie haben die freie Auswahl. Bitte ziehen Sie eine Karte heraus und merken Sie sich den Wert. Ich selbst darf die Karte natürlich nicht zu Gesicht bekommen.«

2. Während sich der Mitspieler seine Karte merkt, sehen Sie sich nebenbei die Bildseitenkarte des Spiels an (nehmen wir an, es ist die Pik-Neun).

3. »Bitte legen Sie Ihre Karte zurück auf den Spielrücken und heben Sie anschließend einige Male ab. Niemand, nicht einmal Sie selbst, kann jetzt noch wissen, an welcher Stelle im Spiel sich Ihre Karte befindet.«

4. Fächern Sie das Spiel mit dem Bild nach oben aus, wobei Sie nach Ihrer gemerkten Karte Ausschau halten. Sie dient Ihnen als Leitkarte, denn sie leitet Sie zur Zuschauer-Karte: Direkt über Ihrer Leitkarte liegt die gewählte Karte!

5. Trennen Sie den Fächer beiläufig unter Ihrer Leitkarte, während Sie mit den Karten gestikulieren und erklären, dass die gewählte Karte irgendwo im Spiel liegt. Anschließend legen Sie die beiden Päckchen umgekehrt zusammen, das heißt, der ursprünglich obere Teil kommt unter den ursprünglich unteren. Dadurch liegt die gewählte Karte nun an zweiter Stelle vom Spielrücken.

6. »Ich werde nun die Karten nacheinander vom Spielrücken nehmen und mit dem Bild nach oben drehen, bis Sie ›Stopp‹ sagen. Die nächste Karte wird dann Ihre gewählte sein.« Dabei drehen Sie zur Erläuterung die oberste Karte des Spiels mit dem Bild nach oben und legen sie egalisiert auf den Spielrücken. Anschließend schieben Sie diese Karte (und unbemerkt ein oder zwei darunter liegende) mit dem Fingernagel des ausgestreckten rechten Zeigefingers etwa um die Hälfte der Länge nach hinten (Abbildung 4.1). Es sollte so aussehen, als schöben Sie nur die einzeln aufgedeckte Karte nach hinten.

Abbildung 4.1: Die mit dem Bild nach oben gedrehte Karte und ein oder zwei darunter liegende werden als eine nach hinten geschoben.

7. Jetzt ist der Trick schon so gut wie »gelaufen«: Sie decken die jeweils sichtbare verdeckt liegende Karte auf und legen sie auf die bereits aufgedeckte auf den Spielrücken (Abbildung 4.2).

Abbildung 4.2: Nacheinander werden Karten vom Spiel genommen und anschließend mit dem Bild nach oben gewendet.

8. Erst wenn der Zuschauer »Stopp« sagt, deuten Sie auf die nächste verdeckt liegende Karte und fragen: »Möchten Sie nicht doch noch eine oder zwei Karten später ›Stopp‹ sagen?«

9. Falls er dies verneint, fassen Sie das bisher Geschehene kurz zusammen: »Ganz zu Anfang haben Sie eine beliebige Karte gewählt und sich den Wert gemerkt. Anschließend wurde das Spiel abgehoben und gemischt. Jetzt habe ich Karten aufgedeckt, bis Sie mich angehalten haben. Habe ich Sie dabei irgendwie beeinflusst?«

Der Zuschauer wird diese Frage verneinen, während Sie alle mit dem Bild nach oben liegenden Karten nach vorne schieben, sodass sie mit dem Restspiel egalisiert liegen.

10. Sie blättern nun die Karten auf, bis Sie zur ersten mit dem Bild nach unten liegenden Karte kommen, und drehen diese um. Währenddessen fragen Sie den Zuschauer nach seiner gemerkten Karte. Tatsächlich hat er Sie genau bei seiner anfangs gewählten Karte gestoppt!

In Wirklichkeit haben Sie seine Karte durch das Egalisieren natürlich an die richtige Stelle bugsiert, Sie alter Schwindler!

Ass-Erscheinen

Kartentricks mit den vier Assen sind auch ein sehr beliebtes Thema bei uns Zauberkünstlern. Man könnte ganze Bücher nur mit Ass-Tricks füllen. Irgendwie pervers, oder?

Ein beliebtes Trickthema mit den vier Assen ist ihr Erscheinen aus einem scheinbar durcheinandergebrachten Kartenspiel – und genau darum geht es im Folgenden.

Der Effekt

Ein Zuschauer hebt das Spiel in vier Päckchen ab und bringt die obersten Karten der Päckchen durcheinander. Werden schließlich die Rückenkarten der vier Päckchen mit dem Bild nach oben gedreht, handelt es sich um die vier Asse!

Das Geheimnis

1. **Legen Sie die vier Asse auf den Spielrücken.**

> ### Falschmischen
>
> Das Kunststück wirkt überzeugender, wenn das Kartenspiel zu Beginn (falsch-)gemischt wird. Eine sehr einfache Methode ist das Überhand-Falschmischen, das wie ein normales Überhandmischen aussieht: Beginnen Sie, indem Sie zunächst die ersten vier Karten einzeln nacheinander vom Spielrücken in die linke Hand abmischen. Der Rest des Spiels wird normal gemischt, indem Sie kleine Päckchen in die linke Hand abmischen. Es folgt ein weiteres Überhandmischen, bei dem Sie zunächst normal (kleine Päckchen in die linke Hand) mischen und schließlich die letzten vier Karten wiederum einzeln nacheinander auf den linken Spielteil abgemischt werden. Durch diese Mischtechnik liegen die Asse am Ende wieder auf dem Spielrücken. Wenn Sie wollen, können Sie jetzt auch noch falsch abheben (mehr dazu beim Trick »Ihr Vorname?« in diesem Kapitel).

2. **Übergeben Sie das Spiel einem Zuschauer:** »Bitte heben Sie das Kartenspiel an beliebiger Stelle in zwei Hälften ab. Heben Sie nun diese beiden Hälften jeweils in zwei weitere Hälften ab, sodass am Schluss vier Päckchen auf dem Tisch liegen (vier Viertel). Hätten Sie bei den Abhebevorgängen nur eine Karte höher oder tiefer abgehoben, so lägen auf den vier Päckchen nun ganz andere Karten.«

    Sie müssen lediglich aufpassen, welches Päckchen ursprünglich auf dem Spielrücken lag, denn dort befinden sich die vier Asse.

3. **Jetzt deuten Sie auf eines der Päckchen (jedoch nicht das Ass-Päckchen):** »Die Päckchen werden nun nacheinander weiter gemischt. Nehmen Sie diesen

Kartenstapel in die Hand und legen Sie bitte zunächst nacheinander drei Karten von oben nach unten. Die nächsten drei Karten werden auf die Rücken der drei übrigen Päckchen ausgeteilt, also auf jedes Päckchen eine Karte von oben.«

Genauso verfährt der Zuschauer mit den nächsten beiden Päckchen. Am Ende darf er das Ganze auch noch mit dem Ass-Päckchen machen. – Ist es nicht wunderschön, Anweisungen zu geben, und die Zuschauer machen alles, was Sie wollen? Genießen Sie diese kurzen Momente der Macht, bevor Sie im Folgenden das Wunder zelebrieren.

4. Fassen Sie zusammen: »Sie hatten vollkommene Kontrolle über die Karten. Sie selbst haben das Kartenspiel in vier Päckchen abgehoben. Hätten Sie zum Beispiel nur eine Karte weiter oben oder unten abgehoben, so hätten wir jetzt ein völlig anderes Ergebnis. Anschließend haben Sie die Päckchen auch noch gemischt, indem einige Karten unter die Päckchen kamen oder zu den anderen Päckchen. Sehen wir jetzt einmal nach, welche Karten durch Zufall auf den Rücken der Päckchen gelandet sind ...«

5. Decken Sie die Rückenkarten der vier Päckchen auf – es sind die vier Asse!

Die wandernden Asse

Wo wir gerade bei den vier Assen sind, sollten wir ökonomischerweise auch gleich damit weitermachen ... Alles andere würde die Verschwendung von Kraft, Zeit und Ressourcen bedeuten.

Der Effekt

Die vier Asse wandern von einem Kartenpäckchen zu einem vom Zuschauer frei bestimmten anderen Päckchen.

Das Geheimnis

1. Suchen Sie die vier Asse aus dem Spiel heraus: »Die vier Asse sind nicht nur die wertvollsten Karten im Kartenspiel, sie haben auch magische Eigenschaften.«

 Falls die Asse schon auf dem Tisch liegen (beispielsweise vom vorhergehenden Kunststück), müssen Sie sie nicht extra heraussuchen. Siehe dazu auch meine eingehenden Bemerkungen drei Absätze weiter oben.

2. Die Asse werden in einer Reihe mit dem Bild nach oben auf dem Tisch ausgelegt. »Die Asse werden mit beliebigen Karten bedeckt.« Legen Sie jeweils eine Karte mit dem Bild nach unten auf jedes Ass, jedoch so, dass ein Teil der Asse noch sichtbar ist. Teilen Sie dann reihum zwei weitere Karten auf jedes Ass aus. Am Ende liegen also auf jedem Ass drei beliebige Karten (Abbildung 4.3).

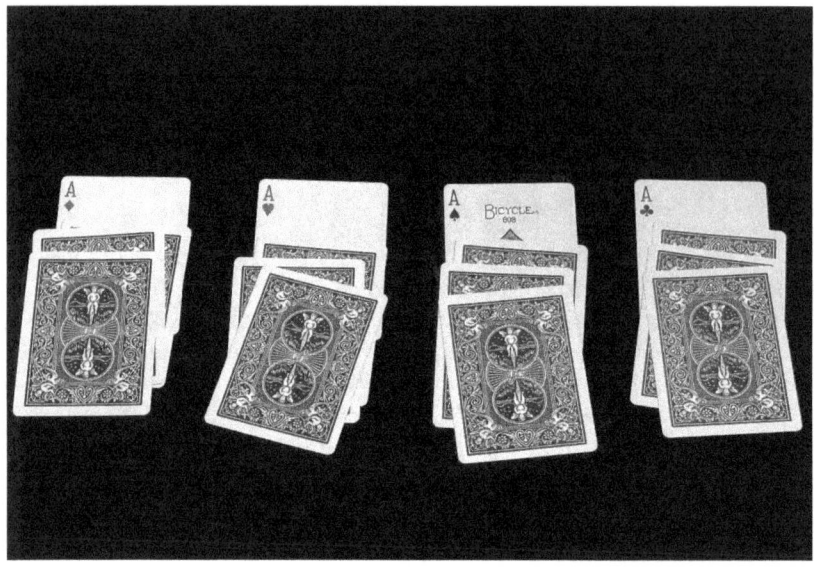

Abbildung 4.3: Auf die Asse werden nacheinander Karten vom Spielrücken gelegt.

3. Sie drehen die Asse mit dem Bild nach unten und legen sie zurück an ihre Positionen unter den drei beliebigen Karten.

4. Als Nächstes werden die vier Päckchen in willkürlicher Reihenfolge aufeinandergelegt und kommen schließlich zurück aufs Spiel.

5. »Wenn wir jetzt die Karten reihum an vier Mitspieler austeilen, dann landen die Asse natürlich alle bei einem Mitspieler, das heißt in einem Päckchen – in diesem Fall im vierten Päckchen.«

   Veranschaulichen Sie dies, indem Sie die ersten vier Karten nacheinander vom Spiel austeilen.

6. Jetzt kommt eine Frechheit, die dem Kunststück am Ende eine überraschende Wendung verleiht. Nebenbei nehmen Sie die nächste (fünfte) Karte vom Spiel und wenden mit ihrer Hilfe die vierte Karte (das Ass) mit dem Bild nach oben. Sehen Sie die Zuschauer an, während Sie betonen: »Alle Asse werden natürlich in diesem vierten Päckchen landen.«

   Gleichzeitig legen Sie die fünfte Karte nebenbei unter das Spiel und wenden das Ass schließlich wieder mit dem Bild nach unten. Dadurch werden die nächsten Asse gerade nicht in diesem Päckchen landen!

7. Teilen Sie anschließend die Karten weiter aus, bis jedes Päckchen aus vier Karten besteht, wobei Sie immer wieder darauf hinweisen, dass die Asse sich im vierten Päckchen versammeln. (Sie Lügenbeutel, Sie!)

   Tatsächlich liegt dort nur ein Ass (ganz unten), während sich die drei übrigen Asse im dritten Päckchen befinden.

8. Mithilfe der »gezwungenen Wahl« forcieren Sie nun dem Zuschauer das dritte Päckchen. Er hat dabei den Eindruck, sich völlig frei für ein beliebiges Päckchen zu entscheiden. In Wirklichkeit trifft er zwar freie Entscheidungen, aber Ihre Reaktionen sind darauf ausgerichtet, ihm ein bestimmtes Päckchen aufzuzwingen (in diesem Beispiel Päckchen 3).

> **Gezwungene Wahl**
>
> Der Zuschauer darf ein Päckchen bestimmen, in das die Asse wandern werden. Dazu darf er zunächst auf zwei Kartenpäckchen deuten (natürlich deutet er dabei nicht auf das vierte, denn dort vermutet er ja die Asse). Deutet er auf die ersten beiden Päckchen, so bleibt das dritte übrig und ist damit »gewählt«. Deutet er auf das erste und dritte (oder zweite und dritte), so darf er wiederum eines von sich wegschieben. Schiebt er das erste Päckchen (beziehungsweise das zweite) von sich weg, so bleibt das dritte als seine Wahl übrig. Schiebt er das dritte von sich weg, so hat er dieses ausgewählt. Wichtig bei dieser psychologischen Force ist, dass Sie sofort auf die Handlungen des Zuschauers reagieren und Ihre nachfolgende Anweisung ganz natürlich formulieren.
>
> Hier noch einmal die Schnellzusammenfassung:
>
> Variante 1: Der Zuschauer deutet auf Päckchen 1 und 2. Päckchen 3 bleibt übrig und ist damit gewählt.
>
> Variante 2: Der Zuschauer deutet auf Päckchen 1 (beziehungsweise 2) und 3. Er darf eines davon wegschieben.
>
>> Variante 2a: Er schiebt Päckchen 1 (beziehungsweise 2) weg. Päckchen 3 bleibt übrig und ist damit gewählt.
>>
>> Variante 2b: Er schiebt Päckchen 3 weg. Päckchen 3 ist damit gewählt.

9. Der Zuschauer hat also (durch Sie geleitet) das dritte Päckchen »frei« ausgewählt. Sie nehmen die unterste Karte von Päckchen 4 und zeigen das Ass vor. Es wird auf Päckchen 3 gelegt. Sodann nehmen Sie die unterste Karte von Päckchen 3 und legen sie auf Päckchen 4. Sagen Sie: »Jetzt werden die restlichen drei Asse dem ›Anführer-Ass‹ folgen.«

10. Zeigen Sie schließlich, dass sich tatsächlich alle Asse im gewählten Päckchen versammelt haben.

Rot und Schwarz

Dieses Kunststück ist ein gutes Beispiel dafür, wie man als Zauberkünstler das Publikum durch den Vortrag von den eigentlichen Trickhandlungen ablenken kann, um die Täuschung zu verstärken. So ähnlich machen es unsere Politiker ja auch.

Der Effekt

Zwei Zuschauer wählen jeweils eine beliebige Spielkarte. Ohne Zutun des Vorführenden findet ein dritter Zuschauer die beiden gewählten Blätter später wieder.

Das Geheimnis

Sortieren Sie vor der Vorführung unbemerkt das Kartenspiel, sodass die schwarzen und roten Karten abwechselnd liegen. Wichtig ist noch, dass Sie insgesamt eine gerade Anzahl Karten verwenden.

1. **Lassen Sie verschiedene Zuschauer das Kartenspiel beliebig oft abheben.**

Abheben

»Abheben« bedeutet, dass ein Spielteil von oben zur Seite gelegt und anschließend der Spielrest daraufgelegt wird. Dadurch wird die Farbreihenfolge der Karten nicht verändert!

Falls ein Zuschauer drei oder mehr Päckchen abhebt, besteht die Gefahr, dass Ihre Rot-Schwarz-Legeordnung zerstört wird, wodurch das Kunststück misslingt.

Sie können das Spiel auch nach folgender Methode überhandmischen: Mischen Sie eine ungerade Anzahl Karten einzeln nacheinander ab, um anschließend das Restspiel daraufzuwerfen.

2. **Sagen Sie: »Bitte heben Sie noch einmal ab und nehmen Sie anschließend die oberste Karte an sich. Bitte merken Sie sich diese Karte. Weder ich noch sonst jemand kann sie kennen, da Sie selbst abgehoben haben, nicht wahr?«**

3. **Bitten Sie einen zweiten Zuschauer: »Bitte nehmen Sie die jetzt oben liegende Karte, um sie sich einzuprägen. Auch diese Karte kann weder ich noch sonst jemand kennen, nicht wahr?«**

4. **Anschließend soll zunächst der erste Zuschauer seine Karte aufs Spiel zurücklegen und anschließend der zweite.**

Von Ihrem Publikum unbemerkt wurde dadurch die Reihenfolge dieser beiden Karten vertauscht, was Ihnen das Wiederfinden der Karten sehr erleichtert!

5. **Bitten Sie wiederum die Zuschauer, einige Male abzuheben, sodass niemand mehr weiß, wo sich die Karten im Spiel befinden.**

6. **Erklären Sie, dass sich die Karten zwar irgendwo im Spiel befinden, aber immer noch beisammenliegen. Daher darf ein Zuschauer das Spiel in zwei Päckchen**

trennen, indem er die Karten nacheinander von oben nimmt und abwechselnd in zwei Häufchen austeilt (die erste Karte kommt nach rechts, die zweite nach links, die dritte nach rechts, die vierte nach links und so weiter).

7. Anschließend lassen Sie diese Päckchen jeweils nach Belieben abheben und sogar mischen.

8. Bauen Sie die Spannung auf: »Kein Mensch, auch wenn er Ihr Abheben und Mischen noch so genau verfolgt hat, kann wissen, wo sich die gewählten Karten befinden. Trotzdem werde ich das Unmögliche möglich machen!«

9. Wenden Sie sich nun an einen dritten Zuschauer: »Nehmen Sie jetzt bitte eines der beiden Päckchen auf und sehen Sie sich die Karten an. Ziehen Sie eine einzelne Karte heraus, die Ihnen ins Auge fällt. Machen Sie das Gleiche mit dem zweiten Päckchen.«

Da jedes Päckchen nur gleichfarbige Karten enthält, mit Ausnahme jeweils einer farbfremden Karte, die einer der Zuschauer gewählt hatte, bringt der dritte Mitspieler das Kunststück zum erfolgreichen Abschluss: Er zieht tatsächlich die beiden gesuchten Karten aus den Päckchen!

Alle Vier!

Dieser Trick ist genau nach meinem Geschmack! Sie lehnen sich zurück, geben den Zuschauern Anweisungen und müssen selbst keinen Finger krumm machen. So ähnlich wie mit der Klobrille – die fasst ja auch kein Mann an, oder?

Der Effekt

Der Vorführende gibt eine Demonstration seiner Falschspieler-Fähigkeiten.

Das Geheimnis

Vor der Vorführung ist eine kleine Präparation notwendig: Suchen Sie unbemerkt alle Asse, Buben, Damen und Könige aus dem Kartenspiel heraus. Legen Sie die vier Asse sowie drei Buben, drei Damen und drei Könige in beliebiger Reihenfolge auf das Restspiel (dabei sollten die Asse möglichst ganz oben liegen). Die verbleibenden Karten (jeweils ein Bube, eine Dame und ein König) werden auf die Bildseite des Spiels gelegt. Zum Schluss kommt das Spiel ins Kartenetui.

1. Legen Sie das Kartenetui auf den Tisch und sagen Sie: »Ich möchte Ihnen meine Fähigkeiten als ›Falschspieler‹ demonstrieren. Allerdings werde ich – im Gegensatz zu anderen ›Falschspielern‹ – die Karten zu keinem Zeitpunkt berühren, sondern Sie werden bitte alle Handlungen als ›Kartengeber‹ für mich ausführen. Trotzdem werde ich am Ende gewinnen!«

2. »Bitte nehmen Sie das Spiel aus dem Etui und legen Sie es mit dem Bild nach unten auf den Tisch. Jetzt heben Sie das Spiel ungefähr in der Mitte ab und überreichen diese Hälfte dem Zuschauer links von Ihnen. Übergeben Sie die verbliebenen Karten bitte dem Zuschauer rechts von ihnen.«

3. »Darf ich nun Sie beide bitten, Ihre jeweilige Spielhälfte zu mischen? Während die beiden Herren das tun, werde ich Ihnen erklären, was gleich geschieht: Der Geber wird die Karten, eine nach der anderen, vom Spielrücken nehmen und mit dem Bild nach oben drehen. Wir spielen ›Alle vier!‹: Wer zuerst vier Karten gleichen Wertes hat, gewinnt. Ich schlage vor, dass der Herr links von Ihnen die Buben sammelt, Sie selbst die Damen, der Herr rechts von Ihnen die Könige – und ich selbst, als echter Profi-Falschspieler, sammle die Asse. Wenn Karten anderen Wertes aufgedeckt werden, so zählen diese nicht. Wie gesagt, wer zuerst die vier Karten seines Wertes hat, der gewinnt.«

4. »Legen Sie nun die gemischten Karten des Herrn rechts von Ihnen mit dem Bild nach unten auf den Tisch. Darauf kommen nun die gemischten Karten des Herrn links von Ihnen. Wir lassen übrigens absichtlich von zwei unabhängigen Herren mischen, damit ich auf keinen Fall schummeln kann!«

5. »Drehen Sie nun die oberste Karte mit dem Bild nach oben. Ist es eine der Karten, die wir suchen? Dann wird sie vor den entsprechenden Herrn gelegt. Und denken Sie daran: Wer zuerst alle vier Karten seines Wertes hat, gewinnt! Bitte decken Sie nun die nächste Karte auf ...«

Die Karten werden weiter nacheinander aufgedeckt. Durch die Legeordnung des Spiels zu Beginn und das anschließende Mischen in zwei getrennten Päckchen werden auf jeden Fall die vier Asse vor den anderen gesuchten Kartenwerten komplett sein. Damit haben Sie bewiesen, dass Sie die Karten kontrollieren können, auch wenn Sie sie zu keiner Zeit in Händen haben.

6. Am Ende können Sie noch weitere Karten aufdecken, um darauf hinzuweisen, wann einer der Zuschauer gewonnen hätte.

Keine halbe Sache

Dieses Kunststück funktioniert vollkommen automatisch, ist jedoch absolut nicht zu durchschauen. Was will man mehr? Na ja, vielleicht, dass die Zuschauer die ganze Arbeit erledigen ...

Okay, weil Sie's sind. Hier also ein weiterer Trick, bei dem Sie fast nichts machen müssen. Nur eine winzige Schummelei am Ende, aber sonst können Sie wirklich entspannen.

Der Effekt

Der Zauberkünstler zeigt einige Spielkarten vor, die in der Mitte zerschnitten wurden. Zwei Zuschauer wählen per Zufallsprinzip jeweils eine Kartenhälfte. Am Ende passen die beiden Hälften genau zueinander!

Das Geheimnis

Sie benötigen zehn alte Karten, die jeweils genau in der Mitte zerschnitten werden (es können auch mehr Karten sein, aber bei der vorgeschlagenen Anzahl dauert das Zählen nicht allzu lange). Mischen Sie die Kartenhälften und Sie sind bereit zur Vorführung.

1. Überreichen Sie die Kartenhälften einem Zuschauer: »Bitte sehen Sie sich einmal genau an, was ich Ihnen hier mitgebracht habe. Es handelt sich um einige Spielkarten aus einem Casino, die ›ausgemustert‹ wurden: Damit sie nicht von Falschspielern verwendet werden können, schneidet das Casino die Karten in der Mitte durch.«

2. »Bitte bringen Sie die Kartenhälften durcheinander, während ich mich abwende. Dann darf ein zweiter Zuschauer die Kartenhälften noch in zwei Päckchen abheben. Sind Sie so weit? Gut, jetzt ergreift jeder von Ihnen beiden eines der Päckchen und zählt die Anzahl der Kartenhälften. Merken Sie sich diese Zahl bitte. Vereinigen Sie jetzt bitte die Päckchen wieder und mischen Sie nochmals.«

3. Erst jetzt wenden Sie sich den Mitspielern wieder zu. Zeigen Sie die Kartenhälften Zuschauer A nacheinander vor; er soll sich den Kartenwert bei seiner gemerkten Zahl einprägen. Halten Sie dabei die Karten mit den Bildseiten zum Zuschauer in der linken Hand und schieben Sie die oberste Karte in die rechte Hand. Die nächste Karte vom Rücken des linken Päckchens wird auf die erste gelegt und so weiter, wodurch die Reihenfolge der Karten umgekehrt wird. Einzige Ausnahme ist die letzte Karte, die mit dem Bild nach unten in der linken Hand verbleibt. Auf dieses Blatt werden schließlich die Karten der rechten Hand (ebenfalls mit dem Bild nach unten) gelegt.

4. Zeigen Sie nun die Karten dem zweiten Zuschauer vor; auch er soll sich den Kartenwert bei seiner gemerkten Zahl einprägen.

5. Schließlich übergeben Sie diesem Zuschauer das Kartenpäckchen, damit er es noch ein letztes Mal mischt. Sagen sie dann: »Bitte suchen Sie beide jetzt nacheinander Ihre gemerkte Kartenhälfte aus dem Stapel heraus. Legen Sie die Kartenhälfte verdeckt auf den Tisch. Hätten Sie vorhin an einer anderen Stelle abgehoben, so hätten Sie sich auch eine ganz andere Karte gemerkt, nicht wahr?«

6. Drehen Sie die Hälften mit dem Bild nach oben, während Sie sagen: »Zufall oder Schicksal?« Die Hälften passen perfekt zueinander!

Der Telefon-Trick

»Zaubertricks am Telefon« klingt schon ein wenig krass, oder? Aber es funktioniert wirklich. Und wenn Sie den Trick gut einüben, dann können Sie ihn nicht nur bei einem Telefonat am Handy, sondern sogar mal im Radio vorführen. Weniger geeignet ist er allerdings für die taubstummen Radiohörer.

Der Effekt

Der Zauberkünstler fordert einen Mitspieler per Telefon auf, ein Kartenspiel zur Hand zu nehmen, es zu mischen und frei abzuheben. Anschließend werden einige Karten in die Tasche gesteckt und ein Blatt gemerkt. Der Zauberkünstler kennt die gewählte Karte und die Anzahl der Karten in der Tasche, obwohl er die Karten nicht einmal sehen konnte.

Das Geheimnis

Schreiben Sie zur Vorbereitung die Zahlen von 1 bis 26 untereinander auf ein Blatt Papier.

1. Rufen Sie jemanden an, den Sie mit diesem Kunststück überraschen wollen: »Glauben Sie eigentlich an Gedankenübertragung? Wollen wir einmal ein telepathisches Experiment versuchen? Nehmen Sie doch einmal ein Kartenspiel zur Hand und mischen Sie es gründlich durch.«

2. »Sind Sie so weit? Gut, dann heben Sie das Spiel in zwei ungefähr gleich große Hälften ob. Wählen Sie eine Hälfte, die andere wird beiseitegelegt.«

3. »Zählen Sie jetzt die Karten in Ihrem gewählten Päckchen leise ab (damit ich nichts hören kann). Wenn Sie damit fertig sind, addieren Sie die beiden Ziffern der Gesamtzahl. Entsprechend viele Karten zählen Sie jetzt bitte oben vom Päckchen ab und stecken sie in Ihre Tasche.«

4. »Denken Sie nun an eine weitere Zahl von 1 bis 10. Entsprechend der gedachten Zahl werden wiederum Karten vom Päckchen abgezählt und in die Tasche gesteckt. Schließlich zählen Sie noch in Ihrem Päckchen von oben nach unten bis zur soeben gedachten Zahl und merken sich bitte die dort befindliche Spielkarte.«

5. »Bis zu diesem Zeitpunkt haben Sie mir keinerlei Hinweise gegeben, wie viele Karten Sie besitzen, welche Zahl Sie sich gedacht haben oder welches Ihre gemerkte Spielkarte ist. Das stimmt, nicht wahr? Nehmen Sie nun das Kartenpäckchen mit dem Bild nach unten zur Hand und decken Sie nacheinander Karten von oben auf und sagen laut den Namen der Karten.«

Ihr Mitspieler liest jetzt nacheinander die Kartennamen vor, die Sie neben den 26 Ziffern auf Ihr Blatt notieren. Beispielsweise:

Ihre Notiz

1 – Herz-Acht

2 – Kreuz-Dame

3 – Pik-König

4 – Herz-Sieben

5 – Kreuz-Zehn

und so weiter

6. Sobald der Mitspieler seine letzte Karte gesagt hat, wissen Sie aufgrund Ihrer Nummerierung, wie viele Karten er Ihnen insgesamt vorgelesen hat (= Gesamtzahl). Jetzt müssen Sie, abhängig von dieser Zahl, eine Subtraktion durchführen:

Hat der Mitspieler ... Karten:	Subtraktion:
weniger als 8	8 minus Gesamtzahl
9 bis 18	18 minus Gesamtzahl
19 bis 27	27 minus Gesamtzahl

7. Sehen Sie schließlich nach, welche Karte in Ihrer Liste an der errechneten Position liegt. Das ist sein gemerktes Blatt. Außerdem hat er zuletzt genauso viele Karten in seine Tasche gesteckt, wie Sie durch die Subtraktion errechnet haben.

8. Sie sagen also: »Konzentrieren Sie sich jetzt auf die Anzahl der Karten, die Sie zuletzt in Ihre Tasche gesteckt haben. Ja, ich empfange etwas. Sie haben genau ... Karten in Ihrer Tasche. Stimmt das? Gut, dann konzentrieren Sie sich jetzt bitte auf Ihre gemerkte Karte. Hm, das ist nicht einfach, aber ich glaube, Ihre Karte ist die ... Stimmt auch das? Tja, das ist der Beweis: Telepathie funktioniert durchs Telefon!«

> **IN DIESEM KAPITEL**
>
> Allerlei Fesselspiele mit festen Knoten
>
> Und was, wenn jemand das Seil zerschneidet?

Kapitel 5
Seilen Sie sich ab

Seiltricks sind fast so universell wie Kartentricks. Verwenden Sie ein weiches, anschmiegsames Seil aus Baumwolle und eine scharfe Schere, sodass Sie das Seil im Bedarfsfall mit einem Schnitt durchtrennen können. Aber bevor wir zur »Kür«, dem Seilzerschneiden, kommen, beginnen wir erst einmal mit der Knotologie …

Knoten, ohne die Enden loszulassen

Es ist schon bizarr, was wir Zauberkünstler uns alles einfallen lassen: Nun verknoten wir ein Seil, ohne dass dabei die Enden losgelassen werden. Manchmal glaube ich, die normalsten Sachen gar nicht mehr zu beherrschen … beispielsweise Schuhe binden. Da verknote ich inzwischen regelmäßig die beiden Schnürsenkel miteinander. Macht aber nix. Die Zwangsjacke sitzt ohnehin so eng, dass Schritte unmöglich sind.

Der Effekt

Der Zauberkünstler demonstriert, wie man einen Knoten in ein Seil schlägt, ohne die beiden Enden loszulassen.

Das Geheimnis

1. »Jetzt habe ich ein Zauberrätsel für Sie: Können Sie einen Knoten in ein Seil schlagen, ohne dabei die Enden loszulassen?«

2. Die Zuschauer versuchen, die gestellte Aufgabe zu lösen. Natürlich ohne Erfolg. (Hoffentlich! Wenn es doch einer schafft, stellen Sie ihn zur Rede und schicken Sie ein Einsatzteam zur Hausdurchsuchung. Wenn die Kollegen dort eine weitere

Ausgabe dieses Buches finden, so lassen Sie es sofort in die Asservatenkammer bringen! Der Bursche wird büßen, indem er sich ein neues Exemplar kaufen muss.)

3. »Das Ganze sieht vielleicht ein wenig spastisch aus, aber für diesen Megaeffekt ist mir jedes Mittel recht.«

4. Das Seil liegt auf dem Tisch. Verschränken Sie die Arme wie in Abbildung 5.1 dargestellt, und ergreifen Sie anschließend mit jeder Hand ein Seilende.

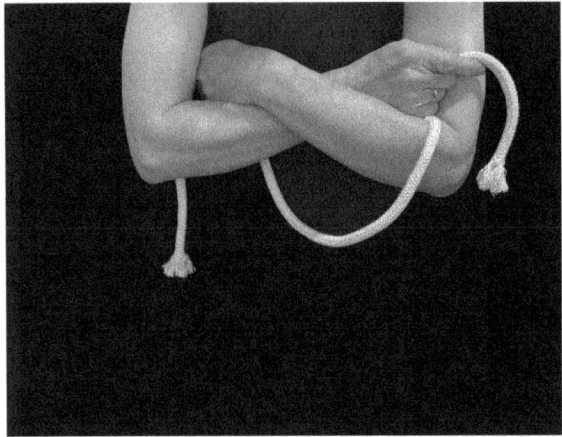

Abbildung 5.1: Erst die Arme verschränken, dann mit jeder Hand ein Seilende vom Tisch ergreifen.

5. Wenn Sie jetzt die Arme auseinandernehmen, bildet sich ganz von selbst ein ganz normaler Knoten in der Mitte des Seiles. »Hurrraaaaaaaaaa! Es hat geklappt! Mama, es hat geklappt! Juheeeeeeeeeeeeeeee!«

Zauberreif

Ein sehr täuschendes Kunststück, bei dem Sie ein völlig neuartiges Prinzip kennenlernen: Duplikate können Tricks bewerkstelligen.

Der Effekt

Sie lassen sich von einem Zuschauer um die Handgelenke die Enden eines Seils knoten. Ob es wohl gelingt, einen Armreif auf das Seil zu zaubern? Natürlich! Nach kurzer Bedeckung des Seils mit einem Tuch oder nachdem Sie sich ganz kurz abgewendet haben, hängt der Ring auf dem Seil. Alles ist untersuchbar. Und die Knoten können zuvor sogar mit Wachs versiegelt oder anderweitig markiert werden, um ein Lösen der Knoten als Trickgeheimnis auszuschließen.

Das Geheimnis

Sie benötigen zwei identische Armreife. Eine kleine Vorbereitung ist nötig: Einer der Armreife wird vor der Vorführung über eines Ihrer Handgelenke gezogen und im (Pullover-/Jackenärmel) verborgen.

1. Zeigen Sie das Seil (Länge: ungefähr 120 cm) und den Duplikatring vor. Lassen Sie die Requisiten von Ihren Zuschauern prüfen.

2. Ein Zuschauer darf die Enden des Seils um Ihre Handgelenke knoten.

   Wenn Sie den Effekt besonders deutlich machen wollen, lassen Sie den Zuschauer Markierungen auf den Knoten anbringen oder sie mit Wachs versiegeln.

3. Lassen Sie sich den Armreif geben und ein Tuch über Ihre Hände legen.

   Das Tuch dient dazu, die Trickhandlung vor den Augen der Zuschauer zu verstecken. Alternativ können Sie sich auch ganz kurz vom Publikum abwenden.

4. Unter Deckung des Tuchs geschehen mehrere Dinge gleichzeitig: Der Ring wird in Ihre Jacken- beziehungsweise Hosentasche gesteckt und der Duplikatring aus dem Ärmel geschüttelt oder gezogen. Er landet automatisch auf dem Seil.

5. Sofort lassen Sie das Tuch wegnehmen (oder wenden sich wieder Ihren Zuschauern zu). Der Ring hängt auf dem Seil, während die Knoten an Ihren Handgelenken nachweisbar nicht angetastet wurden.

6. »Bitte überprüfen Sie Ihre Knoten, das Seil und auch den Ring. Ist alles in Ordnung? Ja, natürlich, sonst würde ich es Sie ja nicht überprüfen lassen. Und jetzt befreien Sie mich bitte, sonst muss ich wieder mit der Straßenbahn nach Hause fahren ... Ja, ich weiß, es fällt leichter, einen BH zu öffnen, als diese Knoten.«

Der gefangene Knoten

Das Gemeine an Seilen und Kabeln ist ja, dass sie sich immer von selbst verknoten, obwohl man sie schön aufgeräumt hat. Was liegt also näher, als einen Knoten – schwuppdiwupps – verschwinden zu lassen wie die Bundesregierung den Staatshaushalt. (Dieser Satz stimmt immer, egal, welche Partei oder Koalition gerade regiert. Insofern ist diese Äußerung völlig unverdächtig und keine kritische Äußerung gegenüber niemandem. Punkt.)

Der Effekt

Als »Meister aller Knoten« ist es für Sie natürlich ein Leichtes, einen Knoten im Seil unter Kontrollbedingungen spurlos verschwinden zu lassen.

Das Geheimnis

1. Sie bitten einen Zuschauer, einen ganz normalen Knoten in die Mitte eines Seils zu schlagen (Abbildung 5.2).

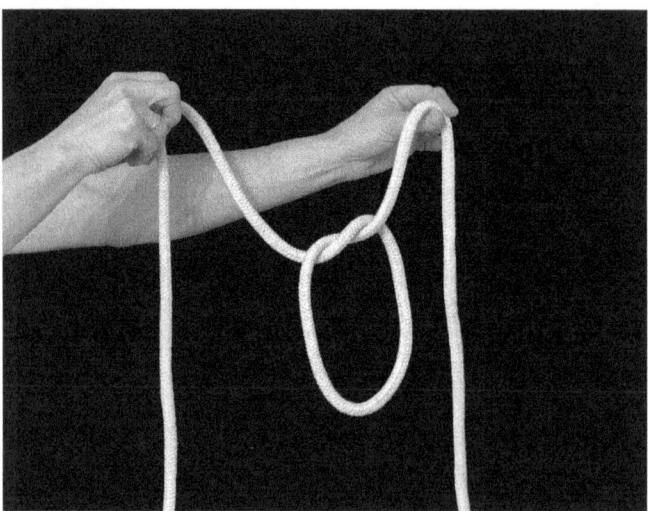

Abbildung 5.2: Ein Zuschauer schlägt einen ganz normalen Knoten.

2. Ein weiterer Zuschauer darf dann die beiden Seilenden mit beliebig vielen Knoten zusammenbinden (Abbildung 5.3).

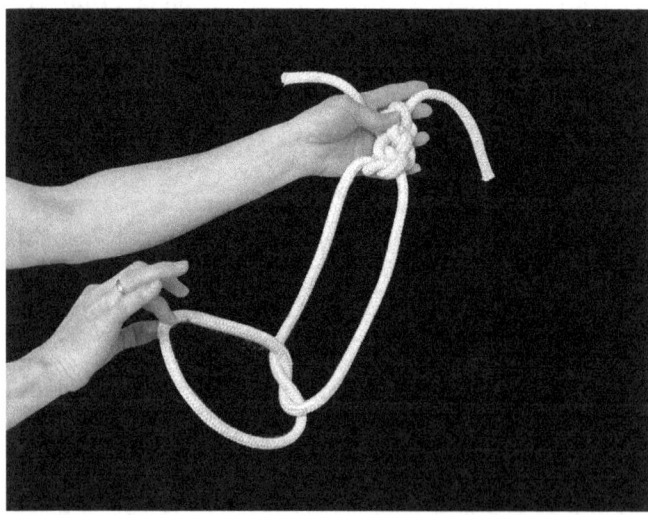

Abbildung 5.3: Ein weiterer Zuschauer darf die Seilenden mehrfach verknoten.

3. »Selbstverständlich ist es völlig unmöglich, diesen Knoten zu lösen, denn die Seilenden sind ja von Ihnen selbst verknotet und mir demnach nicht zugänglich. Trotzdem werde ich es probieren – und das auch noch in Rekordzeit.«

4. Sie nehmen das Seil hinter Ihren Rücken und ziehen dort blitzschnell den einzelnen Knoten auf, sodass er sich auf den Endknoten setzt (Abbildung 5.4).

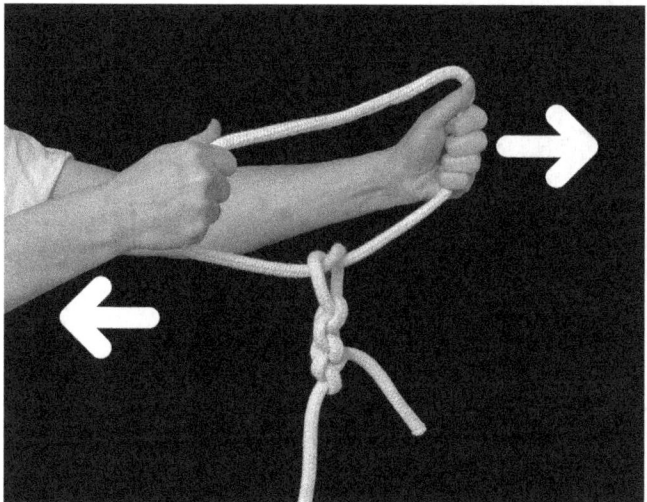

Abbildung 5.4: Hinter Ihrem Rücken (oder unter Deckung eines Tuchs) ziehen Sie den Knoten zum Endknoten.

5. Sofort holen Sie das Seil wieder hervor. Der Knoten ist verschwunden! Die kleine Veränderung am Endknoten wird niemandem auffallen, denn alle sind ja auf den verschwundenen Knoten konzentriert.

6. »Und nächste Woche zeige ich Ihnen, wie Sie unliebsame Personen wie Schwiegermütter oder Finanzbeamte loswerden.«

Schnitt!

Das Zerstören und anschließende Restaurieren von Requisiten ist eine der Lieblingsbeschäftigungen von Zauberkünstlern, wenn auch irrational und zeitverschwendend. Denn hinterher ist ja alles wie vorher, gelle? Aber egal, hier ist er, der klassische Effekt »Zerschnittenes und wiederhergestelltes Seil«.

Der Effekt

Ein Seil wird vom Zuschauer in der Mitte zerschnitten und anschließend wieder ganz gezaubert. Danach ist alles untersuchbar.

Das Geheimnis

Der Trick dabei ist, wo man schneidet.

1. Zeigen Sie das Seil zwischen beiden Händen deutlich vor (Abbildung 5.5).

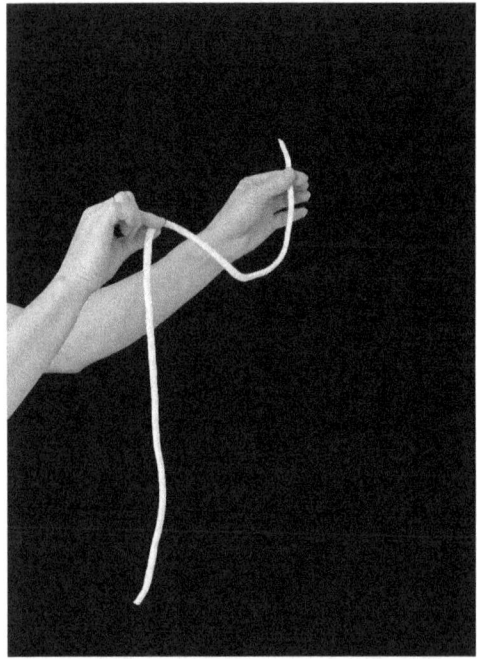

Abbildung 5.5: Das Seil wird vorgezeigt.

2. Ergreifen Sie mit der rechten Hand ungefähr die Seilmitte, um sie nach oben zu bringen (Abbildung 5.6). Dabei geschieht Folgendes: Die Seilmitte wird in der linken Hand über den rechten Seilstrang gelegt. Sofort wird das Seilstück unterhalb der Seilmitte ergriffen und als Schlaufe nach oben gezogen (Abbildung 5.6).

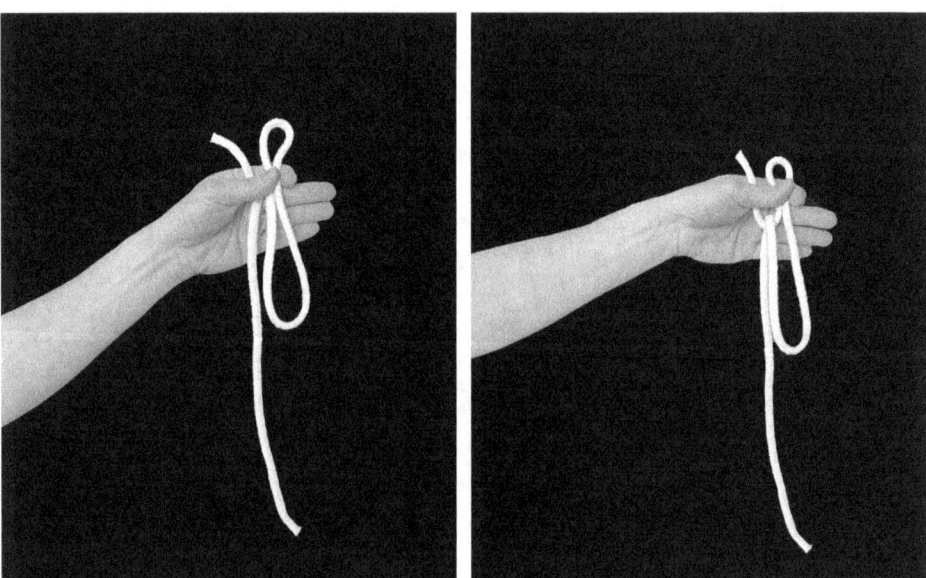

Abbildung 5.6: Die Seilmitte wird als Schleife scheinbar in die linke Hand gelegt.

3. Von vorne sieht alles ganz normal aus (Abbildung 5.7).

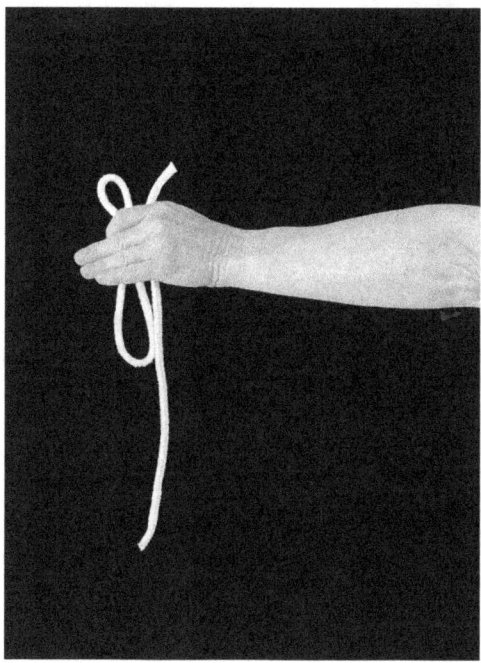

Abbildung 5.7: Die Zuschauer-Sicht

Für die Zuschauer sieht es von vorne so aus, als würde die Seilmitte nach oben gebracht. In Wirklichkeit ist es ein kurzes Stück vom rechten Seilende.

4. Der Zuschauer darf nun selbst mit der Schere durch die »Seilmitte« schneiden (Abbildung 5.8).

5. Lassen Sie nun das rechte Seilende nach unten fallen. Alles sieht so aus, wie es sollte: Oben und unten sind zwei Seilenden zu sehen. In Wirklichkeit halten Sie ein kurzes Seilstück, durch das das lange Seilstück verläuft (Abbildung 5.9).

6. Verknoten Sie die beiden oberen Seilenden miteinander. Schneiden Sie die überstehenden Seilstücke links und rechts vom Knoten ab (Sie verkürzen damit die Schlaufe, von der nur Sie wissen).

7. Zeigen Sie die »beiden« zusammengeknoteten Seile deutlich zwischen beiden Händen vor.

8. Wickeln Sie das komplette Seil in einer Hand auf. Sobald Sie zum Knoten kommen, wird dieser in der aufwickelnden Hand festgeklemmt und so nach und nach verschoben, bis er schließlich – am Ende – in der Hand verbleibt. Räumen Sie die Schere weg, und bringen Sie bei dieser Gelegenheit auch den Knoten unbemerkt beiseite (beispielsweise beides gemeinsam einstecken).

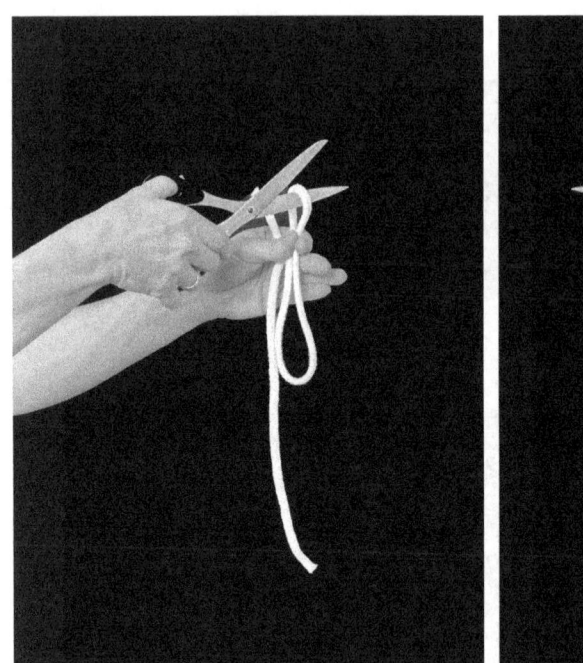 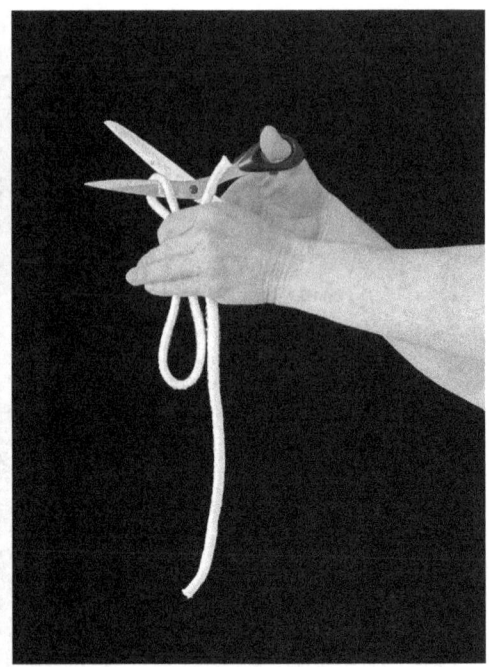

Abbildung 5.8: Das Seil wird durchgeschnitten.

  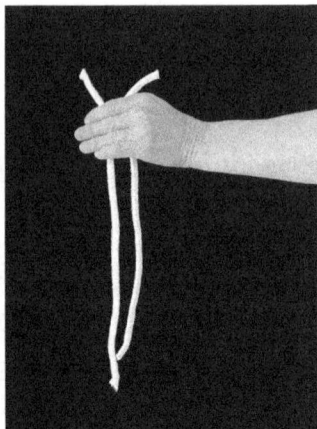

Abbildung 5.9: In Wirklichkeit ist die Situation diese.

9. Nach einem Zauberspruch wickeln Sie das Seil auseinander – es ist wieder zusammengewachsen. »Ein Wunder ist geschehen. Lasset uns den Toni Sailer preisen!«

10. Lassen Sie das Seil von Ihren Zuschauern prüfen.

Schnur durch Daumen

Durchdringungen sind ebenfalls ein beliebtes Thema bei uns Zauberkünstlern. Hier eine wenig aufwendige, dafür jedoch nicht minder effektvolle Durchdringung. Apropos, das Magische bei den Durchdringungen ist natürlich, dass das durchdrungene gar nicht durchdrungen wurde und deswegen nach wie vor undurchdrungen ist, obwohl alle gesehen haben, dass es durchdrungen wurde. Bin ich damit jetzt zu Ihnen durchgedrungen? Jetzt ringen Sie sich doch endlich dazu durch, die Trickbeschreibung zu lesen.

Der Effekt

Sie fesseln Ihren Daumen mit einer Schnur. Wenn Sie an den Schnurenden ziehen, gleitet die Fessel gleichsam durch den Daumen hindurch.

Das Geheimnis

1. **Sie legen die Seilmitte über den linken Daumen und halten die Seilenden in der rechten Hand, jedoch durch den rechten Daumen voneinander getrennt (Abbildung 5.10).**

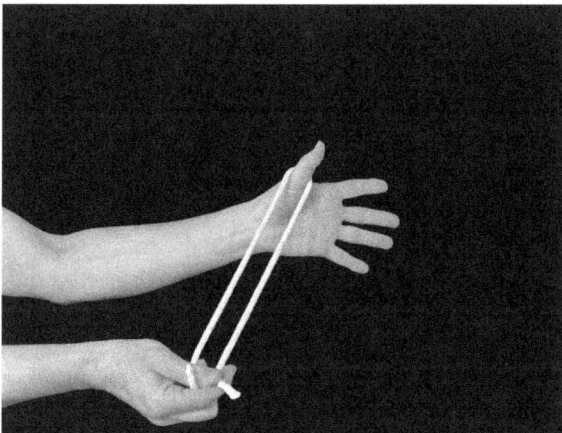

Abbildung 5.10: Die Seilschlinge läuft um den linken Daumen.

2. **Ziehen Sie den vorderen Seilstrang mit dem linken Zeigefinger über den hinteren Strang und halten ihn in dieser Position fest (Abbildung 5.11).**

3. **Die rechte Hand legt nun die Schlaufe »A« in einer Aufwärtsbewegung über den Daumen (Abbildung 5.11).**

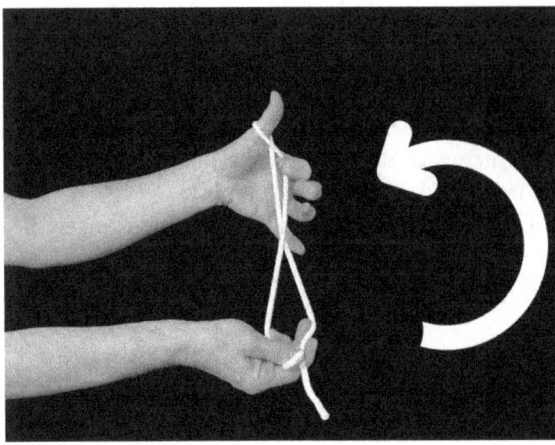

Abbildung 5.11: Der linke Zeigefinger zieht den linken Strang nach rechts. Die rechte Hand legt anschließend die untere Schlaufe über den Daumen.

4. Jetzt können Sie das Seil mit der rechten Hand wieder vorsichtig anspannen. Am linken Daumen bildet es dabei eine verborgene Schlaufe (Abbildung 5.12), durch die das eigentlich schon vom Daumen befreite Seil noch gehalten wird.

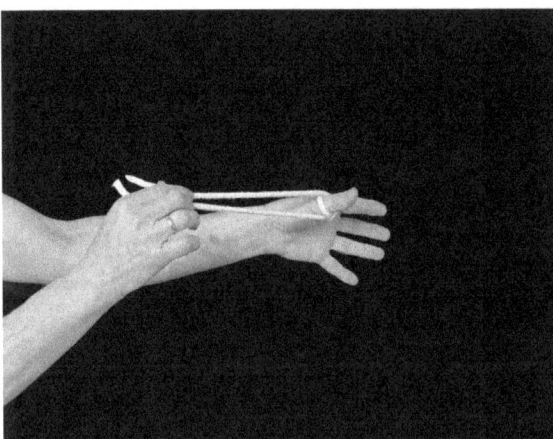

Abbildung 5.12: Der linke Daumen ist eigentlich schon befreit.

5. Lassen Sie einen Zuschauer Ihren linken Daumen festhalten, scheinbar um sicherzustellen, dass das Seil nicht nach oben über den Daumen wegrutscht.

6. Wenn Sie jetzt mit der rechten Hand an den Seilenden ziehen, durchdringt die Fesselung mühelos den linken Daumen.

> **IN DIESEM KAPITEL**
>
> Allerlei Handytricks
>
> Erfahren Sie die Handynummer der Angebeteten beziehungsweise des Angebeteten, ohne danach fragen zu müssen
>
> Sie nehmen die LED aus Ihrem Mobiltelefon und lassen sie durch die Luft zurückfliegen

Kapitel 6
Handyhexerei I

Sie wissen ja, dass Handys einen Vorteil haben – und einen Nachteil. Der Vorteil: Man ist immer erreichbar. Und der Nachteil: Man ist immer erreichbar.

Handys können heute so unglaublich viel mit Apps und Gedöns ... manche vergessen dabei, dass man damit auch telefonieren kann. Und wenn Sie auch so viel telefonieren wie ich, dann haben Sie wahrscheinlich auch das gleiche Problem: Ich muss mein Handy deshalb so oft laden, dass es eigentlich ein Festnetztelefon ist.

Die Handy-Erleuchtung

Wenn im Wein die Wahrheit liegt, befindet sich dann im Glühwein die Erleuchtung? – Der nun folgende Trick erinnert ein wenig an Glühwürmchen ... aber sehen Sie selbst:

Der Effekt

Sie schalten die LED-Leuchte eines (eventuell geliehenen) Handys ein, »pflücken« dann die LED vom Handy ab und halten sie leuchtend in der Hand. Nach einem pantomimisch angedeuteten »Wurf« landet die LED – weiterhin leuchtend – wieder an der richtigen Stelle auf der Rückseite des Handys. Das lässt sich noch ein- bis zweimal wiederholen.

Dieser Effekt kann scheinbar unvorbereitet und jederzeit vorgeführt werden und ist mit den meisten Handymodellen möglich.

Vorbereitung

Zunächst müssen Sie ein paar wenige Euro in einen »Daumen mit rotem LED-Licht« investieren; gibt's bei den diversen Online-Shops im Internet. Meistens handelt es sich um Billigprodukte aus China, die aber durchaus ihren Zweck erfüllen (die Zuschauer bekommen sie sowieso nicht zu Gesicht; siehe Abbildung 6.1).

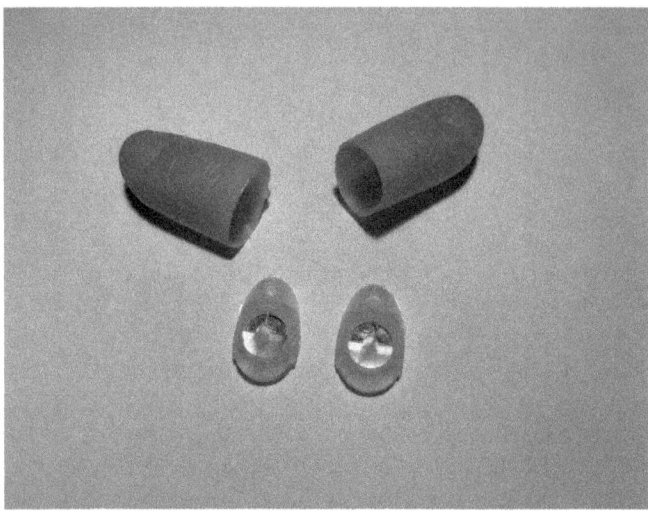

Abbildung 6.1: So sehen die Daumen und ihr technisches Innenleben aus.

Im Inneren eines solchen Hilfsmittels befindet sich eine farbige LED mit Druckschalter. Steckt man den (Plastik-)Daumen auf den (richtigen) Daumen, kann man durch Druck von außen (mit dem Zeigefinger) den Schalter bedienen und die LED aktivieren. Lässt man den Druck nach, geht die LED wieder aus.

Machen Sie sich außerdem bei verschiedenen, weitverbreiteten Handyfabrikaten damit vertraut, wie man die LED ein- und wieder ausschaltet. Beim iPhone geht das beispielsweise auf dem Sperrbildschirm durch (kräftiges) Drücken des Taschenlampen-Symbols; für unsere Zwecke leider wenig praktisch. Es geht aber auch (bei entsperrtem iPhone) über das »Control-Center« (zu finden, wenn man rechts außen einen Finger von oben nach unten über den Screen bewegt): Auch hier ist ein Taschenlampen-Symbol zu finden, das einem aber mehr Bedienungsmöglichkeiten bietet: Ein kurzer Tipp schaltet die LED ein und aus; bei längerem Tippen erhält man auf dem Display sogar einen Schalter zum Steuern der Helligkeit.

Das Geheimnis

1. **Sie lassen sich das Handy – gegebenenfalls entsperrt – geben (und haben nebenbei Gelegenheit, den Daumen-Daumen unbemerkt rechts aufzusetzen, beispielsweise während Sie die rechte Hand beiläufig in die Tasche stecken.)**

2. Sie schalten für alle sichtbar die LED ein. Während Sie auf die fest eingebaute illuminierte Leuchte auf der den Zuschauern zugewandten Seite des Handys hinweisen, haben Sie Gelegenheit, auf dem Ihnen zugewandten Display das LED-Bedienelement (mit dem Sie sich im Vorfeld allgemein vertraut gemacht hatten) aufzurufen und den linken Zeigefinger in die richtige Position zum Aus- und Einschalten zu bringen (siehe Abbildung 6.2).

Abbildung 6.2: So kann man die Taschenlampe ein- und ausschalten.

3. Bringen Sie jetzt die linke Hand nach unten, Handteller nach oben, sodass Ihr linker zweiter »Bedienfinger« vom Handy verdeckt wird. Legen Sie den ausgestreckten rechten Zeigefinger von oben auf das Handy, mit der Fingerbeere auf der leuchtenden LED (siehe Abbildung 6.3). Sie leuchtet nun rot durch die Fingerbeere hindurch. Lassen Sie den Zuschauern Gelegenheit, dieses Bild wahrzunehmen.

Abbildung 6.3: Die LED leuchtet durch die Fingerbeere hindurch.

4. Im nächsten Schritt geschehen mehrere Dinge synchron: Der rechte Zeigefinger wird vom Handy abgenommen, während er nach hinten zum Daumen rutscht und dort den Druckkontakt auslöst und hält. Gleichzeitig bedient der linke Zeigefinger »blind« das »LED-Bedienelement« auf dem Display. Dadurch wird zeitgleich die Handy-LED aus- und die Daumen-LED eingeschaltet. Für die Zuschauer sieht es so aus, als hätten Sie die (rot durch die Fingerbeere scheinende) Handy-LED »abgepflückt« und hielten sie nun zwischen Daumen und Zeigefinger der rechten Hand (siehe Abbildung 6.4). – Jetzt bloß nicht die rechte Hand stillhalten, sondern weiterbewegen, damit der Daumen-Daumen nicht sichtbar wird.

Abbildung 6.4: Die LED wird scheinbar abgepflückt.

5. Im nächsten Schritt leben Sie Ihre schauspielerische Begabung aus: Die scheinbar abgepflückte LED wird – aus einiger Entfernung – von der rechten Hand scheinbar zurück aufs Handy geworfen. Während dieser pantomimischen Wurfbewegung lassen Sie den Druck auf den Daumen-Schalter nach und schalten gleichzeitig mittels linkem Zeigefinger die Handy-LED wieder »blind« ein.

6. Da dies alles sehr schnell ging, können Sie den Effekt gleich noch einmal wiederholen; keine Angst, das ist in diesem Fall ausnahmsweise erlaubt und verrät nicht das Geheimnis des kleinen Tricks.

Intensiv geübt werden muss die Synchronisation von gleichzeitigem Ein- und Ausschalten beziehungsweise umgekehrt, damit alles locker und flüssig geschieht und ganz natürlich aussieht.

Ihre Rufnummer ist ... (Version 1)

 Ich finde, das mit dem Rufnummern-Rausgeben gar nicht so unangenehm. Denn wer meine Mobilnummer haben will, der kann mich gerne auf WhatsApp danach fragen!

Bevor wir gleich zum eigentlichen Trick kommen, habe ich noch einen unbezahlbaren Tipp für Ihre Aktivitäten auf Tinder: Posten Sie Ihr Profilbild auf dem Kopf stehend! – Die Betrachtenden werden ihr Handy ganz neugierig um 180 Grad drehen, damit sie Ihre ganze Schönheit und Pracht gebührend zur Kenntnis nehmen können. Anschließend wollen sie Sie natürlich sofort nach links wegwischen. In Wahrheit werden Sie damit nach rechts gewischt! – Mission completed.

Der Effekt

Jetzt aber zurück zu unserem Trick: Wollten Sie schon immer mal die Rufnummer der beziehungsweise des Angebeteten herausbekommen, haben sich aber nicht getraut zu fragen? Mit einem Wingman – also einem unwiderstehlichen Verkuppler – sollte es künftig ein Leichtes sein, jede beliebige Rufnummer freiwillig und sogar mit Kusshand überreicht zu bekommen. Und das auch noch sehr sympathisch und mit einem Augenzwinkern!

Das Geheimnis

Benötigt werden nur ein paar Notizzettel und Stifte, und schon geht's los. Ihr Wingman geht auf Ihre angebetete Person zu und sagt:

1. »Darf ich Ihnen ein verblüffendes Zauberkunststück zeigen und dabei Ihre Gedanken lesen? Nehmen Sie bitte einen Zettel und einen Stift zur Hand, ich mache genau das Gleiche.«

    Bleiben Sie dicht hinter Ihrem Wingman, aber seien Sie unscheinbar. Im Moment ist der Wingman die Hauptperson. Ihr großer Auftritt kommt aber gleich.

2. »Um Testbedingungen zu schaffen, möchte ich Sie bitten, eine komplexe Ziffernfolge aufzuschreiben und auswendig zu lernen ... Oder noch besser, verwenden wir einfach Ihre Handynummer, die kennen Sie ja schon. Bitte schreiben Sie die Rufnummer gut lesbar zu Kontrollzwecken auf. Aber wenden Sie sich ab, damit ich auf keinen Fall spicken kann. Falten Sie dann den Zettel zusammen, um ihn auf den Tisch zu legen. Und achten Sie darauf, dass niemand den Zettel an sich nimmt.«

3. »Völlig klar, dass ich Ihre Ziffernfolge nicht kennen kann. – Denken Sie jetzt fest an die Rufnummer, damit ich Ihre Gedanken lesen kann.«

    Nach und nach schreibt der Wingman etwas auf seinen Notizzettel, zunächst noch von der mitspielenden Person abgewandt. Und jetzt kommt's: Dabei notiert er nicht einfach irgendetwas, sondern IHRE tatsächliche Rufnummer!

4. »Es ist vollbracht! Ich habe mich festgelegt und werde Ihnen das Ergebnis gleich zeigen. Um es aber spannender zu machen ... Beginnt Ihre Ziffernfolge mit 0 ... 1 ... 9 ...?«

    Die mitspielende Person wird natürlich irritiert verneinen. Der Trick scheint schiefzugehen!

5. »Aber eine 9 kommt schon vor, oder ...?«

   Der Wingman ist ein guter Schauspieler und mimt große Verwirrung. Und auch dieses Mal kommt Ablehnung, vermutlich energischer als zuvor. Scheinbar hat er den Trick wirklich total verhunzt.

6. »Dann machen wir es anders! – Hier, ich gebe Ihnen, was ich aufgeschrieben habe. Und ich nehme, was Sie aufgeschrieben haben, um es meinem Kumpel zu geben ... – Jetzt hat er Ihre Rufnummer und Sie haben die Nummer meines Kumpels. So können Sie sich gegenseitig anrufen und näher kennenlernen! – Ich wünsche Euch beiden noch ein schönes gemeinsames Leben (und würde gerne Patenonkel Eurer Kinder werden)!«

Der Codebrecher

Schon mal einen Programmierer getroffen? Erstaunlicherweise ist diese Menschenspezies häufig vollkommen spaßbefreit. Deshalb sagen die gerne folgenden Satz: »Der einzige Programmierer-Witz, den ich kenne, ist mein Code.«

Was das mit meinem Trick zu tun hat? Nichts, außer dass es bei diesem Kunststück auch um einen Code geht. Davon abgesehen ist der Trick den Preis des Buches (und mehr) wert. Denn Sie bringen magisch den Sperrcode Ihres Gegenübers in Erfahrung und können dessen Handy fortan beliebig bedienen.

Der Effekt

So erlebt es Ihr Publikum: Ein beliebiger Zuschauer darf auf seinem iPhone den Taschenrechner aufrufen und eine beliebige beziehungsweise für ihn persönlich wichtige Zahl eingeben. Zu dieser Zahl addiert er seinen Handy-Entsperrcode. Erst danach zeigt er Ihnen das Ergebnis. Aus dieser Summe extrahieren Sie scheinbar den Entsperrcode und öffnen die Benutzeroberfläche seines Telefons.

Das Geheimnis

Dieses Kunststück ist nicht nur überaus täuschend und verblüffend – es ist auch ohne jegliche Vorbereitung möglich und funktioniert vollkommen automatisch. Was will man mehr?! Im Zauberfachhandel würde man dafür mindestens eine zweistellige Summe zahlen. Hier ist es für Sie ganz umsonst!

Der einzige winzige Nachteil ist, dass der Trick nur mit einem (beliebigen) iPhone funktioniert. Ich habe es bis zur aktuellen Version getestet: Mindestens bis zum iPhone 15 und dem Betriebssystem iOS 17 funktioniert das Ganze völlig problemlos. (Sollte Apple eines Tages grundsätzliche Veränderungen an der Taschenrechner-App vornehmen, könnte sich das bedauerlicherweise ändern. Also probieren Sie es einfach einmal aus, wenn Sie diese Zeilen lesen!)

1. Sie lassen Ihren Mitspieler sein iPhone herausnehmen und die Taschenrechner-App öffnen (dabei ist es egal, ob sein Handy zunächst entsperrt oder ob er die App vom Sperrbildschirm aus öffnet). Wenden Sie sich ab, sodass Sie nicht auf den Bildschirm blicken oder indirekt verfolgen können, welche Zahlen er im Folgenden eingibt.

2. Lassen Sie ihn eine »persönliche Zahl« eingeben, die nur er kennt und die für ihn eine ganz besondere Bedeutung hat, beispielsweise das Jahr seiner Eheschließung oder den Code eines Zahlenschlosses, das er für seinen Spind verwendet. Danach soll er das »Plus«-Zeichen drücken.

3. Im nächsten Schritt lassen Sie eine weitere persönliche Zahl eingeben, … »Nehmen wir dieses Mal Ihren Entsperrcode – also die Ziffernfolge, die Sie benutzen, um Ihr Handy zu entsperren.«

4. Im Anschluss soll der Zuschauer das »=«-Zeichen drücken.

5. »Es gibt für mich keine Möglichkeit, Ihre persönlichen Zahlen zu kennen, weder die erste noch die zweite. Alles, was Sie mir jetzt zeigen, ist die Summe aus den beiden Zahlen. Niemand kann anhand der Summe die beiden Zahlen herausfinden.«

6. Sie lassen sich das Handy geben und blicken gemeinsam mit den Zuschauern auf das Display. Lesen Sie die Summe laut vor. Anschließend blicken Sie Ihrem Mitspieler tief in die Augen, als würden Sie seine Gedanken lesen.

7. Für alle sichtbar tippen Sie auf die »C«-Taste, um das Ergebnis zu löschen. »Jetzt sind alle Zahlen wieder weg, damit ich nicht abgelenkt werde.« Sie drehen das Display zu sich, sodass niemand die nachfolgenden Handlungen sehen kann. Dabei haben Sie auch Gelegenheit, mit dem seitlichen Schieberegler den Lautsprecher auf »stumm« zu stellen.

8. Sie tippen auf dem weiterhin geöffneten Taschenrechner möglichst unbemerkt auf das »=«-Symbol und bekommen sofort die zweite Zahl des Zuschauers eingeblendet. Prägen Sie sich diese Ziffernfolge gut ein, während Sie sagen: »Es ist sogar noch besser, wenn ich das Handy ganz ausschalte, damit ich vollkommen unbeeinflusst Ihren Code herausfinden kann.« Demonstrativ drücken Sie die Ein-Aus-Taste und zeigen das nun leere Display. Lassen Sie die Zuschauer überprüfen, dass das Handy gesperrt ist. – Vergessen Sie jetzt keinesfalls die soeben gemerkte Ziffernfolge!

9. Sie rufen die PIN-Eingabeaufforderung auf durch Einschalten des Geräts. Langsam und bedächtig geben Sie eine nach der anderen Ziffer ein, natürlich mit künstlerischen Pausen, um die Spannung aufzubauen. Blicken Sie dabei auch immer wieder zum Besitzer des Geräts, der mit jeder richtigen Ziffer blasser und blasser wird.

10. Sobald Sie das Gerät komplett entsperrt haben, können Sie sagen: »Wer will mir denn jetzt seine Kreditkarte ausleihen, damit ich am nächsten Geldautomaten die passende PIN ausprobieren kann?«

Telekinese

Der Begriff Telekinese bezeichnet die Bewegung oder Ortsveränderung von Gegenständen, die angeblich im Zusammenhang mit spiritistischen Erscheinungen oder durch geistige Kräfte bestimmter Personen auftritt. Die Parapsychologie beschäftigt sich mit der Suche nach Belegen für die Telekinese. Ein wissenschaftlich nachvollziehbarer Nachweis oder Wirkungszusammenhang ist bislang nicht erbracht worden. – Wär' ja noch schöner!

Der Effekt

Ein Ring, eine Münze oder ein beliebiger anderer kleiner Gegenstand wird nur durch Geisteskraft bewegt.

Vorbereitung

Für dieses kurze Experiment benötigen Sie einen geheimen Helfershelfer, von dem Ihr Publikum nichts ahnt. Er tritt auch gar nicht in Erscheinung, sondern erledigt nur die »schmutzige Arbeit«: Im entscheidenden Moment wählt er die Rufnummer Ihres Handys. Durch den Anruf wird eine kurze Vibration des Handys ausgelöst, was die Münze bewegt. Doch der Reihe nach:

Sie müssen zunächst einen Klingelton für den Helfer auf Ihrem Handy definieren. Dabei soll gar nichts klingeln, sondern nur vibrieren. Beim iPhone geht das auf der Kontakt-Seite Ihres Helfers auf Ihrem Handy. Hier lässt sich im Bearbeiten-Modus der Klingelton einstellen. Wählen Sie hier »Haptik« und dann »Neue Vibration erstellen«. Im nächsten Schritt können Sie auf dem Bildschirm ein eigenes Vibrationsmuster definieren, indem Sie Stakkato-artig mit dem Finger auf dem Bildschirm tippen. Dieser Rhythmus wird vom iPhone aufgezeichnet. Sichern Sie das Vibrationsmuster.

Jedes Mal, wenn Ihr Freund Sie künftig anruft, wird dieses Vibrationsmuster abgespielt!

Das Geheimnis

1. Lassen Sie sich von Ihren Zuschauern einen kleinen Gegenstand geben, beispielsweise einen Ring, eine Münze oder Ähnliches.

2. »Ich möchte Ihren Gegenstand nur mit der Kraft meiner Gedanken bewegen. Dazu muss er vollkommen isoliert abgelegt werden. Am besten, ich lege ihn auf einen anderen Gegenstand ...«

3. Blicken Sie sich suchend um, und »finden« Sie dann »zufällig« Ihr Handy, das Sie auf die Seite stellen und den Gegenstand auf der gegenüberliegenden Seite platzieren (Abbildung 6.5). – Achten Sie darauf, den Handybildschirm von den Zuschauern wegweisen zu lassen. Sonst würden alle den kurz darauf eingehenden Anruf mitbekommen.

Abbildung 6.5: So wird der Gegenstand auf Ihrem Handy platziert.

4. »Jetzt werde ich versuchen, den Gegenstand nur mit der Kraft meiner Gedanken zu bewegen.« – Sie konzentrieren sich und machen magische Bewegungen mit der Hand in Richtung des Gegenstands. Das ist das Signal für Ihren Helfer, Sie heimlich anzurufen!

5. Durch die Anruf-induzierte Handy-Vibration bewegt sich der Gegenstand kaum merklich und fällt schließlich vom Handy herunter auf den Tisch.

6. Nehmen Sie Ihren wohlverdienten Applaus entgegen.

Total verdreht

Der Effekt

 Sie legen Ihr Handy flach auf den Tisch und versetzen es wie einen Kreisel in Rotation. Sobald es zum Stillstand kommt, ist der Home-Bildschirm komplett verdreht.

Vorbereitung

Für dieses Mirakel müssen Sie einmalig ein paar Vorbereitungen treffen, die aber völlig unkompliziert sind und nicht länger als fünf bis zehn Minuten Ihrer kostbaren Zeit beanspruchen.

Machen Sie zunächst einen Screenshot von Ihrem Home-Bildschirm (siehe Abbildung 6.6). Übertragen Sie den Screenshot auf Ihren Rechner (so, wie Sie auch sonst Fotos übertragen, beispielsweise mittels Datenkabel, per E-Mail, oder auch durch Nutzung eines Clouddienstes). Auf dem Rechner benötigen Sie ein Bildbearbeitungsprogramm.

Abbildung 6.6: Der Original-Screenshot

Öffnen Sie den Screenshot in Ihrer Bildbearbeitung, um ihn mithilfe der Software zu verdrehen. In der Software »Photoshop« geht das beispielsweise ganz einfach mit der Funktion »Filter – Verzerrungsfilter – Strudel«. Geben Sie als »Winkel« für den Strudel beispielsweise einen Wert zwischen 50 und 100 ein. Am Ende sollte das Ganze ungefähr aussehen wie in Abbildung 6.7.

Abbildung 6.7: Der bearbeitete Screenshot

In einem Videobearbeitungsprogramm (beispielsweise iMovie) erzeugen Sie jetzt einen neuen Film (ohne Audio), in dem zunächst für einige Sekunden der Original-Screenshot zu sehen ist und anschließend für eine längere Zeit das bearbeitete Bild (siehe Abbildung 6.8).

Übertragen Sie das Video zurück auf Ihr Handy.

Abbildung 6.8: So werden die beiden Screenshots im Videoprogramm bearbeitet.

Das Geheimnis

1. Erzählen Sie Ihrem Publikum von einem neuen versteckten Feature Ihres Handys, dem Weltraumwarp. Dabei wird das Handy angeblich durch Zeit und Raum katapultiert. – Nebenbei haben Sie unverdächtig Gelegenheit, das Video aufzurufen und den Abspielvorgang vorzubereiten.

2. Sie starten das Video und legen das Handy flach auf den Tisch. Alles sieht normal aus; die Zuschauer sehen den Home-Bildschirm. Sie brauchen nicht extra darauf hinzuweisen.

3. Jetzt versetzen Sie das Handy wie einen Kreisel in Rotation, siehe Abbildung 6.9.

4. Jetzt müssen Sie nur abwarten, bis das Handy ausgekreiselt hat. Bis dahin zeigt das Video bereits den verdrehten Home-Bildschirm. »Das Dumme ist nur, dass man anschließend jedes Mal ein neues Handy kaufen muss, denn der Weltraumwarp lässt sich nicht rückgängig machen ...« – Nebenbei schalten Sie das Handy aus und stecken es ein.

Abbildung 6.9: Das Handy wird in Rotation versetzt.

Futschikato

 Warum sollte man eigentlich Pfeffer auf seinen Handybildschirm streuen? – Ist doch klar, damit die Darstellung schärfer wird! – Der Handybildschirm steht übrigens auch im Mittelpunkt des nachfolgenden Tricks.

Der Effekt

Sie leihen sich das Handy Ihres Gegenübers aus, doch dabei fällt das Hightech-Gerät scheinbar versehentlich zu Boden. – Was in solchen Fällen, nicht zuletzt aufgrund Murphy's Law, leider unvermeidlich ist: Das Bildschirmglas zerbricht in tausend Stücke!

Gut, dass Sie ein echter Wundertäter sind: Mit einem Zauberspruch-Gemurmel wird das Handy sofort wieder restauriert, und alles ist in bester Ordnung.

Vorbereitung

1. Sie nehmen das transparente Cover einer alten CD-Hülle ab und schneiden es auf die Größe eines gängigen Handys zurecht. Das muss nicht allzu akkurat sein, denn so genau schaut später niemand auf die Umrisse. Falls Ihre CD-Hülle zu spröde ist, können Sie beispielsweise auch Deckel von Kunststoff-Aufbewahrungsboxen verwenden; die sind in der Regel wesentlich weicher (siehe Abbildung 6.10).

Abbildung 6.10: Aus so einem Deckel lässt sich das Gimmick sehr einfach herstellen.

Mit einer Schere kratzen Sie jetzt die Hülle ein und erzeugen so die Anmutung eines typischen zerstörten Bildschirmglases (Abbildung 6.11).

Abbildung 6.11: So sieht der Fake-Bildschirm aus.

Das Geheimnis

1. Fröhlich und guten Mutes bitten Sie eine Zuschauerin oder einen Zuschauer um ihr oder sein Handy als kurzfristige Leihgabe.

2. Sie sprechen über die hochmoderne Technik in dem Gerät und lassen es – scheinbar unbeabsichtigt – zu Boden fallen.

Achtung! Hoffen wir, dass dem guten Stück dabei nichts passiert! Verlag, Autor, Lektor, Drucker und Buchhandel übernehmen keinerlei Haftung und stehen für Schadensersatzansprüche nicht zur Verfügung. Seien Sie also vorsichtig!

3. Während Sie das Handy vom Boden aufheben, haben Sie Gelegenheit, das Fake-Cover unbemerkt über die Vorderseite zu legen und den Handybildschirm einzuschalten.

4. Sie schauen verdutzt auf das Handy und fluchen, was das Zeug hält. Nebenbei lassen Sie auch die Zuschauer einen Blick auf die Misere erhaschen (Abbildung 6.12).

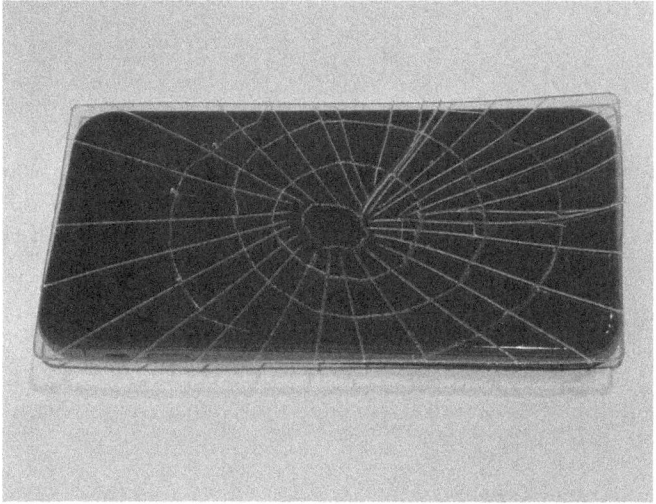

Abbildung 6.12: Scheinbar ist der Bildschirm durch den Handysturz zerbrochen!

5. Sie bedecken die Bildschirmseite mit der flachen Hand, als wollten Sie Ihr Missgeschick verbergen.

6. Die flache Hand wird mit dem Fake-Bildschirm entfernt, während Sie das Handy mit der anderen Hand nach oben bringen, um es mit einem Zauberspruch zu heilen. Dabei kann das Fake unbemerkt in die Jacken- oder Hosentasche gesteckt werden.

Ihre Rufnummer ist ... (Version 2)

 Auch wenn der vorhergehende Kniff (Version 1) funktioniert – ein Zauberkunststück ist es eigentlich nicht, sondern mehr ein ziemlich cleverer und gleichzeitig sympathischer Schwindel, um an die Telefonnummer des Gegenübers zu kommen. Aber das geht auch magischer.

Der Effekt

Der Mitspieler gibt einen Teil der Ziffern seiner Rufnummer ein und führt wilde Berechnungen damit durch. Das Ergebnis hat nichts mit seiner Rufnummer zu tun. Und doch – kurz darauf haben Sie seine Rufnummer entschlüsselt!

Das Ganze ist zu schön, um wahr zu sein. Allerdings gibt es einen kleinen Haken: Die Rufnummer des Zuschauers sollte im Idealfall genau sieben Stellen haben. In den USA, wo die Idee für diesen schönen Trick geboren wurde, ist das immer der Fall. Bei uns hingegen gibt es keine feste Regel. Auf dem Land haben so manche Menschen im Festnetz bis heute nur eine dreistellige Rufnummer, während Handynummern auch zehn- oder elfstellig sein können, exklusive Vorwahl. – Dennoch können Sie sich hinmoderieren, siehe die folgenden Absätze.

Das Geheimnis

1. Sie bitten einen Zuschauer, seinen Handy-Taschenrechner zu öffnen und zunächst nur einen Teil seiner Rufnummer einzugeben: »Verwenden wir erst einmal alle Ziffern *vor den letzten vier*.« Wären das weniger als drei Ziffern, soll er auch noch seine Vorwahl (ohne die führende 0) voranstellen.

    Erstes Beispiel: Die Rufnummer des Zuschauers lautet 07777-5678901234. Dann verwendet er zunächst nur 567890 und später 1234.

    Zweites Beispiel: Die Rufnummer des Zuschauers lautet 07777-5678. Dann verwendet er zunächst nur 7777 und später 5678.

2. »Sie werden gleich ein paar beliebige Berechnungen ausführen, um Ihre Nummer zu verschleiern. – Multiplizieren Sie als Erstes mit 80, und drücken Sie anschließend die Taste =.«

3. »Jetzt addieren Sie bitte 1, und drücken anschließend wieder die Taste =.«

4. »Machen wir es noch komplizierter: Multiplizieren Sie dieses Mal mit 250, und danach wieder die Taste =.«

5. »Addieren Sie jetzt die letzten vier Ziffern Ihrer Telefonnummer und drücken dann die Taste =.«

6. »Weil's so schön war, addieren Sie noch einmal die letzten vier Ziffern Ihrer Telefonnummer und drücken dann die Taste =.«

7. »Es wird immer wilder. Vorhin haben wir mit 250 multipliziert. Warum subtrahieren wir dieses Mal nicht einfach die 250? Und danach die Taste = nicht vergessen.«

8. »Sie dürfen mir das Telefon gerne herübergeben. Schauen wir uns das Ergebnis gemeinsam an. Ich vermute, das hat nichts mit Ihrer Rufnummer zu tun, oder?«

    Ihr Mitspieler wird das überzeugt bestätigen; was auf seinem Display zu sehen ist, erinnert nicht im Entferntesten an seine Rufnummer.

9. Wenden Sie das Telefon zu sich. Dabei haben Sie Gelegenheit, unbemerkt die Tasten / und 2 sowie = zu drücken. Sie teilen also das Ergebnis durch 2. Dadurch erhalten Sie als Ergebnis die ersten sieben Ziffern der Rufnummer Ihres Mitspielers!

10. Konfrontieren Sie den Mitspieler mit dem Display. »Mit ein wenig Magie wird daraus Ihre Rufnummer!« Je nachdem, ob die Vorwahl verwendet wurde oder nicht, müssen Sie gegebenenfalls noch ergänzen: »Jetzt dürfen Sie mir auch noch die Vorwahl verraten, damit ich Sie anrufen kann!«

Für die Mathematiker unter meinen Lesenden folgt hier noch die entsprechende Formel. y steht für die letzten vier Ziffern der Rufnummer und x für alle Ziffern davor:

```
Alle Ziffern vor den letzten vier mit 80 multiplizieren: x *(80)
Addiere 1: x *(80)+1
Mit 250 multiplizieren: (x *(80)+1)*(250)
Letzte vier Ziffern addieren: (x *(80)+1)*(250)+ y
Letzte vier Ziffern addieren: (x *(80)+1)*(250)+ y + y
Subtrahiere 250: (x *(80)+1)*(250)+ y + y - 250
Teile durch 2: ((x *(80)+1)*(250)+ y + y - 250)/ 2
```

Man kann diese Berechnung folgendermaßen vereinfachen:

```
((x *(80)+1)*(250)+ y + y - 250)/ 2
((x *(80)+1)*(250)+ 2y - 250)/ 2
((x *(80)+1)*(250)+ 2y - 250)/ 2
(20.000x + 250 + 2y - 250)/ 2
(20.000x + 2y)/ 2
10.000x + y
```

Damit wird auch verständlich, warum der Zuschauer die führende 0 der Vorwahl weglassen muss, denn diese Ziffer würde nicht angezeigt.

Mega-Multiplikations-Mysterium

Erwähnte doch neulich der Lehrer: »Ihr Neffe kann weder multiplizieren noch dividieren.« – Daraufhin entgegnete meine Schwester: »Latein ist mir egal, Hauptsache, er kann Mathe!«

Der Effekt

Ein Mitspieler generiert durch beliebig viele Multiplikationen eine riesige Zahl. Er denkt an eine Ziffer des Ergebnisses und liest Ihnen nur die übrigen Ziffern vor. Sie nennen sofort die nur gedachte und geheim gehaltene Zahl! – Den Trick können Sie ohne jegliche Übung sofort vorführen.

Das Geheimnis

1. Lassen Sie einen Zuschauer seine Taschenrechner-App öffnen, und zeigen Sie ihm, was er gleich tun soll: »Bitte geben Sie jeweils eine einzelne Zahl und das Multiplikationssymbol ein, bis Sie ein riesiges Ergebnis haben, beispielsweise zwischen einer Million und einer Milliarde.«

2. Sie verdeutlichen das auf dem Handy des Zuschauers: »Also, Sie könnten beispielsweise mit der 3 beginnen und dann Multiplizieren ›*‹ drücken. Im nächsten Schritt wieder eine einstellige Zahl, nehmen wir die 6, und wieder Multiplizieren ›*‹ drücken. Und so weiter.«

3. Bitten Sie den Zuschauer, die Multiplikationsreihe fortzuführen, bis er mit einem der zufällig erzeugten riesigen Ergebnisse zufrieden ist.

    Unter Umständen muss der Zuschauer sein Telefon um 90 Grad drehen, um sein gesamtes Ergebnis sehen zu können.

4. »Denken Sie jetzt an eine einzige Ziffer Ihres riesigen Ergebnisses. – Jetzt lesen Sie mir bitte alle übrigen Ziffern vor, halten aber Ihre gedachte einzelne Ziffer vor mir geheim! Sie können mir die Ziffern übrigens vor- oder rückwärts nennen, wenn Sie mich zusätzlich verwirren wollen.«

5. Während der Zuschauer alle anderen Ziffern vorliest, addieren Sie diese heimlich zu einer Zwischensumme zusammen.

6. Überlegen Sie im nächsten Schritt, welches das nächste Vielfache von 9 nach der Zwischensumme ist und welche Differenz zwischen dem Vielfachen und der Zwischensumme besteht.

7. Diese Differenz ist die geheime Zahl des Zuschauers!

Erstes Beispiel: Nehmen wir an, das Ergebnis der Multiplikationen ist 1.360.800. Der Zuschauer denke an die Ziffer 8. Dann liest er Ihnen vor, gerne auch in anderer Reihenfolge: 1 … 3 … 6 … 0 … 0 … 0. Die Summe dieser Ziffern ist 10. Das nächsthöhere Vielfache von 9 ist 18. Die Differenz ist 8.

Zweites Beispiel: Nehmen wir an, das Ergebnis der Multiplikationen ist 205.752.960. Der Zuschauer denke an die Ziffer 5. Dann liest er Ihnen vor, gerne auch in anderer Reihenfolge: 2 … 0 … 7 … 5 … 2 … 9 … 6 … 0. Die Summe dieser Ziffern ist 31. Das nächsthöhere Vielfache von 9 ist 36. Die Differenz ist 5.

Und jetzt haben Sie auch verstanden, warum der Zuschauer die Ziffern beispielsweise auch rückwärts vorlesen darf: Das ändert an der Summe überhaupt nichts!

Das Handy im Ballon

 Ein Bier zu verschütten, ist die Erwachsenen-Version von »seinen Ballon wegfliegen lassen«. – Hoffen wir, dass es bei diesem Trick nicht so weit kommt!

Der Effekt

Der Magier pustet einen Ballon auf und lässt anschließend die Luft wieder entweichen. Am Ende befindet sich das Handy des Zuschauers im Ballon. Er darf das so verpackte Mobiltelefon nach Herzenslust untersuchen.

Das Geheimnis

Für diesen Trick benötigen Sie nur einen großen und undurchsichtigen beziehungsweise farbigen Luftballon. Am besten geeignet sind Ballons mit circa 27 cm Durchmesser. Und natürlich sollte ein Zuschauer oder eine Zuschauerin Ihnen ein Handy ausleihen.

1. **Sie pusten den Ballon auf und verschließen die Öffnung nur mit den rechten Fingern. (Der Ballon wird also nicht zugeknotet!) Genauer: Die Ballontülle befindet sich im Winkel zwischen Daumen und Zeigefinger der rechten Hand.**

2. **Leihen Sie sich ein Handy, das Sie flach in der linken Hand halten (Abbildung 6.13).**

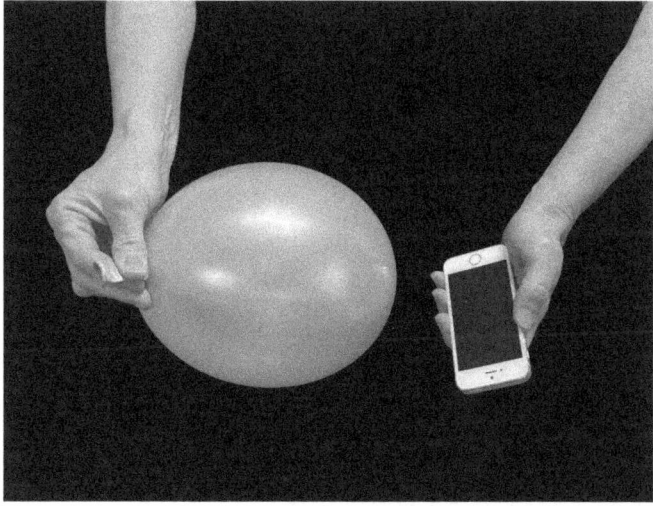

Abbildung 6.13: Das entliehene Handy liegt in der linken Hand; der Ballon befindet sich in der rechten Hand.

3. Sie drücken den Ballon kräftig von oben auf das Handy und lassen gleichzeitig zügig, aber kontrolliert Luft aus dem Ballon entweichen.

4. Wenn Sie genügend Druck ausüben und die Menge der entweichenden Luft richtig steuern, legt sich der Ballon am Ende um das Handy herum (Abbildung 6.14 und Abbildung 6.15). Es wirkt so, also befinde sich das Handy im Innern des Ballons.

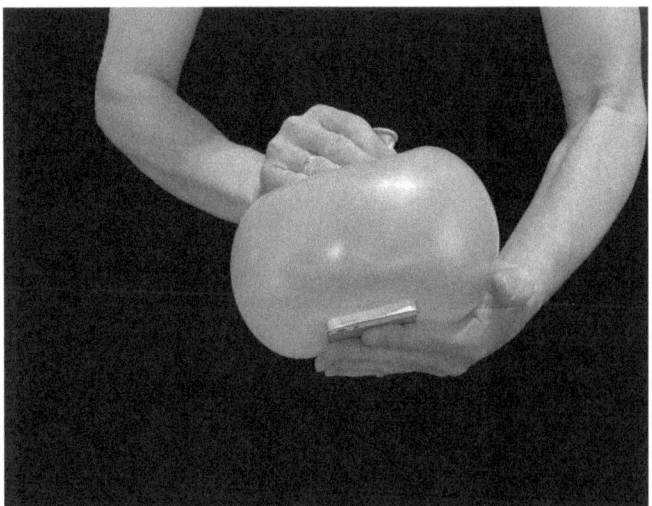

Abbildung 6.14: Die rechte Hand drückt den Ballon aufs Handy, während gleichzeitig kontrolliert Luft entweicht ...

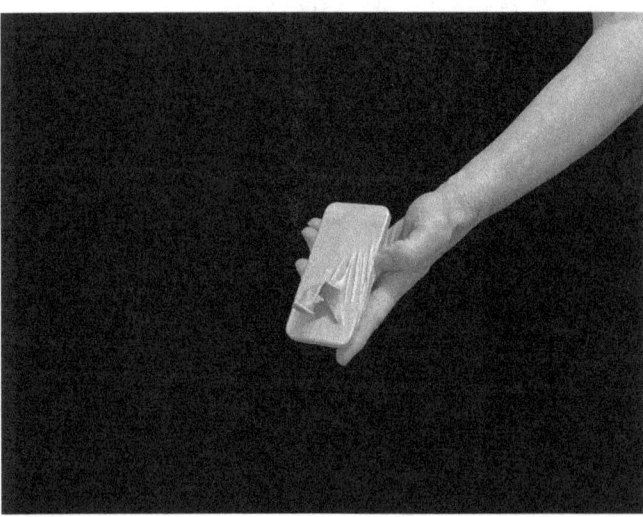

Abbildung 6.15: ... wodurch sich der Ballon ums Handy legt. So sieht das von oben aus.

In Wirklichkeit befinden sich die beiden Ballon-Häute nur auf der Oberseite, an den Seiten und auf einem Teil der Unterseite des Handys (siehe Abbildung 6.16)! Durch die (doppelte) Ballonhaut kann man das Display des Handys sehen und natürlich mit dem seitlichen Schalter ein- beziehungsweise ausschalten.

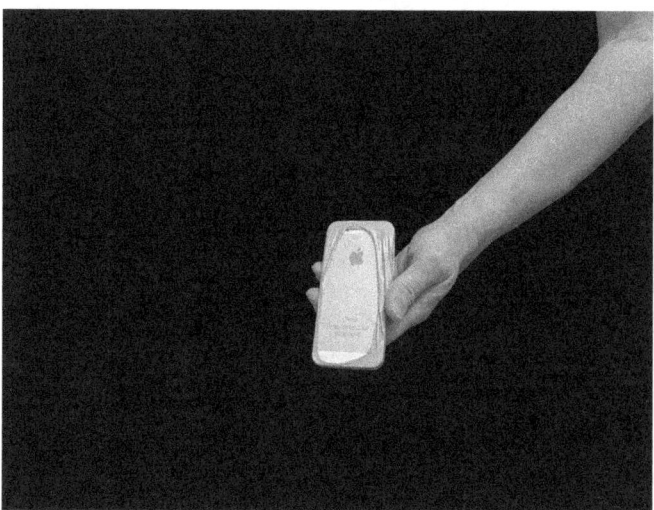

Abbildung 6.16: ... und so von unten.

5. Ziehen Sie die Tülle in Richtung der Zuschauer, um sie nach und nach an die Vorderkante des Handys zu bewegen. Dadurch können Sie gleich beide Seiten des Handys täuschend vorzeigen.

 6. Im nächsten Schritt zeigen Sie scheinbar Vorder- und Rückseite des im Ballon eingeschlossenen Handys: Es wird aus der linken Hand in einer Rollbewegung in die rechte Hand gegeben. Dabei bleibt die Unterseite jedoch vor den Zuschauern verborgen. – Schalten Sie aber zuvor das Display aus, sonst wird dieses Vorzeigen niemanden täuschen.

Es sieht jedoch so aus, als wäre das Handy komplett vom Ballon umschlossen!

 Normalerweise endet der Trick hier. Mit Dummies-Power können Sie aber noch einen Schritt weitergehen:

7. Pusten Sie etwas Luft durch die Tülle in den Ballon.

8. Mit Ihren Zähnen zertrennen Sie die Tülle ungefähr in der Mitte. Dadurch können Sie jetzt eine Lage der Ballonhaut auf die andere Seite des Handys ziehen (Abbildung 6.17).

Erst durch diese unscheinbare Trickhandlung wird das Handy wirklich allseits von Ballon umschlossen sein!

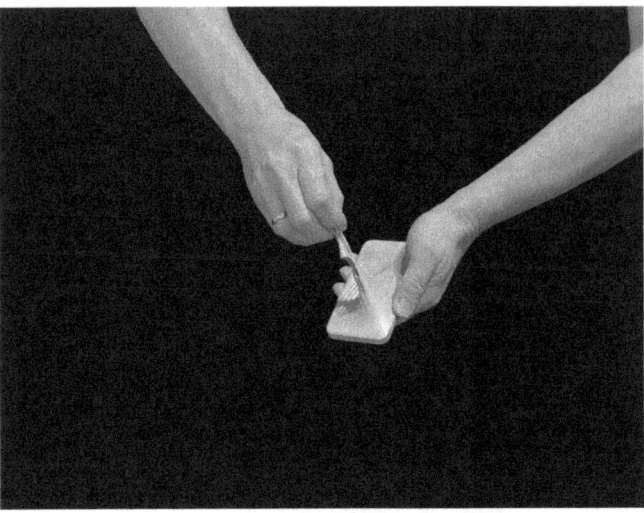

Abbildung 6.17: Nachdem die Tülle aufgebissen wurde, lässt sich eine Lage der Ballonhaut auf die andere Seite des Handys umschlagen.

9. Halten Sie die Öffnung der zerbissenen Tülle mit Daumen und Zeigefinger beider Hände offen, sodass die Zuschauer durch dieses »Fenster« direkt auf das Handy blicken.

10. Sie geben das Handy zurück an die Besitzerin beziehungsweise den Besitzer: »Hier ist Ihre neue Handyhülle. Garantiert wasserdicht. Und man führt ganz automatisch nicht mehr so viele Telefonate.«

Teil III
Gute Karten für alle Gelegenheiten

> **IN DIESEM TEIL …**
>
> Für mich als Arzt unerlässlich ist selbstverständlich das Kapitel über »Anatomische Tricks«; damit werden Sie aber auch als Nichtmediziner viel Spaß haben.
>
> Außerdem vermittle ich Ihnen auf den folgenden Seiten auch zielgruppenorientierte Zauberkunst, aber das werden Sie gleich merken.

Gedankenlesen, Teil 2

Sie haben also eine der fünf Spielkarten im Kopf. Denken Sie fest an diese Karte, konzentrieren Sie sich darauf und sehen Sie das Bild der Karte vor Ihrem geistigen Auge. Verraten Sie sich nicht durch falsche Bewegungen oder indem Sie verräterisch die Lippen bewegen. Ich werde nun Ihre Gedanken lesen. Sie machen das sehr gut. Bitte denken Sie weiter fest an Ihre Karte. Ja, ich glaube, ich bin so weit. Blättern Sie bitte zur Auflösung in Teil V.

> IN DIESEM KAPITEL
>
> Alles, was Sie brauchen, um Ihre pathologische Seite auszuleben
>
> Beliebige Körperteile verzaubern

Kapitel 7
Anatomische Tricks

Es hat schon etwas, wenn der Zauberer auf der Bühne seiner Assistentin den Kopf abtrennt, sie mit Schwertern durchstößt oder in mehrere Teile zersägt. Nur: Zauberkunst ist das noch nicht. Die kommt erst ins Spiel, wenn er diese Effekte ungeschehen macht und seine Mitspielerin am Ende unversehrt davonkommt.

Ich habe so was ja auch mal probiert, allerdings spreche ich nicht gerne darüber. Und das, obwohl es schon Jahre her ist, seit ich meine Schwester auf offener Bühne zersägt habe. Es ging alles gut – bis zu dem Moment, wo ich sie wieder zusammensetzen wollte. Irgendetwas hat da nicht so richtig klappen wollen. Seither habe ich zwei Halbschwestern.

Der knirschende Nacken

Egal, ob im Fitnessstudio, beim Orthopäden oder im Seniorencafé – diesen Stunt können Sie überall einsetzen und werden damit die gesamte Aufmerksamkeit auf sich ziehen. Man wird Ihnen sofort eine Halskrause, pflegerische Versorgung oder die Letzte Ölung anbieten. Was will man mehr von seinen Mitmenschen als ein wenig Mitgefühl?

Der Effekt

Nach einer anstrengenden Flugreise renken Sie sich den Nacken wieder ein – dabei ist ein überaus lautes und furchteinflößendes Knirschen zu hören, als hätten Sie sich soeben sämtliche Wirbel gebrochen. Entspannt und zufrieden lehnen Sie sich zurück – und genießen die entgeisterten Blicke Ihrer Mitreisenden.

Das Geheimnis

Verwenden Sie einfach Ihren Trinkbecher aus dem Flugzeug, den Sie bei passender Gelegenheit leer trinken und mit der – ansonsten völlig nutzlosen – Serviette (mit dem Logo der Fluggesellschaft) auswischen.

1. Stecken Sie sich den Becher unter die Achsel, wenn gerade niemand auf Sie achtet (was ohnehin die meiste Zeit der Fall sein wird).
2. Halten Sie beide Hände seitlich an Ihren Kopf und tun Sie so, als würden Sie damit den Kopf verdrehen. Dabei drücken Sie mit dem Oberarm auf den Becher, wodurch das furchterregende Geräusch zustande kommt.

Der »abbe« Daumen

Sich selbst Körperteile abzutrennen und anschließend wieder anzufügen, war schon immer Menschheitstraum. Jetzt können Sie einer der Ersten sein, der das Ganze Realität werden lässt.

Der Effekt

Ihr Daumen wird abgetrennt und wandert zu Ihrem Ellbogen. Glücklicherweise sind Ihre chirurgischen Kenntnisse so groß, dass Sie den Daumen anschließend wieder – blutlos – an die richtige Stelle kleben können.

Das Geheimnis

1. Sie strecken Ihren Daumen nach oben. »Wissen Sie eigentlich, was das ist ...?« Hoffentlich wird jemand antworten: »Ein Daumen.« – »Stimmt. Und so bin ich auch hierher gekommen.« Bewegen Sie den Daumen in Anhalter-Manier. »Ich nenne ihn den Reisenden Daumen, weil er hin- und herreist.«
2. Während obiger Worte geschieht Folgendes: Sie drehen Ihren Daumen, sodass er auf Sie zeigt, und legen ihn auf die linke Handfläche, genau auf den Ansatz der Finger (Abbildung 7.1).
3. Im Folgenden werden einfach unbemerkt die beiden Daumen ausgetauscht: Die linke Hand schließt sich um den rechten Daumen, während sie sich nach oben dreht. Gleichzeitig dreht sich die rechte Hand, sodass am Ende die äußere Handkante nach unten zeigt. Während dieser Bewegungen schiebt sich der linke Daumen nach oben, zwischen linken Mittel- und Ringfinger. Ziehen Sie jetzt Ihren rechten Daumen aus der linken Faust und halten Sie ihn eingebogen hinter Ihrer rechten Hand vor den Zuschauern verborgen.

Abbildung 7.1: Der rechte Daumen wird in die linke Handfläche gelegt.

4. Ohne Unterbrechung bringen Sie die Daumengrundgelenke beider Hände aufeinander, sodass es aus Sicht der Zuschauer so scheint, als hätten Sie Ihren rechten Daumen zwischen den linken Fingern eingeklemmt (Abbildung 7.2).

Abbildung 7.2: Für die Zuschauer sieht (noch) alles normal aus.

5. Nach einer kurzen Pause schieben Sie Ihre linke Faust auf dem rechten Unterarm zum rechten Ellbogen (Abbildung 7.3).

6. Wackeln Sie mit der sichtbaren Daumenspitze. Danach schieben Sie den Daumen wieder zurück zur auf Abbildung 7.2 gezeigten Position.

7. Am Ende müssen Sie nur die anfänglichen Bewegungen umkehren, um schließlich den »abgetrennten« Daumen wieder an die richtige Stelle zu bugsieren.

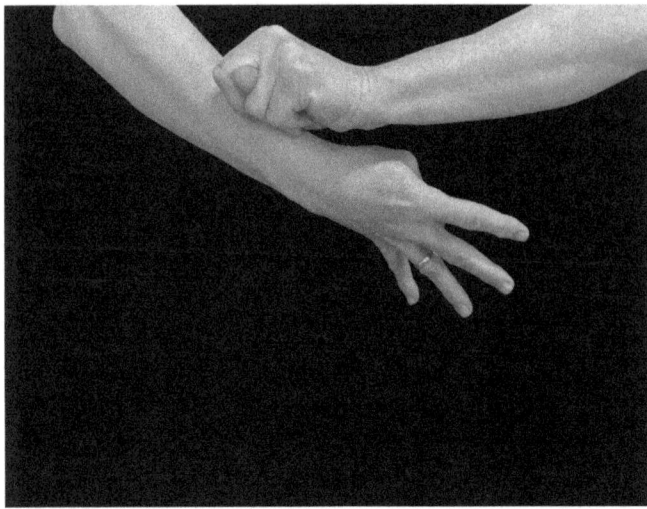

Abbildung 7.3: Der Daumen wird abgetrennt und zum Ellbogen geschoben.

Einen Finger durch die Luft fliegen lassen

Entscheiden Sie selbst, ob Sie dieses Kunststückchen ernsthaft und seriös präsentieren wollen – oder lieber als kleinen Gag für zwischendurch.

Der Effekt

Sie strecken die Zeigefinger beider Hände aus. Plötzlich wandert der rechte Zeigefinger zur linken Hand. So schnell der Spuk geschah, so schnell ist er auch wieder zu Ende. Zum Schluss sind alle Finger wieder da, wo sie hingehören. (Ordnung muss sein!)

Das Geheimnis

1. Die Zeigefinger beider Hände werden nach oben gestreckt, die Hände befinden sich ungefähr auf Augenhöhe.

2. »Passen Sie genau auf, was gleich passiert. Man sagt ja immer, die Hand sei schneller als das Auge. Wie schnell müssen dann erst die Finger sein …?« Die Hände werden in einer schnellen Bewegung aufeinander zugeführt und nach dem Zusammenstoßen – wieder auseinanderbewegt. Beim Zusammenstoß biegt sich der linke Zeigefinger ein, während gleichzeitig der rechte Mittelfinger ausgestreckt wird.

3. Anschließend lassen Sie den linken Zeigefinger von der rechten wieder zur linken Hand wandern. »Der Spuk ist schneller vorbei, als man glaubt. Nächstes Mal zeige ich Ihnen dann, was ich alles mit meinem Stinkefinger machen kann.«

> **IN DIESEM KAPITEL**
>
> Beeindruckende Kunststücke, mit denen Sie Ihre Visitenkarten an den Mann (oder die Frau) bringen können
>
> Unkomplizierte Lösungen für schwierige Alltagsprobleme

Kapitel 8
Tricks für Japaner & Politessen

Warum es in diesem Kapitel um Politessen geht, sehen Sie beim zweiten Trick. Das mit den Japanern ist komplizierter. Es sei denn, Sie haben schon einmal Ihre Visitenkarte mit den fotografierenden Asiaten getauscht ... dann dürfte Ihnen alles klar sein.

Spontanes Visitenkartendrucken

Wenn Sie als Zauberer auftreten, wollen Sie bei jeder passenden (und unpassenden) Gelegenheit Ihre Visitenkarte loswerden, damit man sich an Sie erinnert und Sie für die nächste Party bucht. Nun kann man natürlich sagen: »Hier, meine Karte. Und wenn Sie demnächst eine Party feiern, dann buchen Sie mich.« Nicht besonders originell. Deshalb der folgende Trick.

Der Effekt

Sie sind im Begriff, Ihrem Gegenüber eine Visitenkarte zu überreichen. Doch halt, was ist das? Der ganze Visitenkartenstapel ist leer und unbedruckt! Sie schieben eine der leeren Karten durch Ihre Faust, wodurch die Beschriftung magisch erscheint!

Das Geheimnis

Verwenden Sie ungefähr dreißig Ihrer normalen Visitenkarten: Bilden Sie zwei Stapel, die Sie mit den beschrifteten Seiten aufeinanderlegen. In der oberen Hälfte liegen die Karten demnach mit der Schrift nach unten, während sie in der unteren Hälfte mit der Schrift nach oben zeigen.

1. Sobald Sie jemandem eine Karte überreichen wollen, holen Sie den Stapel hervor. Die oberste Karte ist leer. »Hoppla, was ist denn mit meinen Visitenkarten los, die sind ja leer ...?!«

2. Sie halten den Stapel in der linken Hand und fächern mit der anderen Hand die obersten paar Karten nach rechts: Sie sind alle leer. Drehen Sie das Päckchen um und wiederholen Sie das Auffächern: Auch hier sind alle Karten leer. »Und auch auf der anderen Seite leer! Die müssen in der Druckerei etwas falsch gemacht haben!«

   Wenn Sie das überzeugend machen, sieht es so aus, als wären alle Karten leer und unbedruckt.

3. Nehmen Sie die oberste Karte in die rechte Hand, den Reststapel stecken Sie mit der linken in die Tasche. »Da muss ich wohl zaubern ...«

4. Die Karte wird auf die linken ausgestreckten Finger gelegt (Abbildung 8.1). Nun dreht sich die linke Hand mit dem Handrücken nach oben, während sich die Finger gleichzeitig schließen. Sodann schiebt der Daumen die Karte aus der Faust heraus (Abbildung 8.2).

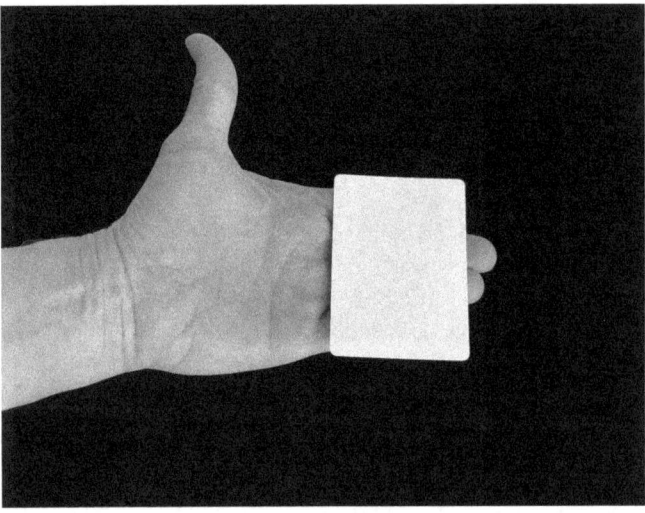

Abbildung 8.1: Die Karte wird auf die ausgestreckten linken Finger gelegt.

Es wirkt so, als seien Vorder- und Rückseite der einzelnen Karte leer.

5. Im nächsten Schritt legen die Sie Karte wieder in die linke Hand, diesmal jedoch nicht auf die Finger, sondern auf die Handfläche. »Wenn ich die Karte so durch die Hand schiebe, wird sie magisch bedruckt ...«

6. Sagen Sie: »... denn zum Glück bin ich gelernter Schriftsetzer und Drucker. Und noch dazu Zauberer. In der Kombination dieser Eigenschaften kann ich die leere Karte spontan bedrucken ...«

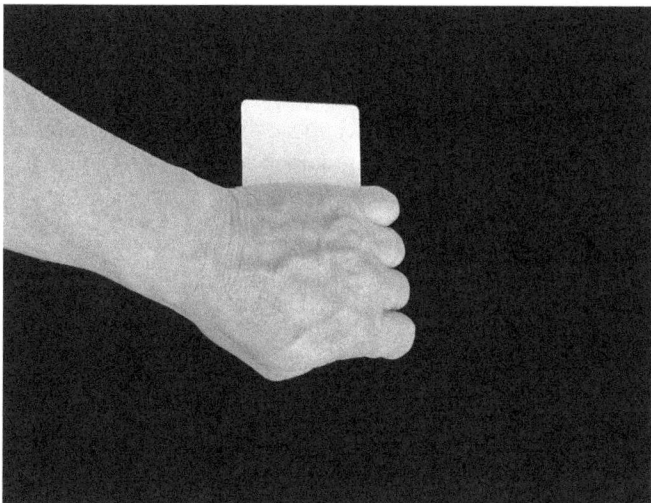

Abbildung 8.2: Nach dem Drehen der Hand schiebt der Daumen die Karte aus der Faust.

7. Die linken Finger schließen sich und die Hand wird umgedreht. Der Daumen schiebt die Karte wie zuvor aus der Faust (Abbildung 8.3): Jetzt ist die Visitenkarte ganz regulär bedruckt! »Wenn Sie mal einen Zauberer brauchen, hier ist meine Karte.«

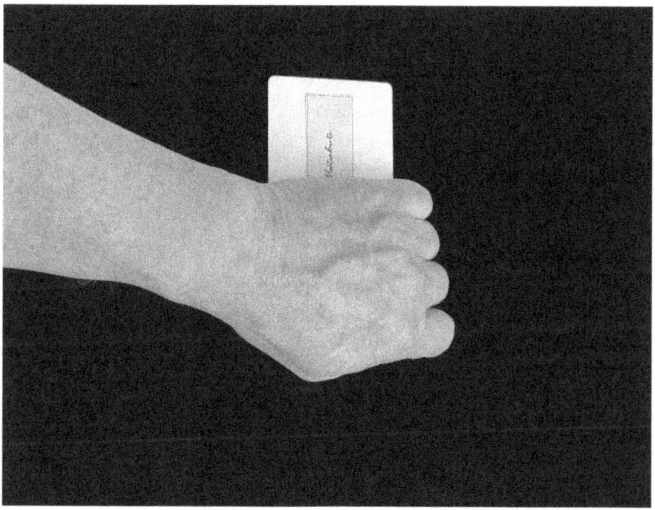

Abbildung 8.3: Die Karte wurde magisch bedruckt.

Überreichen Sie die Karte Ihrem Gegenüber.

Der verschwindende Strafzettelblock

Dies ist wahrscheinlich der wertvollste Trick in diesem Buch. Übrigens, Politessen lieben seit jeher Zauberkunststücke und freuen sich immer, wenn sie direkt darauf angesprochen werden. Ich muss zu meiner Schande gestehen, dass ich es noch nicht mit männlichen Ordnungskräften ausprobiert habe ...

Der Effekt

Die Politesse zückt gerade Stift und Strafzettelblock, um Ihren falsch geparkten Wagen zu notieren. Gehen Sie munter auf die Ordnungshüterin zu: »Möchten Sie einen verblüffenden Zaubertrick sehen?«

Warten Sie keine Antwort ab, sondern nehmen Sie sofort Block und Stift der Dame an sich: »Ob Sie es glauben oder nicht – ich werde Ihren Strafzettelblock magisch verschwinden lassen. Ich muss nur dreimal mit dem Stift draufklopfen.«

Der Trick haut nicht ganz hin, denn beim dritten Klopfen ist der Stift der Polizeigehilfin verschwunden! Nach dem ersten Moment der Verblüffung wenden Sie sich zur Seite und zeigen auf Ihr Ohr, hinter dem der »verschwundene« Kugelschreiber klemmt. Klar, bei der dritten Klopfbewegung haben Sie das Schreibgerät einfach dorthin gesteckt.

Sie nehmen den Stift wieder zur Hand und diesmal verschwindet das Strafzettelheft tatsächlich bei »Drei«!

Damit erübrigt sich auch das Ausstellen des Strafzettels. Fröhlich steigen Sie in Ihren Wagen, wünschen der verzauberten Politesse noch einen schönen und erfolgreichen Tag und entschwinden. Magie ist eben doch viel mehr als nur Tricks!

Das Geheimnis

Für diesen beeindruckenden Stunt sollten Sie eine Jacke mit Seitentaschen tragen.

1. **Stehen Sie der Politesse direkt gegenüber und drehen Sie sich ein wenig nach rechts. Der Block befindet sich in der linken, der Stift in der rechten Hand.**

    Halten Sie den Stift, als wollten Sie ihn als Wurfpfeil verwenden, das macht die Sache mit dem Ohr leichter.

2. **»Ob Sie es glauben oder nicht – ich werde Ihren Strafzettelblock magisch verschwinden lassen. Ich muss nur dreimal mit dem Stift draufklopfen.« Heben Sie den Stift nach oben zum rechten Ohr und führen Sie ihn dann wieder nach unten, um auf den Block zu klopfen: »Eins.«**

3. **Wiederholen Sie vorstehend beschriebene Handlung und sagen Sie: »Zwei«.**

4. Beim dritten Mal wird der Stift einfach hinters Ohr geschoben, ohne den Rhythmus der vorhergehenden Handlungen zu verändern. Sie kommen mit der leeren Hand nach unten und sagen: »Drei«.

5. Der Stift ist verschwunden. Lassen Sie Ihrem Gegenüber genügend Zeit, den Effekt zu registrieren. Dann wenden Sie sich nach links und deuten mit der rechten Hand auf Ihr rechtes Ohr. Gleichzeitig schiebt die linke Hand den Strafzettelblock unter Deckung des Körpers unbemerkt in die linke Jackentasche!

6. Nehmen Sie den Stift mit der rechten Hand vom Ohr ab und sagen Sie: »Versuchen wir es noch einmal.«

7. Sie kommen mit dem Stift nach unten zur linken Hand und sagen: »Drei.« Erst in diesem Augenblick wird die Politesse bemerken, dass der Block verschwunden ist.

8. Sie geben ihr den Stift zurück, verabschieden sich freundlich, verdünnisieren sich und genießen den Rest des Tages. Vergessen Sie nicht, Ihre Umwelt an Ihrem Triumph teilhaben zu lassen.

9. Vermeiden Sie neuerliches Falschparken, denn die Geschichte könnte sich in Politessen-Kreisen herumsprechen …

Probieren Sie diese Sache nur auf eigene Verantwortung aus.

Wenn Sie sich einen kleinen Schreibblock und einen Stift besorgen, können Sie auch »normale« Mitmenschen mit dem Trick begeistern, ohne verkehrs- und/oder zivilrechtliche Konsequenzen befürchten zu müssen. Oder Sie können statt eines Blöckchens auch die Visitenkarte Ihres Gegenübers verschwinden lassen.

Hardcore-Zauberer zeigen diesen Trick auch bei Polizeikontrollen im rollenden Verkehr oder – besonders gerne – beim heimischen Besuch der Steuerfahndung.

Unkaputtbare Einkaufstüte

Apropos Einkaufstüte, da fällt mir doch eine wichtige Geschichte ein, die ich gerne mit Ihnen teilen will: Der Kassierer im Supermarkt fragt den Kunden: »Wollen Sie eine Tüte?« Darauf der: »Danke, nein. Wenn ich jetzt kiffe, vergesse ich wieder die Hälfte.«

Der Effekt

Sie legen die Griffe einer (Kunststoff-)Einkaufstüte über Ihren Unterarm und ziehen anschließend kräftig daran. Wie durch Butter gehen die Griffe durch *Radius* und *Ulna* (das sind Elle und Speiche, also Ihre Unterarmknochen). – Anschließend ist alles untersuchbar.

Vorbereitung

Vor der Vorführung müssen Sie eine winzige heimliche Präparation vornehmen. Die Griffe der Tüte werden in der Mitte zusammengezwirbelt (siehe Abbildung 8.4), sodass es so aussieht, als würden Sie gleich Ihren Arm mitten durch die Griffe stecken.

Abbildung 8.4: Die Griffe werden über der Tüte zusammengebracht und miteinander verzwirbelt.

Das Geheimnis

1. Sie holen Ihre vorbereitete Tüte hervor und stecken Ihren Unterarm durch die Griffe (siehe Abbildung 8.5). Darauf müssen Sie nicht besonders hinweisen, denn Ihre Handlungen sind ja ganz offensichtlich.

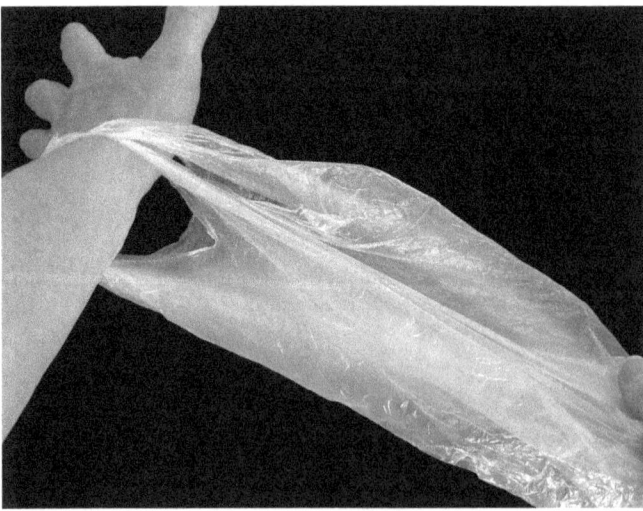

Abbildung 8.5: Der Unterarm wird scheinbar durch die Tütengriffe gesteckt.

KAPITEL 8 Tricks für Japaner & Politessen 133

2. Bauen Sie die Spannung auf, was wohl als Nächstes passiert.

3. Jetzt packen Sie mit der freien Hand das untere Tütenende und ziehen es ruckartig nach unten (siehe Abbildung 8.6). Dabei werden die Tütengriffe scheinbar von Ihrem Unterarm zerrissen.

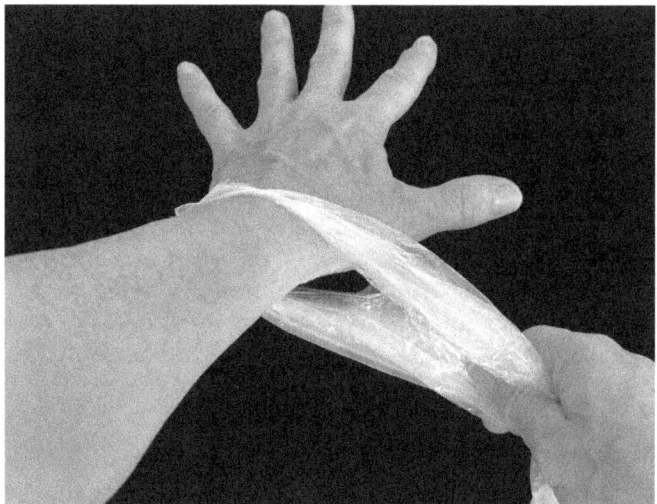

Abbildung 8.6: Die Tüte wird ruckartig nach unten gezogen.

4. Sofort zeigen Sie die unversehrten Tütengriffe (Abbildung 8.7) beziehungsweise lassen die Zuschauer alles nach Herzenslust untersuchen (auf Wunsch sogar Ihren Unterarm)!

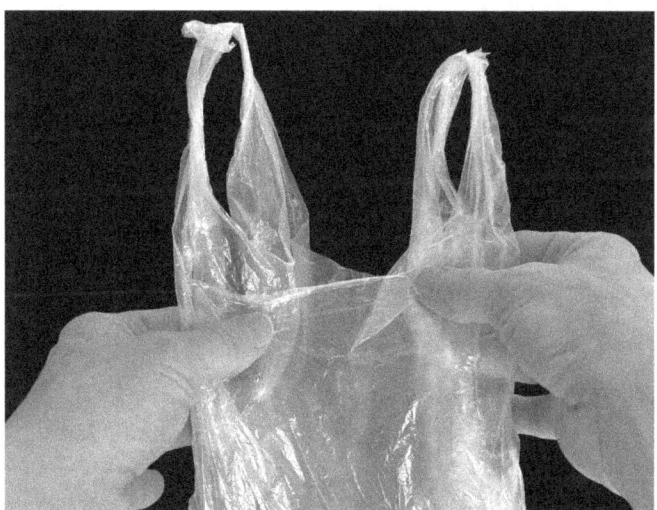

Abbildung 8.7: Die Tütengriffe sind unversehrt.

Verschachtelt

Wo wir gerade beim Thema Schachtel sind: Hier kommt die filosofische Frage der Woche: Warum bestellen wir uns eigentlich runde Pizzen in viereckigen Schachteln und verspeisen sie dann als Dreiecke?

Der Effekt

Es ist keine Untertreibung, hier von einem visuellen Wunder zu sprechen: Sie öffnen eine blaue Schachtel, die Sie beispielsweise als Geburtstagsgeschenk erhalten haben. Daraus holen Sie eine rote Schachtel, die dann das Geschenk enthält. Und jetzt geschieht das Unmögliche: Sie schaffen es anschließend, die größere blaue Schachtel in die kleinere rote Schachtel – die das Geschenk enthielt – zu stecken. Physikalisch absolut unmöglich! Das Ganze funktioniert selbstverständlich auch umgekehrt, und zwar immer und immer wieder. Jedes Mal passt die innere Schachtel mühelos in die äußere Schachtel. Eine echte Kopfnuss für das Publikum!

Vorbereitung

Zunächst ist ein wenig Bastelarbeit angesagt, denn Sie benötigen die beiden Schachteln, um den Trick vorzuführen. Und die sind leider nicht »von der Stange« zu haben. Aber die kleine Mühe lohnt sich wirklich. Und falls Sie zwei »linke Hände« haben, können Sie die Schachteln natürlich auch mittels 3D-Druck herstellen!

Nach dem Bauplan (siehe Abbildung 8.8) können Sie einen (inneren) Boden und einen (äußeren) Deckel anfertigen. Je nach verwendetem Material lässt sich der Deckel – aufgrund des im Innern der Schachtel entstehenden Unterdrucks – nur schwer abnehmen. Deshalb sind im Deckel zwei »Griffmulden« ausgespart, sodass Sie den Boden mit zwei Fingern festhalten können, während Sie den Deckel mit der anderen Hand abnehmen. – Insgesamt benötigen Sie zwei vollständige Schachteln. Übertragen Sie also Abbildung 8.8 zweimal auf festen Karton – oder laden Sie die Vorlage von meiner Website www.Zauberbuch.de herunter.

Die Größe Ihrer beiden Schachteln ist natürlich beliebig, solange die Seitenverhältnisse exakt beibehalten werden. Glauben Sie mir, es war schon ein wenig Raketenwissenschaft notwendig, um die Seitenverhältnisse so zu berechnen, dass die eine genau in die andere Schachtel passt. Aber noch schwieriger waren die Kalkulationen, damit die andere perfekt in die eine Schachtel passt.

Auch nicht zu unterschätzen ist die Dekoration Ihrer Schachteln. Verwenden Sie kontrastierende und hell leuchtende Farben, damit die Behältnisse gut zur Geltung kommen und sich eindeutig unterscheiden (siehe beispielsweise Abbildung 8.9). Eine schöne Idee ist es, nicht einfach nur unterschiedliche Farben zu verwenden, sondern die (anfangs) äußere Schachtel beispielsweise wie ein Paket zu dekorieren und die Innere wie eine Geschenkverpackung. Eine ganz andere Anregung: außen wie ein Kühlschrank und innen wie eine Bierkiste. Sie haben sicherlich noch Ideen, um den Trick auf sich selbst zu personalisieren.

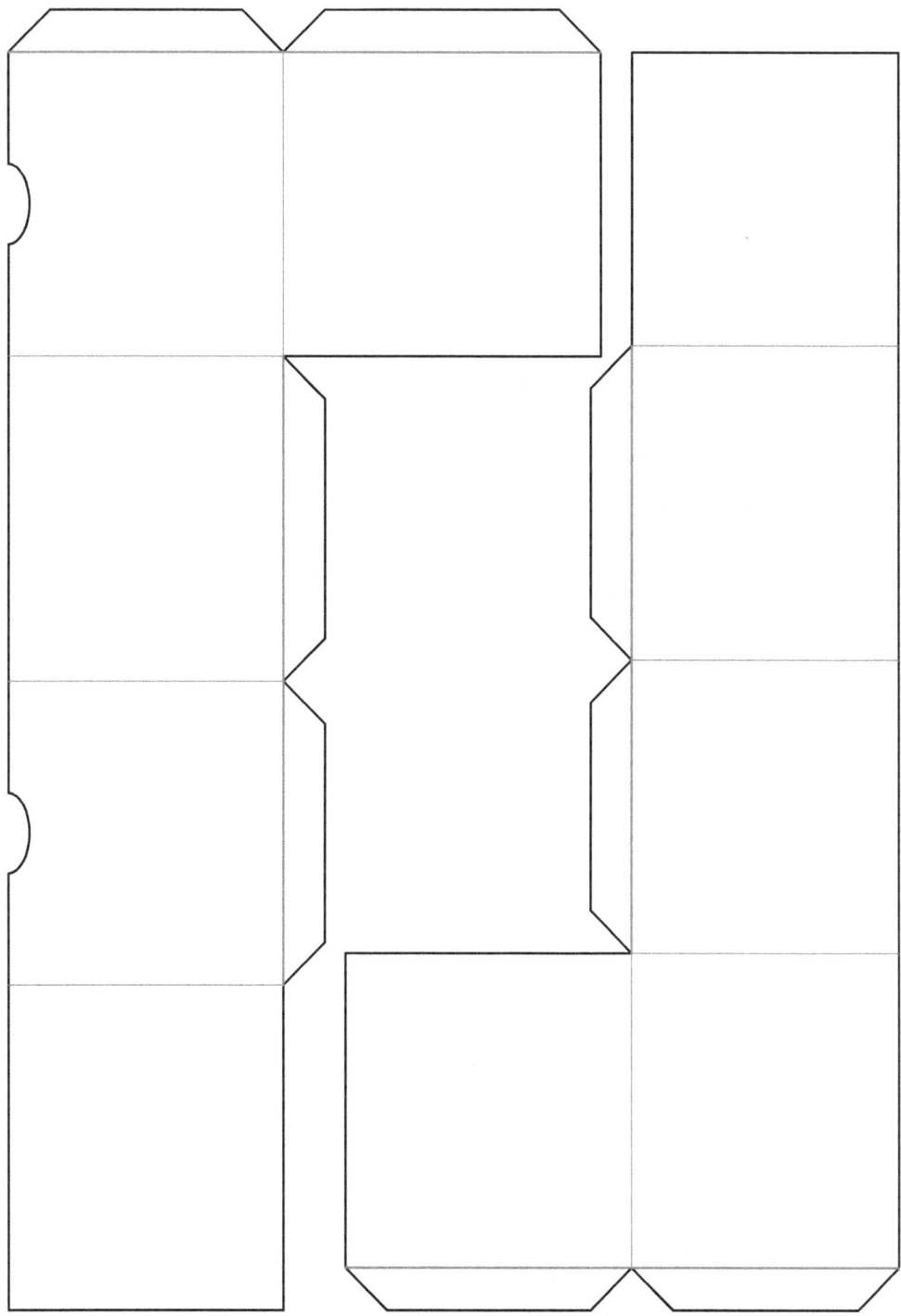

Abbildung 8.8: Bauplan für die Schachteln

Das Geheimnis

Wie passen die identischen Schachteln nun ineinander? Ganz einfach: Die eine Schachtel wird immer hochkant in die andere Schachtel gestellt (Abbildung 8.10) – und umgekehrt. Am Ende kommt der (äußere) Deckel drauf, der demnach nicht komplett geschlossen werden kann.

Eigentlich gibt es ja gar kein Geheimnis, weil die Sache praktisch von selbst funktioniert. Hier aber dennoch ein paar Anregungen für Ihre Vorführung.

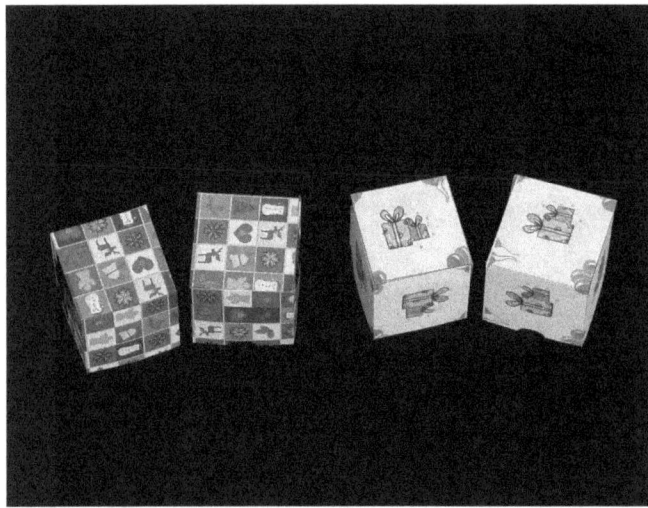

Abbildung 8.9: Die beiden Schachteln können Sie nach Ihren eigenen Vorstellungen unterschiedlich dekorieren.

Abbildung 8.10: So werden die Schachteln ineinander gestellt, um das topologische Wunder zu ermöglichen.

1. »Dieser Tage wurde mir ein Paket von meiner Urgroßmutter zugestellt. Das hat mich wirklich überrascht, deswegen konnte ich es kaum erwarten, es zu öffnen.«

2. »Als ich dann im Innern eine Geburtstagsgeschenk-Verpackung fand, war ich doch etwas verwirrt: Ich habe nämlich erst in einem halben Jahr Geburtstag. Aber den Aufdruck ›Happy Birthday‹ kann man ja nicht missinterpretieren … Egal, ich war natürlich neugierig und habe das Geschenk sofort geöffnet.«

3. »Sie werden es nicht glauben: Im Inneren fand ich nur Verpackungsmaterial und diesen Brief.«

   Sie holen Styroporschnipsel und einen Umschlag aus der inneren Schachtel.

4. »In dem Brief meiner Urgroßmutter hieß es: ›Lieber Franz-Josef, damit dir die Zeit bis zu deinem Geburtstag nicht zu lange wird, habe ich schon heute ein Paket für dich auf den Weg gebracht.‹ – Toll, wie meine Uroma immer an mich denkt!«

5. »Der Brief ging aber noch weiter: ›Aber jetzt erst einmal aufräumen: Gibt das Verpackungsmaterial einfach in das Paket.‹ Gesagt – getan!«

6. »›Und jetzt legst du das Paket in die Geburtstagsverpackung und stellst das Ganze auf den Frühstückstisch. Dann kannst du dich heute schon auf morgen früh freuen, wo du etwas zum Auspacken hast!‹«

7. »›Und wenn du dein Geschenk ausgepackt hast, kannst du das Verpackungsmaterial ja in die Geburtstagsverpackung legen, die anschließend ins Paket kommt. Und das stellst du für übermorgen früh vor die Wohnungstür! – Und so machst du das künftig jeden Tag: entweder Geburtstagsüberraschung auf den Frühstückstisch oder Paket vor die Wohnungstür …!‹ – Meine Urgroßmutter ist halt ein echter Schatz! Sie nimmt sich Zeit für ihren Urenkel!«

IN DIESEM KAPITEL

schrauben wir den Schwierigkeitsgrad der Kartenkunststücke ein wenig nach oben

lernen Sie verblüffende Mirakel

Kapitel 9
Mittelschwere Kartentricks

Wehe, wenn Sie irgendjemandem die Geheimnisse verraten! Die wichtigste Regel in der Zauberkunst lautet: »Verrate keinen Trick!« Erstens nimmt man sich damit die Grundlage der Verblüffung, und zweitens werden die Zuschauer vollkommen enttäuscht sein, wie einfach das alles doch funktioniert, und keine Hochachtung mehr vor Ihnen haben.

Also: nix verraten und das arme Publikum Ihnen zu Ehren einen Tempel bauen lassen. Über dem Eingang sollten Sie das Dummies-Logo anbringen, damit die Sache auch wirklich Stil hat.

Die vier Asse wandern

Schon wieder so ein Trick mit den vier Assen (gähn!). Noch dazu hat dieses Kunststück den gleichen Effekt wie das »Ass-Erscheinen«. Warum also sich überhaupt damit beschäftigen? Blättern Sie doch lieber weiter – weiter hinten kommen noch so schöne, gänzlich neue Tricks.

Falls Sie doch hier weiterlesen: Gut gemacht, vertrauen Sie einem Zauberkünstler niemals, denn er versucht mit jedem Wort, Sie zu täuschen. Natürlich ist dieser Trick hier klasse, denn er kann ohne Vorbereitungen gezeigt werden. Es eignet sich also auch zur Vorführung an beliebiger Stelle in einem Programm. Aber bitte nicht weitersagen!

Der Effekt

Die vier Asse werden an verschiedenen Stellen ins Spiel gegeben. Heben die Zuschauer das Spiel völlig unbeeinflusst ab, so treffen sie dort nacheinander genau auf die Asse.

Das Geheimnis

Suchen Sie offen die vier Asse aus dem Spiel heraus, um sie mit dem Bild nach oben auf den Tisch zu legen.

1. **Lassen Sie einen Zuschauer das Spiel mischen. Anschließend halten Sie das Kartenspiel mit dem Bild nach unten hinter Ihrem Rücken (oder unter dem Tisch). Sagen Sie: »Ich werde nun die Asse an ganz verschiedenen Stellen ins Spiel zurückgeben, und zwar genau dort, wo Sie später abheben werden!«**

   Während dieser Worte haben Sie Gelegenheit, hinter Ihrem Rücken die oberen drei Karten mit dem Bild nach oben zu drehen. Anschließend wird die jetzt oben liegende Karte wieder mit dem Bild nach unten gedreht. Die Reihenfolge der Karten lautet danach also: eine Karte mit dem Bild nach unten, zwei Karten mit dem Bild nach oben, Restspiel mit dem Bild nach unten.

2. **Schieben Sie nun die drei obersten Karten ein wenig zur Seite. Nehmen Sie das erste Ass vom Tisch auf und stecken Sie es hinter Ihrem Rücken mit dem Bild nach oben unter die drei Karten. Auch das nächste Ass wird mit dem Bild nach oben unter die drei versetzten Karten geschoben. Egalisieren Sie das Kartenspiel.**

3. **Nehmen Sie das nächste Ass vom Tisch auf; es wird mit dem Bild nach unten auf das Kartenspiel gelegt. Verfahren Sie genauso mit dem letzten Ass.**

   Die Reihenfolge der Karten lautet nun folgendermaßen: zwei Asse mit dem Bild nach unten, eine beliebige Karte mit dem Bild nach unten, zwei beliebige Karten mit dem Bild nach oben, zwei Asse mit dem Bild nach oben, Restspiel mit dem Bild nach unten.

4. **Bringen Sie das Kartenspiel wieder ins Blickfeld Ihrer Zuschauer. Ein Zuschauer darf nun circa 12 bis 14 Karten von oben abheben und Ihnen überreichen. Sie drehen das Päckchen mit dem Bild nach oben und legen es egalisiert zurück auf das Kartenspiel. Sagen Sie: »Sehen wir uns die Karten an, die Sie abgehoben haben ... es ist kein Ass dabei.«**

   Blättern Sie die mit dem Bild nach oben liegenden Karten durch, bis Sie zur ersten mit dem Bild nach unten liegenden Karte kommen.

5. **»Genau bei dieser Karte haben Sie das Spiel abgehoben. Wir legen sie mit dem Bild nach unten auf Ihre mit dem Bild nach oben abgehobenen Karten.« Das gesamte Päckchen Karten wird anschließend auf den Tisch gelegt.**

6. **Lassen Sie einen zweiten Zuschauer wieder ungefähr 12 bis 14 Karten abheben und verfahren Sie mit diesem Päckchen wie mit dem ersten (es wird neben das erste auf den Tisch gelegt). Wiederholen Sie das Ganze noch zweimal, sodass am Ende vier Kartenpäckchen auf dem Tisch liegen.**

   Achten Sie darauf, die Karten jeweils nicht zu weit auszufächern, denn nach der ersten mit dem Bild nach unten liegenden Karte folgt jeweils recht bald ein mit dem Bild nach oben liegendes Blatt, das die Zuschauer natürlich nicht sehen dürfen.

7. Jetzt liegen vier Kartenpäckchen mit dem Bild nach oben auf dem Tisch. Darauf liegt jeweils eine Karte mit dem Bild nach unten. »Sie hatten die freie Wahl, wo Sie abheben. Hätten Sie nur eine Karte weiter oben oder weiter unten abgehoben, lägen hier ganz andere Karten. Aber Sie haben genau bei den vier Assen abgehoben!«

8. Decken Sie die vier mit dem Bild nach unten liegenden Karten auf.

9. Im Restpäckchen liegen noch zwei Karten mit dem Bild nach oben (an zweiter und dritter Stelle), die Sie jedoch später nebenbei wieder ausrichten können.

Die Fahrstuhl-Asse

»So langsam reicht's mir mit den vier Assen!«, werden Sie nun vielleicht denken. Nein, nein und nochmals nein. Die vier Asse sind ja nicht nur die wertvollsten Karten, sondern sie sind auch Fahrstühle. Und wie sie funktionieren, erkläre ich Ihnen jetzt. Dann haben Sie bei der nächsten Party schon wieder ein unverfängliches Thema, mit dem Sie Ihre Angebetete umgarnen (neudeutsch: anmachen) können: »Du, wusstest du eigentlich, dass die vier Asse total tolle Fahrstühle sind? Also, was die alles an Liftakrobatik können, das kannst du dir gar nicht vorstellen, eh.«

Der Effekt

Die vier Asse fahren wie Fahrstühle im Kartenspiel-Päckchen auf und ab.

Das Geheimnis

1. Suchen Sie die vier Asse offen aus einem Kartenspiel heraus. Legen Sie sie mit dem Bild nach oben auf die Bildseite des Spiels. Sagen Sie: »Es ist wichtig, dass Sie erkennen, dass sich nur vier Asse im Spiel befinden und kein weiteres. Hier wird ehrlich gespielt!«

   Blättern Sie die Karten *mit dem Bild nach oben* auf, damit die Zuschauer sich von Ihrer Aussage überzeugen können. Nach dem Vorzeigen des Spiels werden die Karten wieder zusammengeschoben. Dabei haben Sie Gelegenheit, die obersten fünf Karten (die vier Asse und die erste dahinterliegende Karte) circa ein bis zwei Zentimeter nach hinten zu versetzen.

   (Sollte irgendjemand die Überprüfung Ihrer obigen Behauptung mittels Lügendetektor wünschen, verweisen Sie auf das durch die Verfassung garantierte Zeugnisverweigerungsrecht.)

2. Ergreifen Sie mit der rechten Hand alle fünf nach hinten versetzten Karten (die Zuschauer vermuten, es sind nur die Asse). Mit der linken Hand drehen Sie das Kartenspiel mit dem Bild nach unten. Sagen Sie: »Die vier Asse sind sogenannte Fahrstuhl-Karten. Ich werde Ihnen zeigen, was ich damit meine ...«

3. Drehen Sie das rechts gehaltene Ass-Päckchen mit dem Bild nach unten, um es anschließend auf das mit dem Bild nach unten gehaltene Spiel zu legen. Teilen Sie sofort die obersten vier Karten einzeln nacheinander von links nach rechts auf den Tisch aus.

4. »Das erste Ass kommt unter das Spiel. Wenn man oben auf den Fahrstuhlknopf drückt, fährt es nach oben.«

   Legen Sie die rechts liegende Karte (ohne ihre Bildseite zu zeigen!) unter das Spiel. Drücken Sie oben mit dem Daumen auf den Spielrücken, um sofort die Rückenkarte des Spiels mit dem Bild nach oben zu drehen. Das Ass ist scheinbar nach oben »gefahren«! Legen Sie das Ass mit dem Bild nach oben auf den Tisch, und zwar an jene Position, wo zuvor das Ass weggenommen wurde.

5. »Das zweite Ass kommt auf das Spiel. Wenn man unten auf den Fahrstuhlknopf drückt, fährt es nach unten.«

6. Legen Sie die zweite Karte von rechts (ohne ihre Bildseite zu zeigen) auf das Spiel. Drücken Sie von unten auf die Bildseite des Spiels, um sofort das ganze Spiel mit dem Bild nach oben zu drehen. Auf der Bildseite ist ein Ass angekommen! Legen Sie auch dieses Ass mit dem Bild nach oben auf den Tisch, und zwar an jene Position, wo zuvor das Ass weggenommen wurde.

7. Wiederholen Sie das Ganze mit dem dritten Ass: Es wird unter das Spiel gelegt und fährt nach oben.

8. Das »vierte Ass« (in Wirklichkeit eine beliebige Karte) kommt auf den Spielrücken und fährt nach unten.

9. Am Ende kann alles untersucht werden!

Die Karte an der genannten Stelle

Auch so ein klassisches Thema: »Any card at any number.« Generationen von Magiern haben sich schon den Kopf zerbrochen, was wohl die beste Tricktechnik sein könnte, um eine beliebige Karte an einer beliebigen, vom Zuschauer genannten Stelle im Kartenspiel erscheinen zu lassen.

Wenn Sie sich künftig mit der Zauberei weiter beschäftigen, brauchen Sie sich um diese Frage keine Gedanken mehr zu machen, denn Ihr sehr ergebener Dummie-Fachautor liefert Ihnen die Antwort frei Haus. Nur zaubern müssen Sie noch selbst.

Der Effekt

Eine von Ihnen vorhergesagte Karte liegt genau an der vom Zuschauer gewünschten Stelle. Der Effekt wird anschließend mit einer Steigerung wiederholt.

Das Geheimnis

Für diesen Effekt muss das verwendete Kartenspiel komplett sein (52 Karten)!

1. **Lassen Sie das Spiel mischen und merken Sie sich am Ende die unterste Karte. Nehmen wir an, es ist die Kreuz-Zehn. Schreiben Sie diesen Kartenwert als Vorhersage auf einen Zettel, den Sie einem Zuschauer zur Aufbewahrung überreichen.**

2. **Wenden Sie sich an einen ersten Mitspieler: »Bitte nennen Sie mir eine Zahl zwischen 30 und 40.«**

   Sobald Ihnen der Zuschauer die Zahl genannt hat, subtrahieren Sie im Kopf die genannte Zahl (zum Beispiel 34) von der Gesamtzahl der Spielkarten (52). Als Ergebnis erhalten Sie in diesem Beispiel 18.

3. **Reagieren Sie noch nicht auf die genannte Zahl, sondern fahren Sie vielmehr in Ihrem Vortrag fort: »Wenn Sie zum Beispiel an die Zahl 18 denken (hier nennen Sie das errechnete Ergebnis), so zählen Sie entsprechend viele Karten von oben vom Spiel ab.«**

   Zählen Sie nacheinander entsprechend viele Karten (scheinbar zur Illustration des Gesagten) vom Spiel auf den Tisch. Fragen Sie den Zuschauer, ob er diese Instruktionen verstanden hat. Wenn er dies bejaht, legen Sie das Restspiel auf das abgezählte Päckchen. Anschließend bitten Sie den Zuschauer, seine gedachte Zahl zu nennen. Durch vorstehende Handlungen haben Sie Ihre Voraussagekarte bereits strategisch günstig positioniert.

4. **Übergeben Sie dem Mitspieler die Karten und merken Sie sich dabei die jetzt unten liegende Karte. Der Zuschauer zählt bis zu seiner gedachten Zahl und findet dort die von Ihnen vorhergesagte Karte!**

5. **Wenn Sie wollen, können Sie den Effekt sofort wiederholen, er wird jetzt sogar noch undurchschaubarer: Legen Sie das Restspiel auf die abgezählten Karten. Dadurch kommt die neu gemerkte Karte an die 18. Stelle (Ergebnis der anfangs durchgeführten Subtraktion) von oben im Spiel. Schreiben Sie den Wert dieser Karte auf einen weiteren Zettel.**

6. **Lassen Sie einen zweiten Mitspieler eine Zahl zwischen 10 und 30 nennen. Jetzt ergeben sich insgesamt drei verschiedene Möglichkeiten:**

   1. Er nennt genau die anfangs ausgerechnete Zahl: Übergeben Sie ihm das Kartenspiel und lassen Sie ihn abzählen.

   2. Er nennt eine Zahl, die kleiner als das Ergebnis ist. Subtrahieren Sie die genannte Zahl vom Ergebnis. Anschließend demonstrieren Sie wieder kurz, wie der Zuschauer abzählen soll, indem Sie entsprechend dem Ergebnis Karten von oben nach unten transferieren. Anschließend übergeben Sie dem Mitspieler das Kartenspiel und lassen ihn abzählen.

3. Er nennt eine Zahl, die größer als das Ergebnis ist. Streifen Sie das Spiel auf dem Tisch aus, wobei Sie noch einmal darauf hinweisen, dass er die völlig freie Wahl hat. Zählen Sie mit den Augen entsprechend viele Karten von der Bildseite, die Sie beim Zusammenschieben des Spiels nach oben abheben. Anschließend übergeben Sie dem Mitspieler das Kartenspiel und lassen ihn abzählen.

Vorhergesehen

Wer wollte nicht in die Zukunft sehen können, beispielsweise um schon am Freitag die Lottozahlen vom Samstag zu wissen? Dann spart man sich nämlich das lange Aufbleiben am Sonnabend und kann früher zu Bett gehen. Übrigens: Was macht ein Polizist, wenn er den Lotto-Jackpot knackt? Er kauft sich eine Kreuzung und macht sich selbstständig.

Der Effekt

Zwei Spielkarten werden gewählt, deren Namen Sie zuvor korrekt vorhergesagt hatten.

Das Geheimnis

1. Lassen Sie das Kartenspiel mischen.

2. Weisen Sie die Zuschauer darauf hin, dass das Kartenspiel vollkommen durcheinandergebracht wurde und dass Sie trotzdem in der Lage sind, die nachfolgenden Ereignisse vorauszusehen.

    Dabei fächern Sie die Karten mit dem Bild nach oben auf und merken sich die Rücken- und die Bildseitenkarte des Spiels. Nehmen wir an, dabei handelt es sich um die Herz-Acht und die Pik-Dame.

3. Legen Sie das Spiel mit dem Bild nach unten vor einem männlichen Zuschauer auf den Tisch. Geben Sie vor, seine gleich zu wählende Karte vorherzusagen, und schreiben Sie auf einen Zettel: »Die Dame wird die (Name der Rückenkarte des Spiels; im Beispiel Herz-Acht) wählen.«

    Falten Sie den Zettel zusammen und übergeben Sie ihn einem weiteren Zuschauer, damit ihn dieser in seine Jackentasche steckt.

4. Dann wenden Sie sich ab und bitten den Zuschauer, an eine beliebige Zahl von 1 bis 20 zu denken. Die Zahl kann auch größer sein, allerdings muss er dann viele Karten abzählen. Entsprechend seiner gedachten Zahl darf der Zuschauer Karten einzeln vom Spiel auf den Tisch zählen. Die letzte Karte sieht er sich an, merkt sie sich und legt sie zurück aufs abgezählte Päckchen. Danach wird dieses Päckchen auf das Restspiel gelegt. Jetzt darf der Mitspieler abheben, sodass er die Position seiner Karte nicht mehr kennt.

5. Wenden Sie sich Ihren Zuschauern wieder zu. Ergreifen Sie das Kartenspiel, um es durchzublättern: »Ich glaube, ich bin heute sogar in der Lage, eine weitere Karte vorherzusagen. Wären Sie, meine Dame, so freundlich, mir behilflich zu sein?«

6. In der Zwischenzeit suchen Sie nach der zweiten zuvor gemerkten Karte (im Beispiel Pik-Dame) und heben Sie wieder auf die Bildseite des Spiels ab, während Sie scheinbar die vorherzusagende Karte für die Dame suchen. Merken Sie sich dabei die Rückseitenkarte des Spiels. Legen Sie das Kartenspiel mit dem Bild nach unten vor die Dame und geben Sie vor, die von ihr gleich zu wählende Karte vorherzusagen. Schreiben Sie auf einen zweiten Zettel: »Der Herr wird die (Name Rückenkarte des Spiels) wählen.«

Der Zettel wird wieder vom gleichen Herrn wie zuvor eingesteckt.

7. Lassen Sie den ersten Zuschauer der Dame seine gedachte Zahl zuflüstern. Auch sie zählt entsprechend viele Karten von oben ab und merkt sich die letzte Karte. Anschließend wird das Spiel vervollständigt und nochmals abgehoben.

8. Rekapitulieren Sie: »Noch bevor Sie an eine Zahl gedacht haben, traf ich eine Vorhersage, welche Karte Sie, mein Herr, wählen würden. Und obwohl wir diese Zahl nicht kannten, traf ich auch noch eine Vorhersage, welche Karte Sie, meine Dame, wählen würden. Bitte holen Sie jetzt die beiden Vorhersagen aus Ihrer Tasche und öffnen Sie diese. Würden Sie beide uns bitte Ihre gewählten Karten nennen?«

Nachdem die beiden Zuschauer ihre Kartenwerte genannt haben, verliest der Zuschauer Ihre Vorhersagen, die natürlich vollkommen korrekt sind.

 Es ist wichtig, dass die Zettel ungefähr gleich aussehen und identisch zusammengefaltet werden. Außerdem müssen sie am gleichen Ort aufbewahrt werden, damit niemand mehr weiß, welches der erste und welches der zweite Zettel war.

Magnetische Damen

Bitte einen Moment Geduld, wir müssen an dieser Stelle die Kalauerquote erfüllen: »Sagt der eine Magnet zum anderen: Was soll ich heute bloß anziehen?«

Der Effekt

Sie demonstrieren den Zuschauern die »magnetische« Wirkung zweier Damen: Wird eine beliebige Karte auf diese Damen gelegt, so wandert sie in deren Mitte. Nach einer Wiederholung des Experimentes legen Sie eine beliebige Karte von Anfang an zwischen die Damen, von wo sie spurlos verschwindet.

Das Geheimnis

1. Zu Beginn des Kunststücks suchen Sie die beiden roten Damen aus dem Spiel heraus, wobei Sie unbemerkt auch Ihre Vorbereitungen treffen: Halten Sie das Spiel mit dem Bild nach oben in der linken Hand. Fächern Sie die Karten mit dem linken Daumen in die rechte Hand; dabei wird die zweite Karte circa einen Zentimeter nach unten verschoben (Abbildung 9.1).

Abbildung 9.1: Die zweite Karte wird unbemerkt nach unten verschoben, während die beiden roten Damen nach oben geschoben werden.

2. Schieben Sie die beiden roten Damen zur Hälfte nach oben aus dem Spiel heraus, sobald Sie zu ihnen kommen. Danach schieben Sie das Spiel zusammen und halten es wieder in der linken Hand (die zweite Karte steht circa einen Zentimeter nach unten aus dem Spiel heraus, die beiden Damen stehen zur Hälfte nach oben aus dem Spiel heraus). Mit der rechten Hand ziehen Sie die beiden Damen offen aus dem Spiel heraus und legen sie auf die Bildseite. Dabei sagen Sie: »Wussten Sie eigentlich, dass die beiden roten Damen ganz besondere Kräfte haben – und das, ohne sich auszuziehen? Nein? Nun, dann will ich es Ihnen gern demonstrieren.«

Auf der Bildseite liegen jetzt die beiden Damen, darunter eine beliebige Karte, eine nach hinten verschobene beliebige Karte und das Restspiel.

3. Egalisieren Sie die Karten mit der rechten Hand; dabei schiebt der rechte Daumen die nach hinten versetzte Karte nach oben und vorne. Dadurch bildet sich ein Spalt zwischen den oberen vier Karten und dem Restspiel. Heben Sie die vier Karten über dem Spalt mit der rechten Hand hoch, während Sie das Spiel mit der linken Hand mit dem Bild nach unten auf den Tisch legen.

4. »Die roten Damen haben Magnetkräfte …« Drehen Sie die vier Karten gemeinsam mit dem Bild nach unten (die Zuschauer glauben, es wären nur die beiden Damen) und halten Sie sie links in Austeilhaltung.

5. »Wenn man eine beliebige Karte zu den Damen legt, dann wirken die Magnetkräfte. Und das ganz ohne mein Zutun …«

6. Legen Sie die oberste Karte des Spiels mit dem Bild nach unten auf das links gehaltene Päckchen.

7. Nun legen Sie das Kartenpäckchen egalisiert auf das Restspiel, um zu demonstrieren, dass Sie die Karten in keiner Weise manipulieren. Anschließend nehmen Sie langsam die obersten drei Karten vom Spiel, ohne ihre Reihenfolge zu ändern.

8. »Die Karte, die eben noch auf den Damen lag, befindet sich nun aufgrund der Magnetkräfte in ihrer Mitte!«

9. Sie fächern die drei Karten auf und ziehen die mittlere heraus, um sie mit dem Bild nach oben zu wenden: Es ist ein beliebiges Blatt, welches Sie anschließend auf den Tisch legen. Da die Zuschauer unbewusst annehmen, die anderen beiden Karten wären die Damen, sind sie von diesem Effekt überzeugt.

10. »Ich zeige Ihnen die Wirkung der Magnetkräfte noch einmal: Eine beliebige Karte kommt auf die Damen … und wandert in ihre Mitte!«

11. Nehmen Sie wieder eine beliebige Karte vom Spiel (in Wirklichkeit eine Dame!), um sie auf die beiden links gehaltenen Karten zu legen. Nach einer kurzen Pause zeigen Sie wieder die mittlere Karte vor.

12. »Kennen Sie sich mit Magnetwirkungen aus? Wissen Sie, was passiert, wenn man die Karte von Anfang an zwischen die beiden Damen legt?«

13. Stecken Sie die oberste Karte des Spiels (wieder eine Dame) zwischen die beiden Damen und legen Sie das Kartenpäckchen anschließend auf den Spielrücken, um noch einmal zu demonstrieren, dass Sie keine Griffe anwenden.

14. Die Antwort der Zuschauer wird lauten, dass die Karte nach oben springt. Sie erwidern: »Sie springt nicht nur nach oben, sondern sie springt sogar vom Kartenspiel weg und bleibt verschwunden!«

15. Nacheinander nehmen Sie die beiden Damen vom Spielrücken; die indifferente Karte ist tatsächlich verschwunden! Ihre Zuschauer können alles untersuchen.

Kein zeitloser Trick

Dieser Trick gefällt mir, weil er so intellektuell daherkommt. Insofern ist er völlig untypisch für dieses Buch. Aber Ausnahmen bestätigen bekanntlich in der Regel die Quadratur des Kreises. Bleibt nur noch zu hoffen, dass wir jetzt vom Regen den Segen bekommen, oder?

Der Effekt

Eine Karte wird frei gewählt und ins Spiel zurückgegeben. Anschließend werden Karten gemäß dem Kalender abgezählt und führen am Ende zur gewählten Karte.

Das Geheimnis

Legen Sie eine beliebige Karte mit dem Bild nach oben unter das mit dem Bild nach unten gehaltene Spiel. Diese Karte wird als »Leitkarte« bezeichnet, da sie uns später zu der vom Zuschauer gewählten Karte leitet.

1. **Lassen Sie einen Zuschauer eine beliebige Karte aus dem Kartenspiel wählen, die er sich gut einprägen soll.**

    Achten Sie darauf, dass die unterste Karte beim Auswählen einer beliebigen Karte aus dem Spiel nicht »blitzt«! Verwenden Sie auf jeden Fall Karten mit einem rundum laufenden weißen Rand, damit die verkehrt herum liegende Karte nicht auffällt.

2. **Anschließend darf der Zuschauer seine Karte auf den Spielrücken legen und den Kartenstapel nach Belieben abheben.**

3. **»Ihre Karte befindet sich irgendwo im Spiel; weder Sie noch ich können wissen, wo genau.« Fächern Sie das Kartenspiel bei diesen Worten auf, bis Sie zu der mit dem Bild nach oben liegenden Leitkarte kommen. Heben Sie das Spiel an dieser Stelle ab, sodass die mit dem Bild nach oben liegende Karte auf den Spielrücken gelangt.**

4. **»Hoppla, da habe ich wohl beim Mischen nicht aufgepasst. Das war aber nicht Ihre Karte, oder?« Die Karte wird mit dem Bild nach unten gewendet und wieder auf den Spielrücken gelegt.**

   Durch diese Handlungen liegt die Karte des Zuschauers nun ganz automatisch an der zweiten Stelle vom Spielrücken.

5. **»Dieses Kunststück beruht vollständig auf dem Zeitbegriff. Ich werde Ihnen erklären, was ich meine: Wie viele Wochen hat ein Jahr?« Die Antwort lautet natürlich 52. »Sehen Sie, auch ein Kartenspiel hat 52 Karten!« Zählen Sie zur Illustration des Gesagten zuerst fünf Karten in ein Kartenpäckchen und anschließend zwei in ein weiteres Päckchen. Sie müssen die Karten jeweils einzeln von oben abzählen und auf den Tisch legen. »Fünf und zwei.« Sie legen die zwei Karten auf die fünf, anschließend kommen alle gemeinsam wieder auf das Restspiel.**

6. **»Wie viele Monate hat ein Jahr?« Natürlich lautet die Antwort 12, und Sie zählen diesmal zwölf Karten auf den Tisch. Auch diesmal werden die abgezählten Karten anschließend wieder auf das Kartenspiel zurückgelegt.**

7. **»Und wie viele Tage hat eine Woche?« Zählen Sie sieben Karten vom Spiel, die wiederum aufs Spiel zurückgelegt werden.**

8. »Welche Uhrzeit haben wir? Nein, ich mache nur Spaß. Es ist nämlich an der Zeit, Ihre Karte wiederzufinden. Welche hatten Sie gewählt?« Der Zuschauer antwortet, und Sie drehen souverän die Rückenkarte des Spiels nach oben – es ist seine am Anfang gewählte Karte!

 Wenn Sie die Leitkarte auf der Rückseite markieren (zum Beispiel Bleistiftpunkte in der linken oberen und der rechten unteren Ecke), so kann die Karte auch mit dem Bild nach unten unter das Spiel gelegt werden (und erregt dann kein Verdacht, da sie nicht mit dem Bild nach oben im Spiel erscheint). Suchen Sie nach der Markierung und heben Sie an dieser Stelle wie oben beschrieben ab.

Unmöglich

Obwohl dieser Trick schier unmöglich erscheint, ist er doch handwerklich stinkeinfach. Wie immer kommt es darauf an, was Sie daraus machen: Dieses Kunststück ist kein mathematisches Experiment, sondern sollte von Ihnen als echtes Wunder zelebriert werden. Strengen Sie sich dabei richtig an; es schadet beispielsweise nicht, wenn Ihnen die Schweißperlen auf der Stirn stehen. Anschließend können Sie Ihr »Zaubertricks für Dummies«-Buch meistbietend versteigern.

Der Effekt

Nachdem ein Zuschauer das Kartenspiel gründlich gemischt hat, hebt er eine beliebige Anzahl Karten von oben ab und merkt sich die unterste Karte dieses Päckchens. Danach legt er Karten entsprechend seiner gedachten Zahl von oben nach unten. Trotzdem finden Sie die Karte – und das sogar, ohne hinzusehen!

Das Geheimnis

1. Wenden Sie sich an einen beliebigen Zuschauer: »Darf ich Sie bitten, das Kartenspiel gründlich zu mischen? Damit ich keine Gelegenheit zur Manipulation habe, wende ich mich ab. Sind Sie so weit? Gut, dann heben Sie jetzt bitte ein Kartenpäckchen vom Spiel ab. Legen Sie das Restspiel zur Seite; wir benötigen es nicht mehr. Sehen Sie sich jetzt bitte die unterste Karte Ihres abgehobenen Päckchens an und merken Sie sich den Wert. Sind Sie so weit? Danke. Denken Sie nun bitte noch an eine Zahl, sie sollte allerdings kleiner sein als die Anzahl der Karten in Ihrer Hand. Nehmen Sie nun eine Karte vom Rücken Ihres Päckchens, zählen Sie ›1‹ und legen Sie die Karte unter Ihr Päckchen. Die nächste Karte zählen Sie als ›2‹, auch sie kommt unter das Päckchen. Fahren Sie fort, bis Sie bei Ihrer gedachten Zahl angelangt sind. Und machen Sie das Ganze leise, damit ich keinesfalls Ihre Zahl kenne. Sind Sie so weit? Dann wende ich mich Ihnen jetzt wieder zu. Darf ich bitte Ihr Kartenpäckchen haben? Danke.«

2. Sie sehen sich nun alle Karten im Päckchen an, wobei Sie das Päckchen nebenbei umzählen.

> **Umzählen**
>
> Sie halten das Päckchen mit dem Bild nach oben und schieben die oberste Karte von der linken in die rechte Hand, die nächste Karte wird auf die erste geschoben, die dritte auf die ersten beiden und so weiter. Umzählen bedeutet also, die Reihenfolge der Karten umkehren.

3. »Ich glaube, ich habe Ihre Karte bereits eingegrenzt. Aber ich will das Ganze noch weiter steigern. Ich wende mich nochmals ab; und Sie transferieren noch einmal Karten entsprechend Ihrer gedachten Zahl vom Rücken des Päckchens nach unten. Anschließend stecken Sie das Päckchen in Ihre rechte Jackenaußentasche, wobei die Kartenbilder zum Körper zeigen sollen. Sind Sie so weit?«

4. Sie wenden sich dem Zuschauer wieder zu und fragen: »Darf ich in die Tasche mit den Karten greifen? Ich will nämlich versuchen, Ihre Karte ohne Hinsehen zu finden!«

5. Der Tasche entnehmen Sie (nach einer künstlerischen Pause zur Steigerung der Spannung) jene Karte, welche am weitesten vom Körper des Zuschauers entfernt liegt. Dies ist sein gewähltes Blatt!

6. »Ich glaube, ich habe Ihre Karte gefunden. Nennen Sie doch nun bitte den Namen Ihres Blatts.« Erst danach drehen Sie die Karte um – Sie liegen 100 Prozent richtig!

Ein mentales Kartenkunststück

»Mental« ist alles, was mit der Kraft des Geistes zu tun hat. Bitte nicht verwechseln mit »dental«, denn das hat mit den Zähnen zu tun. »Fatal« ist es, wenn man die Geheimnisse Ihrer Tricks herausbekommt, dann haben Sie bestimmt den »Kanal« voll.

Der Effekt

Der Zuschauer merkt sich eine gewählte Spielkarte, die er später auf überraschende Weise wiederfindet.

Das Geheimnis

Sie benötigen ein Kartenspiel mit 52 Blatt. Auf dem Spielrücken liegen sieben indifferente Karten, gefolgt von Ass bis Zehn (in beliebigen Farben), dann das Restspiel. Markieren Sie die zwanzigste Karte (vom Spielrücken aus gesehen) mit Bleistiftpunkten in der linken oberen und rechten unteren Ecke.

1. Heben Sie das Spiel falsch ab. Sie können auch einige Karten von der Bildseite überhandmischen, wenn Sie den ursprünglich oberen Spielteil am Ende wieder an seine Position zurücklegen.

2. Fächern Sie die Karten aus, um dem Zuschauer die Wahl einer Karte zu ermöglichen. Wichtig dabei ist, dass seine Karte nicht aus dem 20er-Kartenblock stammt.

3. Nachdem sich der Zuschauer seine Karte eingeprägt hat, heben Sie bei dem auf der Rückseite markierten Blatt ab, sodass der Zuschauer seine Karte an dieser Stelle ins Spiel zurücklegen kann.

   Die Karte des Zuschauers wird dadurch automatisch zur 21. Karte von der Rückseite aus.

4. Wiederholen Sie das zuvor beschriebene Überhandmischen, durch das der oberste Kartenblock nicht verändert wird, und heben Sie nochmals falsch ab.

5. »Ich werde die Karten nun nicht berühren. Bitte heben Sie ein kleines Kartenpäckchen, nicht mehr als zehn Karten, vom Spiel ab, und legen Sie dieses zur Seite. Zählen Sie jetzt einzeln nacheinander zehn Karten vom Spiel in ein Päckchen auf den Tisch ab. Danke. Und jetzt noch ein weiteres Päckchen, ebenfalls mit zehn Karten. Deuten Sie nun auf eines dieser beiden Päckchen.«

6. Wählt der Zuschauer das zweite Päckchen, sagen Sie: »Wir wissen nicht, wo sich Ihre Karte befindet. Da Sie jedoch dieses Päckchen gewählt haben, werden wir darin später Ihre Karte suchen. Das andere Päckchen verwende ich, um weitere interessante Informationen zu ermitteln …«

   Wählt der Zuschauer jedoch das erste Päckchen, sagen Sie einfach: »Wir verwenden dieses Päckchen, um weitere interessante Informationen zu ermitteln …«

7. In jedem Fall sagen Sie dann zu Ihrem Zuschauer: »Bitte nehmen Sie das erste Päckchen auf. Legen Sie die oberste Karte auf den Tisch, die nächste kommt unter das Päckchen. Die nächste Karte wieder auf den Tisch und die nachfolgende wieder unter das Päckchen. Setzen Sie das so lange fort, bis Sie nur noch eine Karte in der Hand haben.«

8. Die verbleibende Karte wird aufgedeckt. Weisen Sie auf den Wert der Karte hin: »Der Kartenwert sagt uns, wie viele Karten Sie ganz am Anfang abgehoben hoben. Bitte zählen Sie jetzt Ihr Päckchen nach.«

   Ist die verbleibende Karte beispielsweise eine 7, so hat der Zuschauer zu Beginn tatsächlich sieben Karten abgehoben.

9. Der Zuschauer wird Ihre Aussage bestätigen. Fahren Sie fort: »Der Kartenwert sagt uns aber auch, wie man Ihre gewählte Karte im zweiten Päckchen wiederfinden kann.«

10. Lassen Sie den Zuschauer entsprechend dem Kartenwert Karten vom zweiten Päckchen abzählen. Das letzte abgezählte Blatt hatte er am Anfang ausgewählt!

Rot und schwarz

Die Erklärung zu diesem Trick werden Sie wahrscheinlich einige Male lesen müssen, bis Sie sich alles merken können. Hilfreich könnte dabei auch die Lektüre von »Alzheimer für Dummies« sein. – Was wollte ich jetzt noch mal sagen? Ach egal, war wohl nicht so wichtig.

Der Effekt

Der Zuschauer mischt das Kartenspiel und hebt völlig frei ein Päckchen ab. Trotzdem wissen Sie genau, wie viele rote beziehungsweise schwarze Karten sich darin befinden. Das Kunststück wird zweimal wiederholt.

Das Geheimnis

Sie benötigen zwingend ein vollständiges Kartenspiel mit 52 Blatt.

1. Geben Sie einem Zuschauer folgende Anweisungen: »Bitte mischen Sie das Kartenspiel. Gleichzeitig nennen Sie mir bitte eine beliebige Zahl zwischen 1 und 52.«

   Der Zuschauer nennt seine Zahl, beispielsweise 20.

2. »Sie haben also 20 gewählt. Dann zählen Sie bitte 20 Karten vom Spiel ab, das Sie gerade selbst gemischt haben. Nehmen Sie die 20 Karten an sich und übergeben Sie mir bitte den Rest des Spiels.«

3. Wiegen Sie das Kartenpäckchen scheinbar in der Hand. Sie müssen jetzt in Gedanken von der Hälfte der Gesamtkarten die gedachte Zahl des Zuschauers abziehen (also 26 - 20 = 6).

4. »Obwohl Sie die Karten selbst gemischt haben, kann ich erfühlen, wie die Farben in den Päckchen verteilt sind: Sie haben sechs schwarze Karten weniger in Ihrem Päckchen, als sich rote Karten in meinem Päckchen befinden.«

   Sie könnten auch sagen: »Ich habe sechs schwarze Karten mehr, als Sie rote Karten haben« oder »Ich habe sechs rote Karten mehr als Sie schwarze« oder »Sie haben sechs rote Karten weniger in Ihrem Päckchen, als sich schwarze Karten in meinem Päckchen befinden.« Oder Sie sagen einfach: »Was interessiert mich der ganze Mist, ich gehe jetzt erst mal einen trinken.«

5. Anschließend zählen Sie Ihre roten und der Zuschauer seine schwarzen Karten. Es wird sich herausstellen, dass Sie mit Ihrer Vermutung völlig richtig lagen.

   Nehmen wir an, der Zuschauer zählt 12 schwarze Karten, dann haben Sie 18 rote. Das Ganze beruht auf einem mathematischen Prinzip, das jedoch nicht zu durchschauen ist.

6. »Tauschen wir die Päckchen nun aus, und jeder mischt sein neues Päckchen. Jetzt kann niemand die Reihenfolge der schwarzen und roten Karten in den beiden Päckchen kennen. Zählen Sie jetzt einzeln einige Karten von Ihrem Päckchen auf meines. Am Ende heben Sie mein Päckchen auch noch ab.«

7. Zählen Sie heimlich mit, wie viele Karten der Zuschauer zu Ihrem Päckchen transferiert, beispielsweise 3. Addieren Sie diese Anzahl zu der ursprünglichen Kartenzahl (in unserem Beispiel 20 + 3 = 23). Wieder führen Sie die Subtraktion durch (26 - 23 = 3).

8. »In meinem Päckchen befinden sich drei schwarze Karten weniger, als in Ihrem Päckchen rote sind.«

Achtung: Sollten Sie mehr als 26 Karten in Ihrem Päckchen haben, ziehen Sie 26 von dieser Zahl ab (zum Beispiel 32 - 26 = 6). Dann würden Sie sagen: »Ich habe hier sechs rote Karten mehr, als Sie schwarze haben.«

9. Wieder werden die entsprechenden Farben in den Päckchen nachgezählt, und wieder haben Sie recht!

(Nehmen wir an, Sie haben 13 schwarze und der Zuschauer 16 rote Karten.)

10. »Mischen wir beide unsere Päckchen noch einmal gründlich durch.«

11. Am Ende des Mischens merken Sie sich die unterste Karte Ihres Päckchens. Merken Sie sich auch die Anzahl Ihrer Karten (23) und die Anzahl der schwarzen Karten in Ihrem Päckchen (13) – diese beiden Zahlen kennen Sie ja bereits von der vorhergehenden Aussage.

12. »Bitte legen Sie Ihr Päckchen mit dem Bild nach unten auf den Tisch; ich lege meines darauf. Wahrscheinlich vermuten Sie, dass das Kunststück auf einem mathematischen Prinzip beruht. Das ist jedoch nicht der Fall. Verwenden wir für das nachfolgende Experiment nur einen Spielteil.«

13. Heben Sie ungefähr ein Drittel der Karten von der Unterseite des Spiels ab.

Dabei müssen Sie lediglich darauf achten, dass sich die gemerkte Karte keinesfalls in diesem abgehobenen Teil befindet. Der abgehobene Spielteil wird anschließend zur Seite gelegt.

14. »Bitte heben Sie ungefähr die Hälfte der verbliebenen Karten ab und stecken Sie diese in Ihre Tasche. Lassen Sie mich Ihr Päckchen nicht sehen.«

15. Ergreifen Sie die verbliebenen Karten und suchen Sie nach der gemerkten Karte. Zählen Sie alle Karten, die über dieser liegen. Nehmen wir an, es sind acht Karten. Ziehen Sie diese Zahl von der ursprünglichen Zahl Ihres Päckchens ab (23 - 8 = 15). Das Ergebnis entspricht der Kartenanzahl, die sich in der Zuschauertasche befindet.

16. Zählen Sie als Nächstes die schwarzen Karten unter der gemerkten Karte (oder einschließlich der gemerkten Karte, falls auch sie schwarz ist). Diese Zahl wird von der gemerkten Anzahl schwarzer Karten abgezogen (beispielsweise 13 - 4 = 9).

17. Somit können Sie auch ausrechnen, wie viele rote Karten der Zuschauer in seiner Tasche hat (15 Karten insgesamt - 9 schwarze = 6 rote).

18. Sagen Sie dann: »Sie haben insgesamt 15 Karten in Ihrer Tasche, neun schwarze und sechs rote.« Der Zuschauer wird Ihre Angaben völlig verdutzt bestätigen. Wenn er dann nicht vor Ihnen auf die Knie fällt, haben Sie wohl irgendwas falsch gemacht.

Verwenden Sie nach Möglichkeit ein geliehenes Kartenspiel und weisen Sie im Verlauf des Kunststücks immer wieder darauf hin, dass Sie keinerlei Vorbereitungen treffen konnten, weil der Zuschauer ja das Kartenspiel zu Beginn mischte.

> **IN DIESEM KAPITEL**
>
> Was Sie mit Ihrem Kopf so alles anstellen können
>
> Welche Hilfsmittel Sie dazu brauchen

Kapitel 10
Ihr Schädel ist magisch

In diesem Kapitel finden Sie allerlei Tricks, bei denen Sie Ihren Kopf benötigen. Nicht, dass der ansonsten vollkommen unnötig wäre, aber für diese Tricks ist er auch physikalisch unabdingbar.

Das abgebissene Glas

Es soll ja Menschen geben, die Nägel essen, solche, die Feuer verschlucken und andere, die gerne Gläser zerbeißen. Als schlauer Zauberer tun Sie besser so, als ob, erstens machen Sie sich bestimmt keine Freunde, wenn Sie die Bergkristallgläser der Nachbarn verschnabulieren, und zweitens kann das verflucht wehtun.

Der Effekt

Sie nehmen einen guten Schluck. Weil das Buffet noch nicht eröffnet ist und Ihr Magen fürchterlich knurrt, beißen Sie laut hörbar – krrrack! – eine Scheibe Ihres Trinkglases ab. Natürlich erkennen Sie Ihren Fauxpas – bevor die Begrüßungsreden nicht beendet sind, isst man nicht. Deshalb spucken Sie die Scheibe wieder ins Trinkglas, das sofort wieder heil und unversehrt ist.

Das Geheimnis

Hierfür sind keinerlei Vorbereitungen notwendig. Sie benötigen lediglich eine beliebige Münze. Und wenn ich sage »beliebig«, dann meine ich das auch. Verwenden Sie also gerne holländische Kronen, japanische Yen oder was Sie sonst im Sparschwein haben. Je größer das Geldstück, desto besser.

1. **Nehmen Sie bei passender Gelegenheit – kurz vor Ihrem Stunt – einen Eiswürfel oder ein Stückchen Eis in den Mund. Entweder vom Buffet oder aus Ihrem Drink.**

    Keine Sorge, das Eis wird im Mund nur kurz verborgen.

2. **Als Nächstes müssen Sie die Münze in der Hand, die das Glas hält, verbergen:** Das Geldstück wird mit seiner oberen Hälfte zwischen Zeige- und Mittelfinger eingeklemmt. Die untere Hälfte wird mit Mittel- und Ringfinger fest gegen Ihr Trinkglas gepresst (Abbildung 10.1).

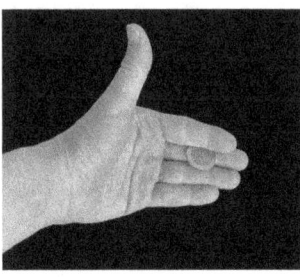  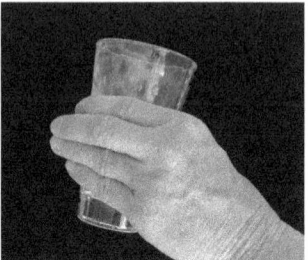

Abbildung 10.1: So wird die verborgene Münze gehalten.

3. **Sobald Sie das Glas zum nächsten Trinken ansetzen, nehmen Sie den Zeigefinger aus dem Weg,** wodurch die Münze fest gegen das Glas schlägt und ein sehr lautes, klirrendes Geräusch entsteht.

4. **Sie führen das Glas nach unten und schieben gleichzeitig das Eis an die Lippen,** von wo es ins Glas gespuckt wird.

Für die Umherstehenden sieht es so aus, als würde das abgebissene Glasstück wieder mit dem Glas verschmelzen. Da sieht man wieder einmal, wie oberflächlich die Leute sind.

 Bitte beachten Sie, dass weder Autor noch Verlag eine Haftung übernehmen, wenn Sie sich bei der Vorführung der hier beschriebenen Kunststücke und Stunts verletzen. Dies gilt auch für Schäden, die Sie anderen zufügen, gegebenenfalls allein schon durch Ihre Anwesenheit oder ähnlich unvorteilhafte Umstände. Mit anderen Worten: Sie haben das Buch gekauft, und jetzt sehen Sie zu, wie Sie damit zurechtkommen!

Zeigen Sie ihnen die Zähne

Sie und Ihr Dentist werden diesen Trick lieben, das verspreche ich Ihnen. Und falls Sie Prothesenträger sind, fällt die Präparation deutlich leichter! Natürlich nur bei ZAHN-Prothesen. Allen anderen steht es natürlich frei, kieferorthopädische Eingriffe vornehmen zu lassen, um für diesen Trick nachgerade ideal gerüstet zu sein.

Der Effekt

Sie lassen einen Ihrer Zähne von einem Zuschauer frei wählen. Wenn diese Person in Ihren Mund schaut, sieht sie auf dem gewählten Zahn ein dickes schwarzes »X«.

Wer weiß, vielleicht ist das der Beginn einer langen Freundschaft …? Am Ende gar »Liebe auf den ersten Biss«?

Das Geheimnis

Ob Sie es glauben oder nicht, dieser fantastische Trick funktioniert vollkommen automatisch. Alles, was Sie brauchen, ist der Spielplan (Abbildung 10.2) und ein Zuschauer. – Der senkrechte Strich deutet übrigens an, dass Sie den rechten Teil des Spielplans nach dem ersten Abzählen des Zuschauers entfernen. Dadurch wird das Trickgeheimnis vollständig verschleiert!

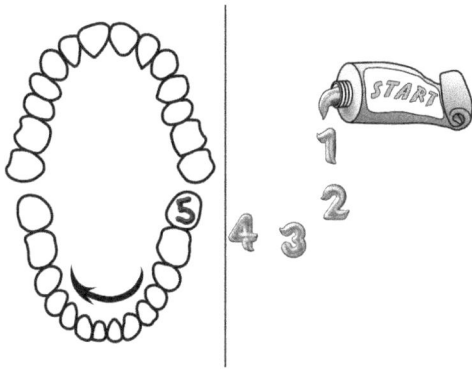

Abbildung 10.2: Der alles entscheidende Spielplan

Doch halt, bevor Sie auf Ihr Publikum losgehen können, müssen Sie eine kleine Vorbereitung treffen: Malen Sie mit einem wasserfesten Filzstift ein Kreuz auf die Außenseite Ihres oberen rechten Eckzahns.

 Das geht leichter, wenn Sie den Zahn zuvor mit einem Tuch gut abtrocknen. Wirklich. Und wenn der Zahn sowieso ganz fehlt (siehe oben unter dem Stichwort »kieferorthopädischer Eingriff«), dann können Sie sich die Markierungsarbeiten vollständig sparen.

1. **Legen Sie Ihrem Zuschauer den Spielplan vor: »Hier sehen Sie alle meine Zähne. Sie erkennen unschwer den Oberkiefer und den Unterkiefer, außerdem die rechte und die linke Seite. Und hier, an der Seite, hier sehen Sie meine vier Weisheitszähne.«**

2. **»Bitte denken Sie an eine beliebige Zahl zwischen 5 und 28. Sie wird einen x-beliebigen Zahn bestimmen. Haben Sie eine Zahl gewählt? Gut. Dann legen Sie bitte Ihren rechten Zeigefinger auf den Startkreis und beginnen Sie dann, langsam bis zu Ihrer Zahl zu zählen. Für jede Zahl legen Sie den Finger auf den nächsten Zahn. Das Ganze geht zunächst im Uhrzeigersinn.«**

Sie brauchen sich nicht abzuwenden und können daher dem Zuschauer Hilfestellung geben, falls etwas unklar sein sollte.

Der Mitspieler tut, wie ihm geheißen. Am Ende liegt sein Finger auf irgendeinem Zahn.

3. Wenn es per Zufall Ihr rechts oben liegender Eckzahn ist (wenn er also 28 dachte), können Sie das Abzählen an dieser Stelle beenden und mit Schritt 6 fortfahren. Ansonsten entfernen Sie nun den rechten Teil des Spielplans (den mit der Tube).

   Wir brauchen ihn nicht mehr und machen den Trick damit undurchschaubarer.

4. »Damit Sie auch wirklich einen Zahn per Zufall bestimmen, zählen Sie jetzt bitte noch einmal bis zu Ihrer Zahl, diesmal jedoch gegen den Uhrzeigersinn. Beginnen Sie mit eins beim nächsten Zahn; die Weisheitszähne lassen wir übrigens ganz weg.«

   Wenn Ihr Zuschauer sich nicht verzählt hat, ruht sein Zeigefinger am Ende dieser Handlungen genau auf dem rechts oben befindlichen Eckzahn!

5. »Sie haben also einen meiner Zähne ganz frei per Zufall bestimmt. Und jetzt sehen Sie her ...« – Sie ziehen Ihre Oberlippe nach oben, wodurch Ihr Publikum das dicke, fette »X« sieht. – Tada!

 Beachten Sie bitte, dass Sie diesen Trick nicht zweimal vor dem gleichen Zuschauerkreis vorführen, sonst würde man Ihnen viel zu leicht auf die Schliche kommen.

Luftballonluft wird verzaubert

Keine Sorge, mit diesem Trick will ich Sie nicht zum Rauchen verführen. Aber für den einen oder anderen Trick ist eine Zigarette echt praktisch. Jetzt mal abgesehen von den unerwünschten Nebenwirkungen.

Ganz allgemein gilt allerdings: »Zaubern wirkt nur in Ausnahmefällen tödlich.«

Der Effekt

Sie pusten einen Ballon auf und halten ihn verschlossen. Nach einigen ekstatischen Bewegungen atmen Sie laut hörbar aus und verkünden siegessicher: »Ich habe magisch die Luft im Ballon mit der Luft in meiner Lunge vertauscht.«

Natürlich glaubt Ihnen kein Mensch diesen Blödsinn (warum auch?). Für Sie Anlass, die Sache zu wiederholen und dabei Ihre Behauptung zu beweisen:

Noch einmal wird der Ballon aufgepustet. Anschließend nehmen Sie einen tiefen Zug aus einer Zigarette. Nach neuerlichen ekstatischen Bewegungen verkünden Sie abermals: »Es ist vollbracht!« Tatsächlich: Sie atmen aus – kein Rauch. Entlassen Sie hingegen die Luft aus dem Ballon, entweicht dort dicker Zigarettenqualm.

Sie alter Schamane, Sie ...

Das Geheimnis

Sie benötigen einen undurchsichtigen Luftballon und etwas Talkumpulver (das gibt's beispielsweise in der Apotheke Ihres Vertrauens). Geben Sie vor der Vorstellung unbemerkt etwa einen Teelöffel von dem Pulver in den Ballon. Fertig.

1. **Bei der Vorführung pusten Sie den Ballon auf und halten ihn mit der Öffnung nach oben vor sich. Die Finger verschließen die Öffnung. Sie atmen tief ein und halten die Luft an. Es folgen irgendwelche pantomimischen Verrenkungen, die entfernt an den Austausch der Gasvolumina in Lunge und Ballon erinnern.**

     Was auch immer Sie tun: Schütteln Sie den Ballon keinesfalls, denn sonst wird das Pulver aufgewirbelt, was einen – zu diesem Zeitpunkt unerwünschten – Effekt nach sich zieht.

2. **Atmen Sie laut hörbar aus, dann lassen Sie langsam die Luft aus dem Ballon entweichen, dessen Öffnung weiterhin nach oben gerichtet sein muss. Sagen Sie Ihr Sprüchlein von den vertauschten Luftvolumina.**

3. **Natürlich wird Ihr Publikum protestieren. Also offerieren Sie generös eine Wiederholung: Zunächst wird der Ballon aufgeblasen, anschließend nehmen Sie scheinbar einen tiefen Zug von einer Zigarette. In Wirklichkeit atmen Sie nur tief durch die Nase ein.**

4. **Nach dem obligatorischen Schauspiel, das Sie natürlich nach Herzenslust auskosten, atmen Sie laut aus.**

    Es ist schon sehr beeindruckend, wenn absolut kein Rauch aus Ihrer Lunge kommt (wenn auch für manchen vielleicht erklärlich).

5. **Zum Beweis Ihrer Behauptung lassen Sie jetzt die Luft aus dem Ballon, wobei die Öffnung nach unten weist. Dadurch vermischt sich das Pulver mit der Luft, und es sieht aus, als käme der Zigarettenqualm aus dem Ballon!**

     Lassen Sie den vermeintlichen Zigarettenqualm nicht auf Ihr Publikum ziehen, sonst haben die dunkel gekleideten Damen und Herren später feinen Schnee auf Anzug und Bluse … Passen Sie außerdem auf, wenn Sie mit dem Pulver eine Grenze übertreten oder anderweitig mit Gesetzeshütern konfrontiert werden. Ihr Tütchen könnte verdächtig auffallen und gleichermaßen detaillierte wie unangenehme Untersuchungen und Fragen bewirken.

Teil IV
Verzaubern Sie Ihren Kopf

IN DIESEM TEIL ...

Hier geht es um zweierlei: Sie verzaubern unter anderem mit Geist-reichen Experimenten und bringen dadurch verblüffende Effekte zustande. Dabei beweisen Sie beispielsweise, dass Sie in der Lage sind, Gedanken zu lesen, Ereignisse vorherzusehen oder großartige gedankliche Leistungen zu vollbringen. Also alles Tricks und Experimente mit – im wahrsten Sinne des Wortes – Köpfchen.

Besonders hinweisen möchte ich auch auf die interaktiven Tricks, die Sie beispielsweise auch bei Videokonferenzen oder -telefonaten darbieten können. Sie nehmen also gewissermaßen durch die Leitung Einfluss auf die Handlungen Ihrer Mitspieler. Das ist besonders verblüffend und ermöglicht natürlich auch völlig andere Settings als die herkömmliche Zauberei.

> **IN DIESEM KAPITEL**
>
> Mentalmagie-Effekte mithilfe Ihres Geistes, also Hellsehen, Vorhersagen, Gedankenlesen etc.
>
> Intelligente Tricks für ein intelligentes Publikum

Kapitel 11
Geist-reiche Experimente

In diesem Kapitel geht es um Effekte, die Sie scheinbar allein mit der Kraft Ihres Geistes oder Ihrer Gedanken zustande bringen. Ob es sich dabei um Vorhersagen, Hellsehen oder Beeinflussung Ihrer Mitspieler handelt, können Sie getrost Ihrem Publikum überlassen. In Wirklichkeit sind es nämlich Tricks, die nicht schiefgehen können und die Ihnen den Ruf eines Wundertäters einbringen werden.

Für die Zweifler unter Ihren Zuschauern in Bezug auf Ihre hellseherischen Fähigkeiten sollten Sie immer einen Gag auf Lager haben. Bewährt hat sich beispielsweise der Satz »Warum muss man für den Besuch beim Hellseher eigentlich immer einen Termin vereinbaren?« Oder: »Ich wusste, dass Sie das sagen würden.«

Der magische Lolli

Sie haben ja bereits ein paar Tricks mit Lebensmitteln gelernt. Aber dieser hier ist die Krönung. Sie verbinden die Nahrungsreize mit einer Vorhersage auf Ihrer Zunge. Wer würde sich dem schon entziehen wollen?

Der Effekt

Vor Ihrem Zuschauer liegen fünf verschiedenfarbige Lollis. Vier davon eliminieren Sie gemeinsam mit Ihrem Zuschauer nach dem Zufallsprinzip, sodass ein Lolli übrig bleibt. Natürlich kannten Sie dieses Ergebnis bereits zuvor, denn Ihre Zunge trägt genau die gleiche Farbe wie der gewählte Lolli.

Das Geheimnis

Der Trick liegt im Eliminationsprozess. Abwechselnd darf einer von Ihnen beiden zwei Lutscher auswählen, und der jeweils andere entscheidet, welcher der beiden Lollis eliminiert wird. Der verbleibende Lolli kommt anschließend zurück ins Spiel.

Auch wenn alles fair wirkt, so gelangen Sie doch am Ende genau zu Ihrem gewünschten Ergebnis.

1. **Bedingung ist allerdings, dass Ihr Zuschauer beginnt: Er wählt zwei Lollis aus. Falls Ihre vorhergesagte Farbe dabei ist, eliminieren Sie natürlich den anderen. Falls er Ihnen zwei Lollis präsentiert, von denen keiner Ihrer vorhergesagten Farbe entspricht, können Sie einen beliebigen eliminieren.**

2. **Als Nächstes sind Sie daran, zwei Lollis für Ihr Gegenüber auszuwählen. Nehmen Sie zwei beliebige, jedoch nicht Ihre vorhergesagte Farbe. Dadurch bleibt Ihr Ziel-Lolli im Spiel. Anschließend ist wieder Ihr Zuschauer an der Reihe und so weiter.**

Und wieso ist Ihre Zunge am Ende richtig gefärbt? Weil Sie sie zu Hause mit Lebensmittelfarbe behandelt haben! Hätte ich das früher erwähnen sollen? Nein, Sie wollten sich doch sowieso durch diese Beschreibung durchkämpfen, oder?

 Tricks mit Lebensmitteln kommen beim Publikum immer gut an. Unvergessen ist jener Zauberkünstler, der aus fünf Tabletten das einzelne Placebo herausfinden wollte. Um den Trick spannender zu machen, verwendete er à la russisches Roulette vier Zyankalikapseln. Seither hat man nichts mehr von ihm gehört. Sein Name will mir auch nicht mehr einfallen.

Das Riesengedächtnis

Für diesen Trick benötigen Sie etwas mehr Übung und er wirkt auch erst vor einer größeren Zuschauermenge effektvoll. Richtig vorgeführt ist er nicht nur sehr beeindruckend, sondern auch Beweis für die ungeheure Gedächtnisleistung, die Sie zu vollbringen imstande sind. In Wirklichkeit ist natürlich ein wenig tricktechnisches Know-how für Ihr Können verantwortlich, aber das bleibt unser kleines Geheimnis, okay?

Der Effekt

Der Gedächtniskünstler lässt sich – mit verbundenen Augen – zwanzig beliebige Gegenstände zurufen, die von einer Mitspielerin neben den Zahlen von 1 bis 20 notiert werden.

Anschließend sagt der Gedächtniskünstler alle zwanzig Gegenstände in der richtigen Reihenfolge vorwärts und rückwärts auf. Er lässt sich auch Nummern zurufen und nennt dazu den jeweils richtigen Begriff. Er schafft es sogar, für jeden genannten Begriff die richtige Nummer wiederzugeben.

Das Geheimnis

Gedächtniskunststücke sind seit jeher sehr populär. Sie beruhen zumeist auf einem mnemotechnischen Code, den man sich einmal einprägt und dann beliebige Begriffe dazu assoziiert. Doch der Reihe nach:

Prägen Sie sich als Erstes die nachfolgende Liste ein.

Mnemo-Liste

1 – Turm
2 – Schwan
3 – Dreieck
4 – Tisch
5 – Hand
6 – Stern
7 – Sense
8 – Stehaufmännchen
9 – Schlange
10 – Sprungbrett
11 – Fußball
12 – Uhr
13 – Katze
14 – Blumenstrauß
15 – Fuß
16 – Schallplatte
17 – Spielkarten
18 – Auto
19 – Fernseher
20 – Feuerwerk

Gar nicht so einfach, oder? Na ja, ich habe mir auch wirklich alle Mühe gegeben, Ihnen eine schwere Aufgabe zu stellen.

Jetzt aber im Ernst: Natürlich gibt es ein paar Eselsbrücken. Um genau zu sein zwanzig. Sehen Sie sich nachfolgenden Erläuterungen an:

Mnemo-Liste und Eselsbrücken

1 – Turm – Ein Turm sieht aus wie eine 1 mitten in der Landschaft.
2 – Schwan – Der Hals des Schwans sieht aus wie eine 2.
3 – Dreieck – Ein Dreieck hat 3 Ecken, daher ja auch der Name.
4 – Tisch – Ein Tisch hat 4 Beine.
5 – Hand – Eine Hand hat 5 Finger.
6 – Stern – Ein Stern hat 6 Spitzen.
7 – Sense – Eine Sense hat die Form einer 7.
8 – Stehaufmännchen – Ein Stehaufmännchen hat die Form einer 8.
9 – Schlange – Die 9 erinnert mich an eine Schlange.
10 – Sprungbrett – Am liebsten springe ich im Freibad vom 10-Meter-Turm.
11 – Fußball – 11 Freunde müsst ihr sein, wusste schon Sepp Herberger.
12 – Uhr – Auf der Uhr steht die 12 ganz oben.
13 – Katze – Die Unglückszahl 13 bringt in Verbindung mit einer Katze doppelt Pech.
14 – Blumenstrauß – Am 14. Februar ist Valentinstag.
15 – Fuß – 15 klingt so ähnlich wie »fünf Zehen«.
16 – Schallplatte – Denken Sie an den Titel »Sweet Sixteen«.
17 – Spielkarten – Denken Sie an das Kartenspiel »17+4«.
18 – Auto – Mit 18 Jahren darf man Auto fahren.
19 – Fernseher – Um 19 Uhr gibt's im Fernsehen Nachrichten.
20 – Feuerwerk – Zum Ende des 20. Jahrhunderts gab's ein gigantisches Feuerwerk.

Bei jeder Zahl sollte Ihnen künftig blitzschnell der dazugehörige Begriff einfallen – und umgekehrt. Anfangs werden Sie sich anhand der »Eselsbrücken« den korrekten assoziierten Begriff herleiten, aber im Laufe der Zeit kommen Ihnen dann die Begriffe blitzschnell und ohne Nachdenken in den Sinn. Dann haben Sie die Tabelle verinnerlicht.

1. Lassen Sie sich von Ihrem Publikum zwanzig beliebige Begriffe nennen, die von einem Freiwilligen neben die Zahlen 1 bis 20 auf ein Papier oder auf eine Tafel geschrieben werden.
2. Jeden neuen Begriff verbinden Sie gedanklich mit dem dazugehörigen gemerkten Zahlenbegriff und formen in Gedanken ein möglichst intensives, groteskes, lächerliches Bild. Sobald Sie sich dieses einmal kräftig in der Vorstellung ausgemalt haben, denken Sie nicht weiter darüber nach, sondern erbitten den nächsten Begriff.

Hier ein Beispiel, wie diese »Ad-hoc-Merksätze« aussehen könnten:

Beispiele für Zuschauer-Begriffe und Ihre gedanklichen »Bilder«

1 – Haus – Sie stellen sich ein winzig kleines Haus vor, aus dem ein riesiger Turm emporragt.

2 – Salat – Ein Schwan trägt anstelle der Federn ein Kleid aus Salatblättern.

3 – Mülltonne – Eine dreieckige Mülltonne, in die nur dreieckige Müllsäcke passen.

4 – Katapult – Auf Ihrem Küchentisch steht ein Katapult, mit dem Sie Ihr Mittagessen in Ihren Mund befördern.

5 – Computer – Ihre linke Hand ist ein Hochleistungsrechner mit integriertem CD-Laufwerk.

6 – Auto – Ein Auto, das zu den Sternen fliegt.

7 – Stuhl – Wer sich auf den reservierten Stuhl setzt, macht bald Bekanntschaft mit dem Sensenmann.

8 – Papier – Ein Stehaufmännchen, das nur auf Papier aufsteht, auf Holz aber liegen bleibt.

9 – Besen – Beim Kehren verwandelt sich der Besenstiel in eine hochgiftige Schlange.

10 – Sturzhelm – Wer vom Sprungbrett in die Tiefe springt, muss einen Helm tragen.

11 – Zitrone – Die Nationalmannschaft spielt mit einer Zitrone Fußball.

12 – Elefant – Der Elefant stellt sich auf die Uhr und drückt sie ganz flach.

13 – Schrank – Eine riesige Katze versteckt sich im Schrank, um die Hausherrin zu erschrecken.

14 – Radio – Aus dem Radio wachsen Blumen.

15 – Badewanne – In der Wanne liegt ein mannsgroßer Fuß und lässt sich vom Whirlpool berieseln.

16 – Glas – Eine Schallplatte aus Glas, die nicht verkratzt.

17 – Parkuhr – Man muss mit der Parkuhr Karten spielen, um parken zu dürfen.

18 – Schokolade – Ein Auto ganz aus Schokolade, das in der Sonne schmilzt.

19 – Messer – Das Messer des Mörders fällt aus dem Fernsehbild heraus.

20 – Pferd – Das Pferd schießt das Feuerwerk in die Luft.

Ob Sie es glauben oder nicht: Je ausgefallener, grotesker und intensiver Ihre Gedankenbilder sind, desto einfacher wird es hinterher sein, sich daran zu erinnern. Und diese Erinnerung ist dann der Schlüssel zu den eigentlichen Zuschauerbegriffen. Denn wenn Sie sich beispielsweise bei »1« an Ihren Turm erinnern, wird Ihnen sofort auch wieder Ihr Ad-hoc-Merksatz einfallen: »Kleines Haus, aus dem ein riesiger Turm emporragt.« Genauso geht es mit den übrigen Zahlen und Begriffen.

3. **Nennen Sie am Ende des Memorierens zunächst alle Zuschauer-Begriffe von 1 bis 20. Bitten Sie Ihr Publikum, das Gesagte jeweils anhand der Liste zu überprüfen.**

   Das Ins-Gedächtnis-Zurückrufen gelingt sehr einfach, denn sobald Sie eine Ordnungszahl nennen, fällt Ihnen sofort Ihr Mnemo-Begriff ein. Und der ist aktuell mit einem intensiven Gedankenbild verknüpft, das Ihnen sofort in den Sinn kommen wird.

4. **Sie können aber noch mehr, denn auf eine sequenzielle Reihenfolge, also von 1 bis 20, sind Sie aufgrund Ihrer Lerntechnik nicht angewiesen. Ihre Merksätze ermöglichen es Ihnen, völlig unabhängig von einer festen Reihenfolge die Zuschauer-Begriffe zu nennen, also sowohl von 20 bis 1 als auch ganz durcheinander, indem das Publikum Ihnen Zahlen zuruft und Sie antworten mit den richtigen Begriffen. Und auch ein anderer Weg ist möglich: Zum Höhepunkt nennt man Ihnen die Begriffe und Sie antworten mit der jeweils richtigen Ordnungszahl.**

Das Ganze ist für die Zuschauer sehr eindrucksvoll, weil sie jederzeit die Tabelle mit den Zahlen und Begriffen vor sich haben und Sie »auf die Probe stellen« können.

Trainieren Sie Ihre Gedächtniskünste erst einmal im kleinen Kreis, beispielsweise bei Freunden und Verwandten. Verkaufen Sie das Ganze als Experiment mit der Kraft der Gedanken. Da ist es dann auch nicht allzu schlimm, wenn Sie sich an den einen oder anderen Begriff nicht mehr erinnern können.

Wichtig ist es, den Zuschauern von vornherein klarzumachen, welche Begrifflichkeiten sie nennen sollen: nur Hauptworte, keine Verben, keine Adjektive, keine abstrakten Begriffe wie Glück oder Ehrlichkeit. Kurz – alles, was man anfassen kann, darf genannt werden. Denn alle anderen Begriffe kann man nicht leicht über Merksätze mit den Merkbegriffen assoziieren.

Die Kolumne

Das ist ein wunderbarer Effekt, bei dem alles untersucht werden kann und trotzdem niemand hinter das Geheimnis kommen wird. Deshalb können Sie sich voll auf die Präsentation dieses Wunders konzentrieren, um aus einem einfachen Trick ein echtes Mirakel zu machen.

Der Effekt

Sie schneiden eine Textspalte aus einer Tageszeitung aus. Anschließend notieren Sie auf einer Vorhersage jene Ereignisse, die erst später stattfinden werden, und geben den Zettel einem Mitspieler zur Aufbewahrung.

Dann halten Sie die Textspalte vor sich und fahren mit der Schere von oben nach unten daran entlang. Zu jedem beliebigen Zeitpunkt darf Ihr Zuschauer »Stopp« sagen. »Sind Sie sicher, genau an dieser Stelle? Oder noch ein wenig nach oben oder unten?« An der schlussendlich vom Zuschauer gewünschten Stelle zerschneiden Sie das Papier, wodurch der untere Teil zu Boden segelt.

»Ich möchte das Papierstück nicht berühren, bitte heben Sie es selbst auf. Sehen Sie sich den Text an, wo Sie mich zerschneiden ließen. Lesen Sie ihn bitte laut vor.« Ihr Zuschauer tut wie von Ihnen erbeten.

»Und würden Sie nun bitte meine Vorhersage vorlesen?« Natürlich haben Sie genau den richtigen Text aus der Zeitung vorausgeahnt, beispielsweise »… der Mörder war der Geliebte der Gärtnerin …«!

Das Geheimnis

Das Besondere an diesem Trick ist die Tatsache, dass Sie ihn jederzeit und ohne jegliche Vorbereitung vorführen können. Außerdem ist seine Wirkung phänomenal! Dabei funktioniert das Ganze überraschend einfach …

1. Beim Ausschneiden der Zeitungsspalte sollten Sie einen Beitrag wählen, der nur aus Text besteht, also ohne Fotos oder Abbildungen auskommt. Der Streifen sollte circa 15 bis 20 Zentimeter lang sein und mitten im Text beginnen und enden. Als Vortragstext zur Einstimmung möchte ich folgende philosophische Gedanken vorschlagen: »Haben Sie sich eigentlich schon einmal überlegt, warum immer gerade so viel passiert, wie in die Zeitung passt …?«

2. Das Wichtigste ist es, sich den ersten Satz der ausgeschnittenen Spalte zu merken. Diesen geben Sie anschließend ungefähr auf Ihrer Vorhersage wieder. Schreiben Sie also nicht Wort für Wort genau auf, sondern umreißen Sie den Inhalt der Worte unscharf. Dadurch wird Ihre Vorhersage glaubwürdiger und das Experiment »echter«.

3. Entfernen Sie sich nun einige Schritte von Ihren Zuschauern, um in der einen Hand den Papierstreifen und in der anderen die Schere zu halten (Abbildung 11.1).

4. Das Geheimnis dabei ist: Sie halten den Papierstreifen von oben am unteren Ende, er hängt also kopfüber! Lassen Sie sich jedoch nichts anmerken, haben Sie kein schlechtes Gewissen deswegen.

5. Fahren Sie jetzt langsam mit der Schere von oben nach unten entlang des Streifens, und fordern Sie den Zuschauer auf, Sie irgendwo zu stoppen, wo Sie den Streifen zerschneiden sollen.

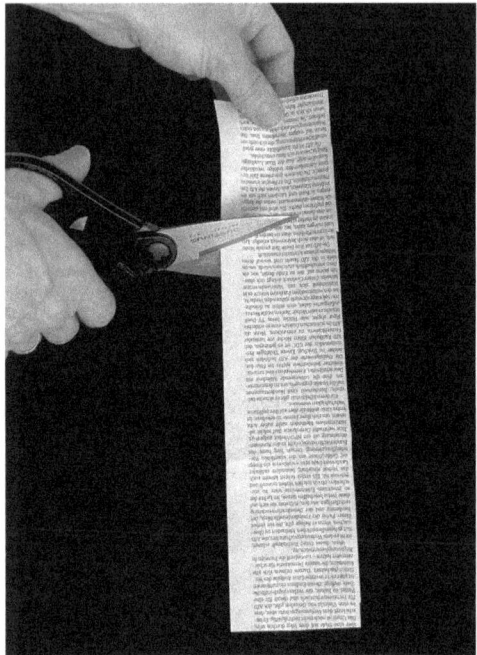

Abbildung 11.1: So werden Papierstreifen und Schere gehalten.

6. Das abgeschnittene Ende fällt zu Boden. »Ich möchte das Papierstück nicht berühren, bitte heben Sie es selbst auf. Sehen Sie sich den Text an, wo Sie mich zerschneiden ließen.«

7. Wiederholen Sie für Ihre Zuschauer klar und deutlich, was bisher geschehen ist. Weisen Sie auf die überaus fairen Handlungen hin. Lassen Sie den Zuschauer dann die erste Textzeile vorlesen: »Lesen Sie den Text bitte laut vor, und zwar genau da, wo ich für Sie abschneiden sollte.«

8. Nachdem Sie entsprechende Spannung bei Ihrem Publikum aufgebaut haben, lassen Sie Ihre Vorhersage öffnen und laut vorlesen – natürlich stimmt alles!

Den übrigen Teil der Zeitungsspalte stecken Sie nach dem Abschneiden nebenbei ein. Er ist ja (vermeintlich) unwichtig. In Wirklichkeit würden Ihre Zuschauer Ihnen damit auf die Schliche kommen können.

Ein Gegenstand

Dieser Trick hat es sogar ins Kino geschafft: In dem Streifen »The Illusionist« verblüfft der Hauptdarsteller damit einen hobbyzaubernden Polizisten. Was lernen wir daraus? Egal, welchen Beruf Sie ausüben, Sie lassen sich nach der Lektüre Ihres Dummies-Buches nicht mehr so leicht hinters Licht führen.

Der Effekt

Sie wenden sich ab, während Ihr Zuschauer einen beliebigen kleinen Gegenstand in eine Hand nimmt, beispielsweise eine Münze oder einen Knopf. Während Sie sich abwenden, hält er eine seiner Fäuste vor seine Stirn. Er darf sich intensiv auf den Gegenstand konzentrieren. Anschließend nimmt er seine Hand wieder herunter und hält beide Arme ausgestreckt vor den Körper.

Sobald Sie sich dem Zuschauer wieder zuwenden, nennen Sie ihm sofort die Hand, in der sich der Gegenstand befindet.

Das Geheimnis

Nein, bei diesem verblüffenden Trick benötigen Sie weder eingeweihte Helfershelfer noch irgendeine Präparation. Alles läuft vollkommen automatisch!

1. Wenden Sie sich vom Zuschauer ab oder verlassen Sie den Raum.

2. Lassen Sie den Zuschauer in eine Hand einen Gegenstand nehmen und fest umschließen.

3. Sagen Sie: »Bitte halten Sie nun die Faust mit Ihrem gewählten Gegenstand vor Ihre Stirn. Konzentrieren Sie sich. Stellen Sie sich den Gegenstand genau vor, lassen Sie sich Zeit. Übermitteln Sie nun Ihre Gedanken an mich, jedoch ohne ein Wort zu sagen.«

   Lassen Sie dem Zuschauer Zeit, sich auf den Gegenstand zu konzentrieren. Das trägt auch dazu bei, dass der Trick überhaupt richtig funktioniert. Doch dazu später mehr.

4. »Jetzt nehmen Sie Ihre Hand wieder herunter und danach wende ich mich Ihnen wieder zu. Kann ich?«

5. Blicken Sie beiläufig auf die Hände des Zuschauers. Eine wird bleich sein, die andere rosig. Die bleiche hielt er kurz zuvor an seine Stirn – deswegen ist sie blutleer. Sie können ihm also problemlos die richtige Hand nennen!

6. Jetzt müssen Sie Ihr Wissen ausspielen und dem Zuschauer magisch-mystisch die richtige Hand nennen.

 Wenn Sie vor Bodenturnern oder sonstigen Akrobaten auftreten, können Sie das Experiment auch ganz anders präsentieren: Nachdem Sie sich abgewandt haben, darf ein Auserwählter einige Minuten lang einen Handstand machen und sich danach wieder zu den anderen stellen. Sobald Sie sich den Probanden wieder zuwenden, erkennen Sie den richtigen Turner an seinem hochroten Kopf.

Farbstifte

Obwohl eigentlich jeder Zuschauer weiß, dass auch Mentalexperimente nur auf Tricks beruhen, ist es immer wieder interessant, dass das Publikum sich von bestimmten Effekten doch einfangen lässt. Hier ist so ein Experiment:

Der Effekt

Ein Zuschauer darf, während Sie sich abwenden, einen von mehreren Farbstiften auswählen und mit der gewählten Farbe eine beliebige Botschaft auf einen Zettel schreiben. Den Zettel faltet er zusammen, sodass sein Text nicht sichtbar ist.

Sie wenden sich dem Publikum wieder zu und sagen: »Es erscheint unmöglich, unter diesen Testbedingungen die von Ihnen gewählte Farbe herauszufinden. Und doch werde ich es möglich machen. Jede Farbe hat ihr eigenes spezifisches Gewicht. Wenn ich den Zettel in meiner Hand wiege und Sie mir Ihre geheime Botschaft verraten, kann ich aus dem Gewicht von Zettel und Farbe in Kombination mit Ihrem Text Ihre gewählte Farbe errechnen.«

Sobald der Zuschauer seinen Text verraten hat, sind Sie in der Lage, die von ihm gewählte Farbe zu nennen.

Das Geheimnis

Sie benötigen einige Stifte oder Kugelschreiber in verschiedenen Farben. Sie sollten vom gleichen Hersteller sein und eine Kappe haben, die mit einem Clip versehen ist. Außerdem muss auf den Stiften eine Textzeile stehen, in den meisten Fällen ist dort der Herstellername zu lesen.

1. Richten Sie zur Vorbereitung den Clip an allen Stiften so aus, dass er auf die Textzeile weist.

2. »Wenn ich mich abgewandt habe, nehmen Sie bitte einen dieser Stifte zur Hand und schreiben damit etwas auf dieses Papier, das Sie anschließend zusammenfalten und einstecken.«

   Wenn der Zuschauer mit einem beliebigen Stift schreibt, muss er zunächst die Kappe abnehmen. Setzt er sie später wieder auf, wird sie sich in einer anderen Position befinden.

3. Sobald Sie sich den Zuschauern wieder zugewandt haben, blicken Sie ihnen direkt in die Augen. Ignorieren Sie einfach die Stifte. Lesen Sie die Gedanken des Zuschauers. Nehmen Sie einen Stift nach dem anderen zur Hand, um ihn dann vor die Stirn des Zuschauers zu halten (Abbildung 11.2). Dabei können Sie problemlos erkennen, ob die Kappe sich noch in ihrer Position befindet. So einfach und natürlich finden Sie den gewählten Stift beziehungsweise die gesuchte Farbe heraus.

4. Natürlich dürfen Sie Ihre Erkenntnis nicht einfach laut herausposaunen, sondern Sie spielen jetzt das Gewichts-Spiel: »Es erscheint unmöglich, unter diesen Testbedingungen die von Ihnen gewählte Farbe herauszufinden. Und doch werde ich es möglich machen. Jede Farbe hat ihr eigenes spezifisches Gewicht. Wenn ich den Zettel in meiner Hand wiege und Sie mir Ihre geheime Botschaft verraten, kann ich aus dem Gewicht von Zettel und Farbe in Kombination mit Ihrem Text Ihre gewählte Farbe errechnen.«

5. Geben Sie sich beim Wiegen des Papiers richtig viel Mühe. Damit lenken Sie die Aufmerksamkeit der Zuschauer auf den Zettel und weg vom eigentlichen Modus Operandi. Verkünden Sie schließlich die richtige Farbe.

Je wertvoller der Geldschein ...

... desto mehr Spaß macht Ihnen dieser Trick. Wollen wir wetten?

Der Effekt

Der Zuschauer legt vier Geldscheine vor sich in einer Reihe auf den Tisch: drei kleine und einen großen. Der Zauberkünstler wendet sich ab und hat somit keine Kontrolle mehr. Der Zuschauer vertauscht die Scheine einige Male. Er wird danach instruiert, bestimmte Scheine wegzunehmen. Am Ende bleibt der große Schein auf dem Tisch liegen.

Das Geheimnis

Obwohl Sie scheinbar keine Kontrolle haben, wird der Zuschauer durch Ihre Anweisungen angeleitet, den großen Geldschein in bestimmte Positionen zu befördern, ohne dass er es merkt.

 Diesen Trick können Sie ohne Vorbereitung und zu jeder Gelegenheit vorführen. Verwenden Sie am besten geliehene Geldscheine, die Sie anschließend (hoffentlich) behalten dürfen.

1. Leihen Sie sich vier Geldscheine und legen Sie sie in einer Reihe auf dem Tisch aus. »Vor Ihnen liegen vier Geldscheine, drei kleine und ein großer. Konzentrieren Sie sich auf den großen Geldschein, das ist leichter, als sich auf drei kleine Scheine zu besinnen. Außerdem wollen Sie doch bestimmt lieber den großen Schein gewinnen als die drei kleinen, oder? Apropos: Warum werden Geldscheine eigentlich nicht gleich aus Kohlepapier hergestellt?«

    Ein wunderbarer Gag, auf den ich ehrlich stolz bin. Sie dürfen ihn gerne verwenden, wenn Sie alle Geldscheine, die Sie bei diesem Trick verwenden, in einen Umschlag stecken und zu meinen Händen an den Verlag schicken.

2. »Aber zurück zu meinem Trick: Ich werde mich gleich abwenden und Sie dann einige Male bitten, den großen Geldschein mit einem daneben liegenden Schein

zu vertauschen. Sie haben dabei die Wahl: Entweder vertauschen Sie ihn mit dem links daneben liegenden Schein oder Sie vertauschen ihn mit dem rechts daneben liegenden Schein. Was genau Sie tun, kann ich natürlich nicht wissen, denn ich wende mich ja von Ihnen ab. Falls der große Schein einmal am Ende der Reihe liegt, bleibt Ihnen keine Wahl, dann müssen Sie ihn mit dem einzigen daneben liegenden Schein vertauschen. Aber auch das werde ich natürlich nicht wissen, denn ich sehe von alldem ja nichts. Immer wenn ich sage ›Jetzt bitte vertauschen‹, kommen Sie der Aufforderung bitte nach.«

3. Jetzt wenden Sie sich ab, allerdings müssen Sie sich zuvor noch die Position des großen Geldscheins merken (Abbildung 11.2).

Abbildung 11.2: Die Geldscheine liegen in einer Reihe.

 Weil Sie sich abgewendet haben, fällt es Ihnen leicht, sich in den Zuschauer hineinzuversetzen. Stellen Sie sich vor, Sie sitzen auf seinem Platz.

4. Jetzt bitten Sie den Zuschauer genau fünfmal nacheinander: »Vertauschen Sie bitte den großen Geldschein mit einem daneben liegenden Schein.« Dabei müssen Sie gewissenhaft mitzählen, am besten mit Ihren Fingern. Lassen Sie den Zuschauer aber nicht merken, dass Sie auf die fünf Mal so großen Wert legen, das Ganze sollte spontan und unüberlegt wirken.

Sehen wir uns die Geldscheinreihe einmal genauer an: Wir sitzen in der Position des Zuschauers und nummerieren die Geldscheine von links nach rechts von 1 bis 4.

Liegt der große Geldschein zu Beginn an einer ungeraden Position (1 oder 3), kommt er nach fünf Tauschaktionen am Ende unzweifelhaft auf einer geraden Position (2 oder 4) zu liegen.

Und umgekehrt gilt: Liegt der große Geldschein zu Beginn an einer geraden Position (2 oder 4), kommt er nach fünf Tauschaktionen am Ende auf einer ungeraden Position (1 oder 3) an.

5. Am Ende der Tauschaktionen sagen Sie: »Ich kann nicht wissen, an welcher Stelle sich der große Geldschein befindet.« Glatt gelogen! »Bitte konzentrieren Sie sich auf den großen Geldschein, ich werde versuchen, Ihre Gedanken zu lesen.«

6. Nach einer kurzen Pause fahren Sie mit einer der beiden nachfolgenden Varianten fort:

   Variante 1: Wenn der große Schein zu Beginn auf einer geraden Position (2 oder 4) lag, sagen Sie: »Bitte nehmen Sie jetzt den ganz rechts liegenden Schein weg, das ist nicht der große Schein.«

   Variante 2: Wenn der große Schein zu Beginn auf einer ungeraden Position (1 oder 3) lag, sagen Sie: »Bitte nehmen Sie jetzt den ganz links liegenden Schein weg.«

7. Sie konzentrieren sich erneut und sagen schließlich: »Und jetzt vertauschen Sie den großen Schein bitte ein letztes Mal mit einem daneben liegenden Schein.« Dadurch gelangt der große Schein in jedem Fall in die Mitte der drei verbliebenen Scheine.

8. Nach weiterem angestrengten Nachdenken lassen Sie den Zuschauer nacheinander den linken und den rechten Schein wegnehmen.

9. »Wenn ich Ihre Gedanken richtig gelesen habe, liegt jetzt nur noch ein Schein auf dem Tisch – nämlich derjenige, auf den Sie sich die ganze Zeit über konzentriert habe, und den Sie jetzt gewonnen haben: der große Schein! Die anderen drei Scheine gehören jetzt vereinbarungsgemäß mir.«

 Je nach Situation und Publikum (Mafia etc.) kann es für Sie empfehlenswert sein, den letzten Satz abzumildern, um nicht unangenehm aufzufallen …

Echtes Gedankenlesen

Hierbei handelt es sich nicht etwa um einen Kartentrick, obwohl Spielkarten verwendet werden. Obwohl alles fair und ehrlich wirkt, liegt der Hase in den Spielkarten begraben. Oder so.

Der Effekt

Sie lesen die frei gewählten Gedanken von drei Ihrer Zuschauer und schreiben sie auf. Am Ende stellt sich heraus, dass Sie in allen Fällen völlig korrekt lagen.

Das Geheimnis

Nummerieren Sie die Zuschauer gedanklich von links nach rechts von 1 bis 3.

1. Zunächst bringen Sie Zuschauer 3 dazu, eine bestimmte Karte zu wählen: Sie mischen das Kartenspiel und sehen sich am Ende unbemerkt die oberste Karte an. Legen Sie die Karten vor den Zuschauer. Er darf irgendwo abheben und sein Päckchen neben das Restspiel legen. Mit den Worten: »Wir markieren die Stelle, bei der Sie abgehoben haben«, nehmen Sie das Restspiel auf und legen es quer auf den abgehobenen Teil.

2. Bitten Sie nun Zuschauer 1, an eine beliebige Stadt zu denken. »Aber verraten Sie noch nichts, denken Sie nur an die Stadt.« Nehmen Sie einen Zettel zur Hand: »Also, Zuschauer 1. Hmmm, das ist nicht einfach ...« Ihre Zuschauer glauben, Sie schrieben »Zuschauer 1«. In Wirklichkeit schreiben Sie »Zuschauer 3« und darunter den Namen der Spielkarte, die Sie sich kurz zuvor gemerkt haben. Das alles geschieht, während Sie sich auf Zuschauer 1 konzentrieren und scheinbar seine Gedanken lesen. Schließlich falten Sie Ihren Zettel zusammen und werfen ihn in ein leeres Glas, das sich auf dem Tisch befindet.

3. Sagen Sie: »Ich habe mich festgelegt. Nennen Sie uns nun bitte zur Kontrolle den Namen Ihrer nur gedachten Stadt.« Der Zuschauer sagt beispielsweise »Barcelona«.

4. Wenden Sie sich an Zuschauer 2: »Würden Sie bitte an eine beliebige dreistellige Zahl denken? Legen Sie sich fest, und denken Sie intensiv an die Zahl.«

5. Nehmen Sie einen weiteren Zettel zur Hand: »Nummer 2. Wollen mal sehen, ob ich Ihre Gedankenwellen empfangen kann.« In Wirklichkeit schreiben Sie »Zuschauer 1« und darunter den Namen der Stadt, die Ihnen Zuschauer 1 zuvor verraten hat. Am Ende falten Sie den Zettel zusammen und werfen ihn zur ersten Notiz ins Glas.

6. »Ich habe etwas von Ihnen empfangen, hoffentlich haben meine Antennen richtig funktioniert. Nennen auch Sie uns nun bitte zur Kontrolle Ihre nur gedachten Zahl.« Der Zuschauer sagt beispielsweise »914«.

7. Wenden Sie sich an den dritten Zuschauer: »Nun zu Ihnen. Sie haben vorhin durch Abheben eine Karte gewählt; sie liegt ganz oben im unteren Stapel. Bitte nehmen Sie das Blatt an sich und denken Sie ganz fest an den Namen dieser Karte. Ich werde versuchen, auch diese Gedankenwellen zu empfangen.«

8. Nehmen Sie einen letzten Notizzettel und schreiben Sie »Zuschauer 2« sowie die zuvor genannte Zahl von Zuschauer 2. Dabei reden Sie natürlich davon, dass Sie die Karte von Zuschauer 3 aufschreiben.

9. Auch der letzte Zettel wird zusammengefaltet und ins Glas gegeben. Anschließend fassen Sie die bisherigen Handlungen zusammen und betonen, dass alle drei Mitspieler völlig freie Wahl hatten und nicht von Ihnen beeinflusst wurden.

10. Lassen Sie einen Zuschauer die Zettel einzeln nacheinander aus dem Glas nehmen und vorlesen. Alle Gedankenwellen wurden von Ihnen offenbar korrekt empfangen; Sie haben alle Ereignisse korrekt wiedergegeben.

Das Glas verwenden Sie, damit die Reihenfolge Ihrer Zettel auf jeden Fall durcheinander kommt, sonst würden die Zettel ja in ihrer ursprünglichen Reihenfolge geöffnet, was das Geheimnis verraten würde.

Buchtest

In der Welt der Zauberkünstler beschreibt der Begriff Buchtest einen klassischen Effekt, bei dem der Zuschauer sich ein beliebiges Wort aus einem Buch aussucht. Der Magier liest anschließend die Gedanken des Zuschauers und ist in der Lage, das richtige Wort zu nennen.

Der Effekt

Der Zuschauer wählt frei eine Buchseite und merkt sich das erste Wort auf der Seite. Sie sind in der Lage, ihm das gewählte Wort zu nennen. Nichts wird forciert! Und Sie können jedes beliebige Buch verwenden.

Vorbereitung

Sein Sie jetzt bitte nicht allzu enttäuscht: Sie müssen das Buch vorab auswendig lernen.

Nein, das war natürlich nur Spaß! – Neben einem beliebigen Buch benötigen Sie nur Ihr Handy mit einer Notiz-App.

Ja, der Trick basiert auf Technologie. Und nein, das wird nicht offensichtlich.

Schreiben Sie in der App alle Seitenzahlen des Buches untereinander auf. Hinter jeder einzelnen Seitenzahl notieren Sie das erste Wort genau dieser Seite. – Am Ende der Beschreibung gehe ich noch kurz auf weitere Möglichkeiten ein.

Das Geheimnis

1. Sie übereichen das Buch einem Zuschauer, der es nach Herzenslust ansehen darf. Er wird nichts Verdächtiges entdecken.
2. Er darf eine beliebige Seitenzahl nennen und das Buch dort aufschlagen, um sich das erste Wort auf der Seite zu merken.
3. Sie nehmen nebenbei Ihr Handy zur Hand und sagen: »Lassen Sie mich noch die Stoppuhr starten: Ich versuche heute, meinen eigenen Rekord zu schlagen.«

4. **Schauen Sie zuerst in Ihre Notizen-App, um die Seitenzahl und das dazugehörige Wort zu finden. Dann wechseln Sie sofort in die Stoppuhr-App und starten sie.**

5. **Zeigen Sie den Zuschauern beiläufig die laufende Stoppuhr, während Sie scheinbar die Gedanken des Zuschauers lesen.**

6. **Sobald Sie genügend Spannung aufgebaut haben (und auch, um zunächst ein klein wenig Zeit vergehen zu lassen), nennen Sie langsam und buchstabenweise das gesuchte Wort.**

Wer das Ganze noch ein wenig glaubhafter machen will, gibt dem Zuschauer anfangs mehrere Bücher zur Auswahl. Wobei Sie nur Notizen für eines benötigen, denn die freie Wahl eines Buches ist dann in Wirklichkeit eine clevere Force: Übergeben Sie anfangs drei Bücher zur Kontrolle. Später soll er Ihnen eines reichen. Ist es das, mit dem Sie den Effekt vorbereitet haben, so wird dieses verwendet und die anderen beiden weggelegt. Reicht er Ihnen ein anderes, so wird es weggelegt. Dann soll er eines der beiden übrigen hochhalten. Ist es das Gesuchte, wird es verwendet. Ist es ein anderes, wird auch dieses weggelegt, sodass nur das Gesuchte übrig bleibt.

Statt des ersten Wortes auf jeder Seite können Sie auch das längste Wort in den ersten zwei bis drei Zeilen notieren oder sogar mehrere längere Worte. Oder Sie notieren sich die verkürzte Bedeutung des ersten Satzes. Es gibt keine Regel – Sie gestalten diesen Hammertrick selbst und täuschen damit vielleicht sogar gestandene Zauberkünstler, die keine Dummies sind!

> **IN DIESEM KAPITEL**
>
> greifen Sie scheinbar durch den Bildschirm Ihres Videocall-Partners hindurch, um seine Handlungen zu beeinflussen
>
> beweisen Sie, dass Zaubertricks auch auf Distanz funktionieren

Kapitel 12
Interaktives

Wie schon zuvor an einigen anderen Stellen in diesem Buch beschrieben, lassen sich manche der Kunststücke verwirklichen, ohne dass Sie physikalisch vor Ort sein müssen. Da kommt es dann sehr stark auf Ihre Präsentation an, denn natürlich dürfen diese Tricks keinesfalls automatisch oder mathematisch wirken, sonst verlieren sie ihre Durchschlagskraft.

Die interaktiven Tricks können Sie einerseits Ihrem direkten Gegenüber präsentieren. Sie eignen sich aber beispielsweise auch für Videocalls und andere Online-Meetings.

Ein reißerischer Trick

Die Wirkung dieses Tricks ist – gelinde gesagt – ein Hammer. Egal, ob Sie das Ganze mit nur wenigen Leuten machen oder für ein riesiges Publikum. Das Kunststück geht ab wie eine Rakete. Und beim ersten Ausprobieren in Ihrem stillen Kämmerlein werden Sie sich auch selbst damit verblüffen. Deswegen habe ich das Kunststück auch mit dem Hinweis »interaktiv« ausgezeichnet. Also ... los geht's!

Der Effekt

Alle Zuschauer bekommen Karten mit Bildmotiven in die Hand gedrückt und dürfen sie nach Belieben durcheinanderbringen. Anschließend werden die Karten zerrissen, weiter gemischt und mehrere eliminiert. Erst am Ende eines längeren und unterhaltsamen Prozesses wird klar, dass der Magier von Anfang an alles unter seiner Kontrolle hatte.

Vorbereitung

Bereiten Sie für jeden Zuschauer fünf Bildmotive von Verkehrsmitteln im Format A4 auf festem Karton vor: Auto, Fahrrad, Flugzeug, Zug, Schiff. Außerdem bekommen die fünf Karten einheitliche Rückseiten. – Geeignete Abbildungen finden Sie beispielsweise in Online-Bilddatenbanken kostenlos (einen fertigen Satz können Sie auch auf meiner Website www.Zauberbuch.de zum Ausdrucken herunterladen).

Abbildung 12.1: Flugzeug (Image by Hiljon from Pixabay)

Abbildung 12.2: Fahrrad (Image by Pexels from Pixabay)

KAPITEL 12 Interaktives 181

Abbildung 12.3: Auto (Image by Sabine Kroschel from Pixabay)

Abbildung 12.4: Schiff (Image by Susann Mielke from Pixabay)

Abbildung 12.5: Zug (Image by Marvin from Pixabay)

Abbildung 12.6: Rückseite (Image by michal ozeri from Pixabay)

Das Geheimnis

1. Sie verteilen die Fünfersets an alle Zuschauer und nehmen sich selbst auch eines.

2. »Wir alle haben die gleichen fünf Bilder. Schauen Sie sich die Bilder an. Sie zeigen fünf verschiedene Verkehrsmittel auf der einen Seite. Auf der anderen Seite sind alle Karten mit einer Rückseite versehen.«

3. »Wir alle machen parallel das Gleiche – und haben doch ganz unterschiedliche Eingangsvoraussetzungen. Sie werden das gleich verstehen und dürfen mit mir gespannt auf das Endergebnis sein. – Damit Sie nicht durcheinanderkommen, werde ich Ihnen zeigen, was jeweils zu tun ist. Achten Sie also auf mich.«

4. »Als Erstes halten wir die Karten so, dass die Rückseiten nach oben zeigen, damit uns die Bildmotive nicht ablenken. Jetzt bringen wir die fünf Karten durch beliebiges Mischen richtig gut durcheinander.«

5. »Niemand weiß, in welcher Reihenfolge die Karten jetzt liegen.«

6. »Jetzt zerreißen wir alle fünf Karten auf einmal in der Mitte.« (Siehe Abbildung 12.7.)

Abbildung 12.7: So werden die Karten zerrissen.

7. »Jetzt haben Sie die Qual der Wahl, ob Sie Ihre rechts gehaltenen Kartenhälften auf die linken legen oder die links gehaltenen Kartenhälften auf die rechten. – Entscheiden Sie selbst, und tun Sie es.«

Ob Sie es glauben oder nicht: Es ist völlig egal, wofür sich der einzelne Zuschauer entscheidet.

8. »Niemand kennt die Reihenfolge Ihrer Karten, nicht einmal Sie selbst. Denn Sie haben zuvor nach Herzenslust gemischt!«

9. »Nehmen Sie jetzt die oben liegende Kartenhälfte ab, um sich – ohne vorher zu spicken – daraufzusetzen.«

10. »Fächern Sie jetzt die übrigen Kartenhälften vor sich aus. Nehmen Sie die obersten vier Kartenhälften weg, um sie anschließend gemeinsam irgendwo in die Mitte des Fächers zu stecken. Anschließend schließen Sie bitte den Fächer wieder.«

11. »Jetzt dürfen Sie Ihren Vornamen in besonderer Weise buchstabieren: Erster Buchstabe – Sie legen die oberste Kartenhälfte auf den Tisch. Zweiter Buchstabe – Sie legen irgendeine Kartenhälfte auf den Tisch, und zwar auf die vorige Kartenhälfte. Sie bilden also einen Stapel. Dritter Buchstabe – irgendeine Kartenhälfte wird auf den Tischstapel gelegt. Und so weiter. «

12. »Falls beim Buchstabieren Ihres Namens am Ende einige Karten übrig bleiben, dann mischen Sie diese bitte und legen sie danach auf den Stapel auf dem Tisch. – Falls Sie zu wenig Kartenhälften für Ihren Namen haben, hören Sie einfach nach der letzten Karte auf.«

13. »Jetzt nehmen Sie den Stapel vom Tisch wieder zur Hand, fächern alle Kartenhälften aus und nehmen zwei beliebige Kartenhälften aus der Mitte heraus. Sie zerknüllen diese beiden Kartenhälften und werfen Sie von sich. Danach schließen Sie den Fächer wieder.«

14. Jetzt wiederholen Sie, was bisher geschah: »Sie haben die Bilderkarten irgendwie gemischt. Anschließend haben Sie die Karten zerrissen, zusammengelegt, eine Karte herausgenommen, sich daraufgesetzt, Ihren Namen buchstabiert, den Rest gemischt und wieder zusammengelegt. Dann zwei Karten herausgenommen und so weiter. – Ein absolutes Chaos; niemand weiß, was passiert ist – geschweige denn, welche Kartenhälfte sich wo befindet!«

15. »Legen Sie jetzt die oberste Kartenhälfte nach unten.«

16. Die nächste Karte wird zerknüllt und weggeworfen.

17. »Legen Sie nun die oberste Kartenhälfte nach unten.«

18. Die nächste Karte wird zerknüllt und weggeworfen.

19. »Wieder legen Sie die oberste Kartenhälfte nach unten.«

20. Die nächste Karte wird zerknüllt und weggeworfen.

21. »Noch einmal kommt die jetzt oberste Kartenhälfte nach unten.«

22. Die nächste Karte wird zerknüllt und weggeworfen. – Achtung, genau aufpassen, denn …

23. Die nächsten zwei Karten werden zerknüllt und weggeworfen.

24. Jetzt haben alle Mitspieler nur noch eine Kartenhälfte in Händen. – Wiederholen Sie nochmals, was bislang geschehen ist und welches Chaos dadurch entstand. Unmöglich, dass irgendjemand den Ausgang des Experiments bei der großen Anzahl an Mitspielern kontrollieren könnte.

25. Dann lassen Sie Ihre Zuschauer die letzte Kartenhälfte mit der anfangs entnommenen Kartenhälfte vergleichen --- sie passen exakt zusammen!

26. Nehmen Sie Ihren wohlverdienten Applaus entgegen!

Das Tolle: Dieses Kunststück funktioniert vollkommen automatisch. Es lebt jedoch zu weiten Teilen von Ihrer Interaktion mit den Mitspielern. – Denkbar wäre zwar, alle Anweisungen als Audiofile aufzuzeichnen und dann nur abzuspielen. Ich rate in diesem Fall jedoch davon ab. Glauben Sie mir, Ihre Zuschauer werden von Ihnen bestimmt besser unterhalten als von einer Konservendosenstimme.

Dennoch: Die Anwendungsmöglichkeiten sind schier unendlich. Sollten Sie ausnahmsweise mal eine Einladung ins Fernsehen haben, können Sie diesen Trick dort gemeinsam mit den TV-Zuschauern zelebrieren und benötigen dafür nicht einmal die vorbereiteten Bilder. Jeder hat fünf A4-Blätter oder Notizzettel daheim, die sich kurzfristig mit Symbolen beschriften lassen. Beispielsweise ein Dreieck, ein Quadrat, ein Kreis, ein Stern, eine Wellenlinie, eine Unterschrift etc.

Logisch

 Bei diesem Kunststück geht es um Logos, logisch oder? Wie heißt eigentlich die Mehrzahl von Logo – sind das wirklich Logos oder etwa Logi? Jedenfalls passt hier mein Wahlspruch: »Wenn das Logo nicht zum Unternehmen passt, dann ist es ein No-Go.«

Der Effekt

Probieren Sie es einfach mal aus, und Sie werden begeistert sein, wie schnell und einfach dieser Trick ist!

Vorbereitung

Sie benötigen für die Vorführung entweder diesen Spielplan oder 25 Karten, auf denen die Logos/Logi zu sehen sind. Natürlich sind die Positionen der Karten essenziell. Wagen Sie es nicht, eventuelle Veränderungen vorzunehmen. Abgesehen davon können Sie einzelne Logos/Logi natürlich ersetzen, insbesondere die mit »(beliebig)« gekennzeichneten, dürfen Sie austauschen, solange diese weder blau, noch grün, noch gelb enthalten.

Und noch ein Hinweis in eigener Sache an die großen Firmen da draußen: Gerne veröffentliche ich auch Ihr Logo in der nächsten Auflage dieses Buches. Mit Ihrer Anzeige in diesem Buch erreichen Sie nicht nur schlecht ausgebildete Magier, sondern auch pickelige und soziopathische Teenager sowie Leute, die nur wissen wollen, wie die Tricks funktionieren. Senden Sie Schecks, Champagner-Abos und Flugreise-Gutscheine direkt an mich. Meine Kontaktdaten finden Sie 24/7 auf meiner Website www.Zauberbuch.de.

Dell	Starbucks	Sparkasse	Samsung	McDonald's
(blau)	(grün)	(beliebig)	(blau)	(gelb)
Apple	Spotify	HP	Nikon	intel
(beliebig)	(grün)	(blau)	(gelb)	(blau)
Pirelli	Nokia	Sprite	Hertz	Pfizer
(gelb)	(blau)	(grün)	(gelb)	(blau)
Pepsi	DHL	Acer	PayPal	Bacardi
(blau)	(gelb)	(grün)	(blau)	(beliebig)
Canon	WhatsApp	Shell	Mercedes	Carlsberg
(beliebig)	(grün)	(gelb)	(beliebig)	(grün)

Abbildung 12.8 Die Bebilderung der 25 Karten

Das Geheimnis

1. Legen Sie Ihren Finger zunächst auf ein beliebiges Logo mit blauer Farbe.

2. Als Nächstes bewegen Sie Ihren Finger nach links oder rechts zum nächstgelegenen Logo mit grüner Farbe.

3. Jetzt bewegen Sie Ihren Finger nach oben oder unten zum nächsten Logo mit gelber Farbe.

4. Noch ein Schritt, und Sie sind am Ziel: Bewegen Sie Ihren Finger entweder nach links oder nach unten zum nächstgelegenen Logo mit grüner Farbe.

5. Bitte schreiben Sie mir eine WhatsApp-Nachricht, falls Sie richtig angekommen sind.

Ich finde, dieser Trick eignet sich prima für die Aufnahme in ein Audiofile, das Sie dann vor Ihrem Publikum abspielen. Aber auch im Fernsehen lässt es sich gut vorführen. Die Menschen an den Bildschirmen können dabei ihre ungewaschenen Finger direkt auf die Mattscheibe legen, um die jeweiligen Schritte auszuführen.

Alles hängt am Geld

 Hier ist es besonders wichtig, dass Sie alle angegebenen Anweisungen gewissenhaft und korrekt ausführen, sonst bleibt der gewünschte Effekt (bei mir) leider aus. Und das würde mich wirklich traurig machen.

Der Effekt

Glücksspiele mit Geld üben einen unwiderstehlichen Reiz auf die Menschen aus. Daher folgt nun ein solches Spielchen, das ich aber jederzeit unter meiner Kontrolle habe. Sie werden sich somit nicht nur selbst um eine Stange Geld erleichtern, sondern künftig weit mehr als nur den Preis dieses Buches einspielen. Glauben Sie mir, Sie werden leichtes Spiel haben!

Das Geheimnis

1. Alles, was Sie benötigen, sind drei Notizzettel oder Ähnliches.
2. Malen Sie auf den ersten Zettel einen Kreis.
3. Auf den zweiten Zettel kommt ein Dreieck.
4. Und auf den dritten Zettel zeichnen Sie ein Quadrat.
5. Jetzt benötigen Sie nur noch einen Umschlag sowie drei Geldscheine: 5 Euro, 10 Euro und 50 Euro. Allerdings wirkt der Trick noch besser, wenn der letzte Geldschein 100 oder sogar 200 Euro wert ist.

 Übrigens: Ein Barscheck mit hohem Nennwert geht zur Not auch.

6. Sie legen die drei Papiere in einer Reihe vor sich auf den Tisch. Der Kreis liegt dabei links, das Dreieck in die Mitte und das Quadrat rechts.
7. Legen Sie jetzt auf jedes Symbol einen der Geldscheine. Die Reihenfolge ist beliebig. – Ich kann natürlich nicht wissen, welcher Geldschein wo liegt!
8. Im Folgenden werde ich Sie bitten, einige Geldscheine zu vertauschen, obwohl ich natürlich nicht weiß, wo sie sich befinden.
9. Zuerst vertauschen Sie die Positionen von 5- und 10-Euro-Geldschein.
10. Jetzt bitte den Geldschein aus dem Kreis mit dem Geldschein aus dem Dreieck tauschen.
11. Jetzt bitte den 10-Euro-Geldschein mit dem rechts davon liegenden Geldschein vertauschen. Wenn sich nichts rechts davon befindet, bleibt alles unverändert.
12. Jetzt bitte den wertvollsten Geldschein mit dem links davon vertauschen.
13. Es geht weiter: Den 5-Euro-Schein bitte mit dem rechts davon vertauschen.
14. Nun bitte den Gelschein im Dreieck mit dem im Quadrat vertauschen.

15. Noch einmal, dann sind wir fertig: Bitte den Geldschein im Quadrat mit dem im Kreis vertauschen.

   Jetzt liegen die Geldscheine völlig durcheinander.

16. Nehmen Sie jetzt den Geldschein vom Quadrat, um ihn in den Umschlag zu stecken. Den Umschlag bitte gut zukleben, damit nichts verloren geht.

17. Schreiben Sie auf den Umschlag folgende Adresse:

   An den Meistermagier und Chef von Zauberbuch.de

   Dr. Oliver Erens, Stuttgart

18. Und bitte vergessen Sie nicht, den Brief korrekt zu frankieren!

Ich habe Sie schon zu Beginn darauf hingewiesen, dass Sie den Trick auch »interaktiv« gestalten können. Nehmen Sie Ihre Anweisungen beispielsweise auf Video oder Audio auf. Oder wenden Sie sich von Ihrem Publikum ab, um die Direktiven zu geben. Es gibt viele Möglichkeiten!

Poker

Was kann nicht alles beim Poker geschehen? Ganze Existenzen waren schon wegen ein bisschen Pech im Spiel dahin. Ich kenne jemanden, der erst spät nachts von seiner Pokerpartie nach Hause kam und an der Tür von seiner empörten Ehefrau mit heftigen Vorwürfen empfangen wurde. »Brauchst dich gar nicht mehr aufzuregen«, sagte er, »pack deine Sachen, ich habe dich an einen Kumpel verloren!« – Ihr blieb der Mund offen: »Wie kannst du nur so etwas Schreckliches tun?« – »Tja, war gar nicht so leicht, ich musste mit vier Assen passen!«

Der Effekt

Auch mit diesem Trick können Sie sich selbst verzaubern. Aber nicht nur das: Sie können ihn natürlich mit Ihren Zuschauern teilen, sei es bei einer Performance vor großem Publikum oder im Videocall aus dem Office. Wie auch immer: Ich wünsche Ihnen viel Freude damit!

Das Geheimnis

1. Bitte mischen Sie zunächst das Kartenspiel gründlich durch. Anschließend legen Sie es mit der Bildseite nach unten auf den Tisch.

2. Teilen Sie zwei Päckchen mit jeweils fünf Karten aus. Der Rest des Kartenspiels kommt beiseite.

3. Sie schauen sich die oberste Karte des linken Päckchens an und merken sie sich. Anschließend kommt die Karte zurück auf das linke Päckchen.

4. Ergreifen Sie das rechts liegende Päckchen. Sie werden gleich Karten von diesem Päckchen auf das Restspiel ablegen. Sie haben die völlige Kontrollen, ob es eine, zwei, drei oder vier Karten sind. Und ich kenne die Zahl nicht.

5. Die übrig gebliebenen Karten in Ihrer Hand werden auf das linke Päckchen gelegt. Dadurch wird die gemerkte Karte irgendwo im Päckchen verloren. Natürlich kann ich nicht wissen, wie viele Karten Sie nun in diesem Gesamtpäckchen haben.

6. Jetzt nehmen Sie dieses Päckchen zur Hand und wenden es mit dem Bild nach oben.

7. Sie werden das Päckchen gleich durcheinanderbringen, und zwar nach folgenden Regeln:

8. Die oberste Karte wird auf den Tisch gelegt.

9. Die nächste Karte wird von oben unter das Päckchen in Ihrer Hand transferiert.

10. Die nächste Karte wird auf den Tisch gelegt.

11. Die nächste Karte wird von oben unter das Päckchen in Ihrer Hand transferiert.

    Und so weiter und so fort, bis alle Karten auf dem Tisch liegen. Somit haben Sie das Päckchen noch weiter durcheinandergebracht. Und Ihre Karte befindet sich irgendwo darin.

12. Jetzt wird das Päckchen wieder mit den Bildseiten nach unten gedreht und auf den Tisch gelegt.

13. Nehmen Sie jetzt die oberste Karte zur Hand, und sagen Sie laut den Namen Ihrer gemerkten Karte. --- Nein, die gehaltene Karte ist nicht Ihre. Legen Sie sie beiseite.

14. Nehmen Sie die nächste Karte vom Päckchen, und sagen Sie wieder laut den Namen Ihrer gemerkten Karte. --- Nein, die gehaltene Karte ist nicht Ihre. Legen Sie sie beiseite.

15. Es geht weiter mit der nächsten Karte vom Tischpäckchen. Sie nehmen sie zur Hand, sagen laut den Namen Ihrer gemerkten Karte. – Ja, die Karte in Ihrer Hand ist Ihre Gewählte!

Social-Media-Magie

Die sozialen Medien haben unser tägliches Leben massiv verändert. Manche Menschen drücken beispielsweise den »Gefällt mir«-Button nur, um danach den »Gefällt mir nicht«-Button drücken zu können. – Und neulich schrieb ein Vater an seinen Sohn: »Hallo, wie geht es dir? Mom und ich sind okay. Aber wir vermissen dich sehr und möchten dich gerne wiedersehen. Darum schalte deinen Computer aus und komme bitte runter zum Abendessen.«

Der Effekt

Ihr Zuschauer wählt heimlich und per Zufall eines von mehreren sozialen Netzwerken aus. Natürlich wissen Sie trotzdem ganz genau Bescheid.

Das Geheimnis

1. Sie benötigen fünf Notizzettel mit den Namen (beziehungsweise Logos; siehe das Ende der Beschreibung) bekannter sozialer Netzwerke.

   XING   SLACK   TIKTOK   YOUTUBE   für DUMMIES

   Abbildung 12.9 Die fünf Karten mit Namen der Netzwerke

2. Auf den ersten Zettel schreiben Sie »XING« und legen ihn mit der Beschriftung nach oben zeigend auf den Tisch.

3. Der zweite Zettel wird mit »YOUTUBE« beschriftet und kommt auf den ersten Zettel.

4. Auf den drittel Zettel schreiben Sie »TIKTOK« und legen ihn auf die anderen beiden.

5. Der vierte Zettel erhält als Beschriftung »SLACK« und kommt auf die vorigen drei.

6. Und auf den fünften Zettel schreiben Sie »für DUMMIES« und legen ihn auf die anderen vier.

7. Drehen Sie den Zettelstapel nun mit der Schrift nach unten.

8. Heben Sie nun den Stapel ab und vervollständigen Sie das Päckchen anschließend wieder. Mit anderen Worten: Sie transferieren beliebig viele (oder wenige) Karten von oben nach unten.

9. Teilen Sie nun die Zettel einen nach dem anderen von links nach rechts auf den Tisch aus.

10. Vor Ihnen liegen also nun mit der Schrift nach unten die fünf Zettel. Und weil Sie zuvor abgehoben haben, weiß ich nicht, welcher Zettel an welcher Stelle liegt.

11. Sie nehmen jetzt den ganz rechts liegenden Zettel, drehen ihn mit der Schrift nach oben und legen ihn beiseite. Dieses zufälligerweise an dieser Stelle liegende Netzwerk ist nicht Ihre Wahl, aber es soll dazu dienen, ein anderes Netzwerk per Zufall zu bestimmen.

12. Buchstabieren Sie den Namen des Netzwerks, das Sie soeben beiseitegelegt haben, indem Sie von links nach rechts für jeden Buchstaben einen Zettel antippen. Falls rechts kein Zettel mehr folgt, fahren Sie einfach wieder links fort. Am Ende kommen Sie durch das Buchstabier-Tippen bei einem der übrigen vier Zettel an.

13. Sie können ja schon einmal einen Blick auf das Netzwerk werfen. Aber passen Sie bloß auf, dass ich nichts sehen kann.

14. Sie sind beim wichtigsten Netzwerk angekommen. Es lautet: für DUMMIES!

(Stattdessen können Sie aber auch schön gestaltete Karten mit den Logos und Namen der Netzwerke erstellen; in dem Fall dürfen Sie gleich mit Schritt 7 beginnen.)

Zufällige Karte

Warum können Seeleute eigentlich keine Karten spielen? – Weil sie auf dem Deck sitzen! – Aber im Ernst: Auch für den folgenden Trick wird ein »Deck«, also ein Kartenspiel, benötigt. Es ist aber kein Kartentrick im klassischen Sinn, wie Sie gleich sehen werden.

Der Effekt

Zufälle spielen bei diesem Experiment eine große Rolle. Am Ende finden Sie die von Ihnen zufällig gewählte Karte auf wundersame Weise wieder.

Das Geheimnis

1. Mischen Sie das Kartenspiel.

2. Heben Sie das Kartenspiel in ungefähr drei gleichgroße Päckchen ab.

3. Wählen Sie eines der Päckchen aus. Die anderen beiden Kartenstapel werden beiseitegelegt.

4. Alles, was ich momentan weiß, ist, dass Ihr Päckchen ungefähr 10 bis 20 Spielkarten enthält. – Sie sollen es jedoch genau wissen. Zählen Sie daher die Karten in Ihrem Päckchen.

5. Sie haben nun also eine zufällige zweistellige Zahl im Kopf. Sie soll aber noch zufälliger werden: Addieren Sie die beiden Ziffern Ihrer Zahl (wenn Ihre Zahl beispielsweise 12 ist, addieren Sie 1 + 2 = 3).

6. Wie auch immer Ihre Summe lautet: Sie zählen nacheinander entsprechend viele Karten von Ihrem Päckchen auf die zuvor beiseitegelegten Karten ab.

7. Jetzt halten Sie ein Päckchen in Händen, dessen Kartenzahl wirklich völlig zufällig ist.

8. Sie werden gleich Karten von Ihrem Päckchen auf den Tisch austeilen, wodurch zwei neue Päckchen entstehen. Dabei haben Sie freie Wahl, ob Sie jeweils eine Karte in die beiden neuen Päckchen austeilen, oder jeweils zwei, jeweils drei oder sogar jeweils vier. Die Entscheidung liegt bei Ihnen.

9. Jetzt liegen zwei Päckchen auf dem Tisch, und Sie haben die restlichen Karten noch in Ihrer Hand.

10. Nehmen Sie jetzt eines der beiden Tischpäckchen, um es zu den bereits weggelegten Karten zu geben.

11. Nehmen Sie das übrig gebliebene Tischpäckchen zur Hand, und merken Sie sich die unterste Karte. Anschließend wird dieses Päckchen auf die Karten in Ihrer Hand gelegt.

12. Ich kann weder wissen, wie viele Karten Sie in der Hand halten, noch kenne ich Ihre gemerkte Karte und weiß auch nicht ihre Position. – Und trotzdem werde ich Ihre Karte *ausnahmsweise* finden!

13. Dazu müssen Sie nur AUSNAHME buchstabieren, und Sie landen genau bei Ihrer Karte: Legen Sie für jeden Buchstaben eine Karte von oben nach unten. Nach dem letzten Buchstaben drehen Sie die oberste Karte um – es ist Ihre Karte!

Der Trick funktioniert vollkommen automatisch. Verantwortlich dafür sind mehrere mathematische Prinzipien:

Ein Kartenspiel besteht aus 52 Blatt. Da Sie den Zuschauer zu Beginn bitten, drei etwa gleichgroße Stapel zu formen und anschließend zwei davon wegzulegen, kann er tatsächlich nur zwischen 10 und 20 Karten haben (20 wären allerdings zu viel!).

Wenn Sie die Quersumme aller Zahlen von 10 bis 19 bilden und diese Summe von der ursprünglichen Zahl abziehen, so erhalten Sie als Ergebnis immer 9.

Und auch Ihre letzte Entscheidung beeinflusst das Ergebnis nicht, sodass durch das Buchstabieren (oder Umzählen von acht Karten) am Ende immer die richtige Karte erscheint.

Probieren Sie diesen Trick ruhig auch mal bei einem Telefonat oder Zoom-Call aus. Ich empfehle Ihnen, dabei die Kamera auszuschalten. Oder führen Sie das Kunststück direkt vor Zuschauern vor, indem Sie sich abwenden, um Ihre Anweisungen zu geben.

Vier Karten

 Der beste Weg in das Herz eines Zauberers ist immer noch in der Medioclavicularlinie, schräg nach oben mittig durch den fünften Intercostalraum. Warum ich Sie darauf hinweise? Warten Sie's ab ... am Ende schließt sich der Kreis – und hoffentlich auch die Wunde!

Der Effekt

Ein Trick mit nur vier Karten, die von Ihnen nach Herzenslust durcheinandergebracht werden. Und doch weiß ich genau, wo Ihre Karte am Ende liegt.

Das Geheimnis

1. Suchen Sie vier beliebige Karten aller vier Farben aus dem Spiel heraus, also jeweils ein Kreuz-, Pik-, Herz- und Karo-Blatt.
2. Legen Sie die Pik-Karte mit dem Bild nach oben auf den Tisch.
3. Darauf kommt die Herz-Karte, ebenfalls mit dem Bild nach oben.
4. Als Nächstes legen Sie die Kreuz-Karte auf die ersten beiden, natürlich auch mit dem Bild nach oben.
5. Ganz oben drauf kommt die Karo-Karte.
6. Sie nehmen jetzt den kleinen Kartenstapel zur Hand, drehen die Karo-Karte mit dem Bild nach unten und legen sie wieder oben auf.
7. Heben Sie jetzt das Päckchen einmal ab (bringen Sie also beliebig viele Karten von oben nach unten).
8. Drehen Sie jetzt die beiden oberen Karten gemeinsam um.
9. Heben Sie das Päckchen nochmals ab (bringen Sie also wieder beliebig viele Karten von oben nach unten).
10. Jetzt wird das gesamte Päckchen umgedreht.
11. Drehen Sie die beiden jetzt oben liegenden Karten gemeinsam um.
12. Und wieder abheben.
13. Jetzt haben Sie die Wahl: Sie können das Ganze noch einmal wiederholen (also die beiden jetzt oben liegenden Karten gemeinsam umdrehen und danach

abheben), oder Sie sind schon müde und machen gar nichts. – Entscheiden Sie weise!

14. Jetzt wird nur die oberste Karte herumgedreht.
15. Anschließend drehen Sie die beiden oberen Karten gemeinsam um.
16. Und jetzt drehen Sie oberen drei Karten gemeinsam um.
17. Als Letztes drehen Sie nun das gesamte Päckchen um.

Sie haben also alles kräftig durcheinander gebracht. Ich kann nicht wissen, welche Karten an welchen Stellen liegen. Beispielsweise könnten alle Karten in die gleiche Richtung zeigen. Vielleicht liegt eine umgedreht, oder zwei, oder drei oder sogar alle vier.

Aber tatsächlich liegt nur eine einzige Karte verkehrt herum! Überprüfen Sie es gleich einmal.

18. Und welche Kartenfarbe liegt verkehrt herum? Ganz einfach: Es ist die Herz-Karte!

Obwohl bei diesem Experiment scheinbar ziemlich viel durcheinandergeht, bleibt doch alles unter Kontrolle. Klar, sonst käme ja am Ende nicht das gewünschte Ergebnis heraus.

Der Trick lässt sich ohne weitere Vorbereitung beispielsweise während eines Videocalls ausführen, wobei Ihr Gegenüber dann natürlich nicht die Kamera einschalten darf. Klingt also doch eher wie ein klassisches Telefonat.

Formenvielfalt

Da wir es bei diesem Kunststück mit geometrischen Formen zu tun haben, wollte ich Sie noch darauf hinweisen, dass ein Kreis auch nur ein extrem ungenaues Quadrat ist.

Der Effekt

Breiten Sie die neun Symbol-Karten nach Anleitung vor sich aus. Obwohl Sie zu Hause sitzen und ich hier an meiner Schreibmaschine, weiß ich genau, was Sie tun und kenne bereits jetzt Ihr Endergebnis. Sie werden es lieben!

Das Geheimnis

Sie benötigen neun Zettel oder Karten mit den folgenden Symbolen und Beschriftungen (siehe Abbildung 12.10). Die Karten werden wie abgebildet auf dem Tisch ausgebreitet. Die Vorlage finden Sie auch auf meiner Website www.Zauberbuch.de zum Download.

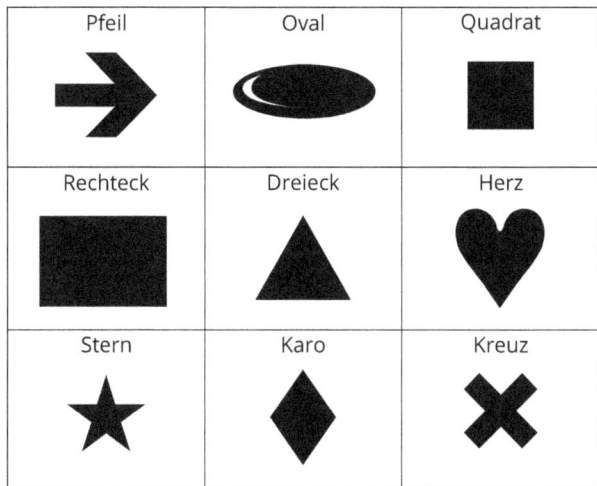

Abbildung 12.10: Die benötigten Symbole und ihre Anordnung

1. Legen Sie Ihren Finger auf ein beliebiges Symbol.
2. Jetzt buchstabieren Sie den Namen Ihres Symbols, wobei Sie Ihren Finger für jeden Buchstaben von einer Karte zur nächsten Karte bewegen. Sie können Ihren Finger beliebig nach links oder rechts bewegen und auch aufwärts oder abwärts. Aber niemals diagonal. – Haben Sie schon zu Ende buchstabiert?
3. Ich bin mir sicher, dass Sie sich nicht auf dem Stern befinden. Daher entfernen Sie bitte diese Karte. – Sobald eine Karte beziehungsweise ein Symbol entfernt wurde, dürfen Sie diese Position nicht mehr betreten!
4. Jetzt bitte Ihren Finger fünf Mal von Karte zu Karte bewegen.
5. Ich bin mir sicher, dass Sie gerade nicht auf das Rechteck deuten, daher eliminieren Sie bitte diese Karte.
6. Bewegen Sie Ihren Finger jetzt zwei Mal von Karte zu Karte.
7. Da Sie nicht auf dem Karo sind, entfernen Sie es bitte.
8. Jetzt wandern Sie mit Ihrem Finger drei Mal von Karte zu Karte.
9. Entfernen Sie den Pfeil und das Kreuz, denn Sie deuten nicht darauf.
10. Jetzt noch drei Mal von Karte zu Karte wandern.
11. Gerade waren Sie auf dem Oval, aber nicht jetzt, also bitte diese Karte entfernen.
12. Jetzt bitte noch einmal von Karte zu Karte wandern.
13. Ich bin sicher, dass Sie weder auf dem Dreieck noch auf dem Quadrat sind; bitte entfernen Sie diese beiden Karten.
14. Sie befinden sich auf dem Herz!

Der Trick funktioniert ganz automatisch, obwohl Sie auf einer beliebigen Karte beginnen. Aber durch das Buchstabieren landen Sie immer auf einer von nur vier Karten: Oval, Herz, Karo oder Rechteck. Von da an gibt es genau definierte Schrittzahlen, die bedingen, dass Sie sich nie auf der Karte befinden können, die gerade entfernt wird.

Anstatt als interaktiven Trick können Sie den Effekt natürlich auch für andere vorführen. Beispielsweise können Sie sich abwenden, während Sie Ihrem Mitspieler die Anweisungen geben. Oder Sie nehmen die Anweisungen als Audiofile auf und spielen sie vom Handy ab. Oder Sie senden die Karten als neun PDF-Seiten per E-Mail an jemanden, mit dem Sie anschließend telefonieren, um Ihre Anweisungen zu geben. Ihrer Fantasie sind keine Grenzen gesetzt.

> **IN DIESEM KAPITEL**
>
> Wie man einen Ehering in die Luft gehen lässt
>
> Wie man einen Ehering endgültig los wird – natürlich mithilfe von Magie
>
> Wie man einen verschwundenen Ehering schließlich doch an einem völlig unmöglichen Ort wiederfindet

Kapitel 13
(Ehe-)Ringe

Eheringe werden ja auch als die Handschellen des Ahnungslosen bezeichnet. Deswegen sollten Sie den armen Mitmenschen, die an einem Ehering leiden, ruhig einmal einen Gefallen tun und sie befreien. Ist auch viel weniger aufwendig, als den Ehepartner verschwinden zu lassen ...

Der schwebende Ring

Der Effekt

Ein Ehe- oder Fingerring wird über einen Bleistift geschoben und schwebt mitten in der Luft.

Das Geheimnis

 Für diesen Trick müssen Sie eine kleine Präparationsarbeit auf sich nehmen:

Befestigen Sie einen möglichst undurchsichtigen Faden (den Sie im Zauberfachhandel erstehen können) am oberen Ende eines Schreibstifts; im einfachsten Fall schieben Sie den Faden einfach unter die Kappe (siehe Abbildung 13.1; hier wurde ein weißer Faden verwendet, damit Sie das Prinzip der nachfolgenden Handlungen besser verstehen). Das andere Ende des circa 20 Zentimeter langen Fadens befestigen Sie an einem Hemdkragen. Den Stift können Sie anschließend in Ihre Hemdtasche stecken, bis Sie den Trick vorführen wollen.

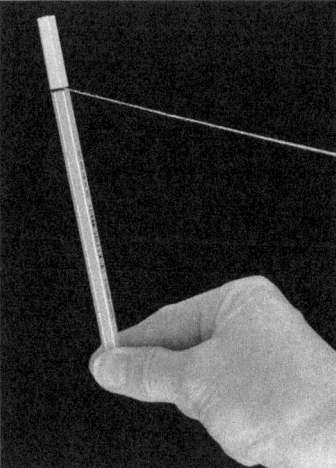

Abbildung 13.1: So wird der (eigentlich undurchsichtige) Faden am Stift befestigt.

1. Leihen Sie sich einen Ring von einem Zuschauer.

2. Stecken Sie den Ring über den Stift, sodass er auf der haltenden Hand liegt. Dabei ist der Faden entspannt.

3. Bewegen Sie den Bleistift langsam und unmerklich von Ihrem Körper weg. Dadurch steigt der Ring langsam am Bleistift nach oben (Abbildung 13.2). Je nach Länge des Fadens können Sie durch unscheinbare Bewegungen des Stifts oder des Körpers den Ring nach oben und unten schweben lassen.

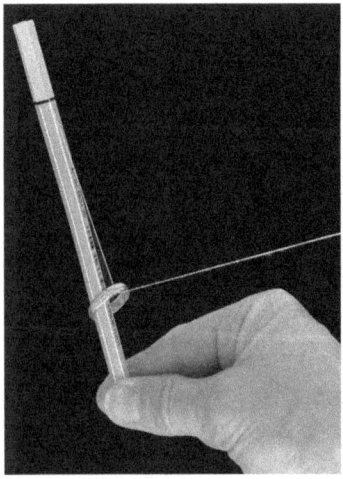 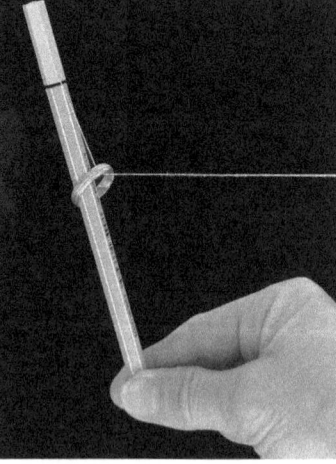

Abbildung 13.2: Durch Anspannen des Fadens bewegt sich der Ring auf dem Bleistift nach oben.

Der verschwundene Ehering

Wenn ein Ring weg ist, dann ist er weg. Meistens jedenfalls. Mit diesem Trick können Sie beweisen, dass er sich schon vor der Vorführung an einem völlig unzugänglichen Ort befand. Und wenn Sie mir nicht glauben, dann lesen Sie doch einfach weiter.

Der Effekt

Ein Ehering verschwindet, während ein Zuschauer fest darauf aufpasst. Nach einigem Hin und Her findet sich der Ring überraschenderweise im Innern eines Wollknäuels wieder.

Das Geheimnis

Für diesen Trick müssen Sie einige Vorbereitungen treffen, denn natürlich verschwindet der geliehene Ring nicht einfach so. Und dass er irgendwie in das Wollknäuel hineinkommen muss, haben Sie sich auch schon gedacht, oder?

Befestigen Sie einen billigen Ring an einem Faden. Dieser Ring wird den geliehenen Ring ersetzen und vortäuschen. Das andere Ende des Fadens befestigen Sie in der Mitte eines Stofftaschentuchs.

Um den Ring im Wollknäuel erscheinen zu lassen, benötigen Sie einen geheimen Kanal, durch den der Ring ins Innere geschoben wird. Eine platt gedrückte Aluminiumröhre übernimmt diese Aufgabe. Schieben Sie sie nach und nach bis ungefähr in die Mitte des Knäuels vor, indem Sie die Fadenstränge vorsichtig und nach und nach mit den Fingern beiseite halten. Das ist ein wenig Fummelei, aber dafür haben Sie hinterher einen kaum zu schlagenden Effekt.

Das so vorbereitete Wollknäuel liegt außerhalb der Sicht Ihrer Zuschauer, beispielsweise hinter der Bar oder in einem Koffer mit Ihren Requisiten. Jetzt benötigen Sie nur noch ein leeres Trinkglas und schon sind Sie bereit zur Vorführung:

1. Leihen Sie sich von einem Zuschauer einen Ring. Dabei können Sie allerlei Gags anbringen, beispielsweise: »Ah, wie ich sehe, ist in Ihrem Ring auch ein Name eingraviert. Einen Moment, ich versuche, das zu entziffern: E – B – A – Y. Na ja, immer noch besser als vom Lieferwagen heruntergefallen, oder?«

2. Der geliehene Ring liegt in Ihrer linken Hand. Bedecken Sie ihn beiläufig mit dem Tuch, wodurch der Ersatzring neben dem Originalring zu liegen kommt.

3. Ergreifen Sie den (Ersatz-)Ring mit den rechten Fingern durch das Tuch hindurch, während sich die linke Faust mit dem Originalring schließt und locker zur Seite fällt. Bitten Sie einen Zuschauer, das Glas zu halten. »Ihr Ring kommt zur Sicherheit in dieses Glas.«

4. »Damit niemand zu tief ins Glas schaut, decken wir es mit dem Tuch ab.« Lassen Sie den Ring über dem Glas los: Man hört, wie er ins Glas fällt. Bedecken Sie das Glas mit dem Tuch. Anschließend können Sie das Glas schütteln, wodurch die Zuschauer den Ring im Glas klirren hören.

5. Um den Ring verschwinden zu lassen, ergreifen Sie das Tuch mit spitzen Fingern an einer Ecke und ziehen es anschließend langsam nach oben vom Glas ab. Das Glas ist leer und kann natürlich von den Zuschauern untersucht werden.

6. Geben Sie sich überrascht: »Tut mir leid, da hat etwas nicht geklappt, Ihr Ring ist weg. Das ist das erste Mal, dass das schon wieder passiert. Na, dann wollen wir mal mit dem nächsten Trick weitermachen. Wer wäre so freundlich, mir einen 50-Euro-Schein zu borgen? Nein, ich mache nur Spaß, 20 Euro reichen natürlich auch.«

7. Suchen Sie in Ihrem Koffer oder hinter der Bar nach einem vollwertigen Ersatz für den verloren gegangenen Ring. Bieten Sie alles Mögliche und Unmögliche an. Dabei haben Sie ausreichend Gelegenheit, den Ring des Mitspielers in die Aluröhre zu stecken, wodurch er ins Innere des Wollknäuels rutscht. Anschließend ziehen Sie den Kanal aus dem Knäuel, das Sie dann ins Blickfeld bringen, um es schließlich dem Zuschauer als »Ausgleich« zu überreichen: »Das könnte der Beginn einer wundervollen Karriere sein: Stricken Sie Pullover, die Sie auf dem Wochenmarkt verticken, und in ungefähr 17 Jahren können Sie sich einen ähnlichen Ring beim Juwelier Ihres Vertrauens kaufen. Glauben Sie mir, erst dann wissen Sie, was Sie wirklich an Ihrem Ring haben.«

8. Nach einigem Hin und Her darf der Zuschauer das Wollknäuel abrollen und findet in seinem Innern den zuvor spurlos verschwundenen Ring.

Erscheinender Ring

Haben Sie schon einmal jemanden getroffen, der seinen Ehering am falschen Finger trug? Was die wenigsten wissen: Das ist ein eindeutiges Zeichen, dass er die falsche Frau geheiratet hat!

Der Effekt

In absolut leeren Händen erscheint ein Fingerring.

Das Geheimnis

1. Der Ring wird zu Beginn der Vorführung sehr clever hinter Zeigefinger und Daumen verborgen gehalten (siehe Abbildung 13.3 von vorn und Abbildung 13.4 von der Seite).

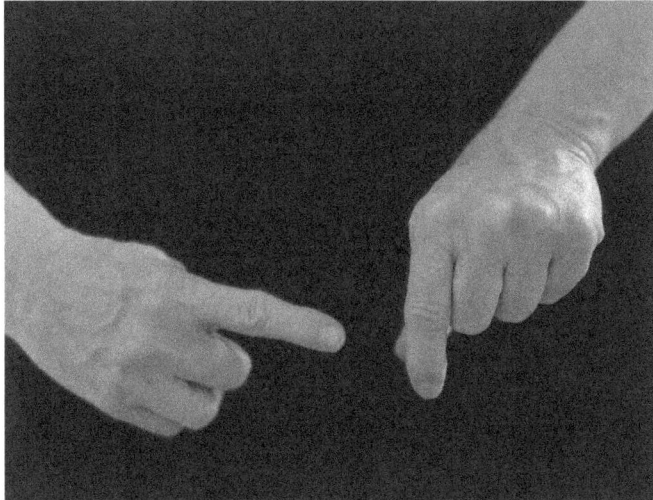

Abbildung 13.3: Scheinbar ist die linke Hand leer ...

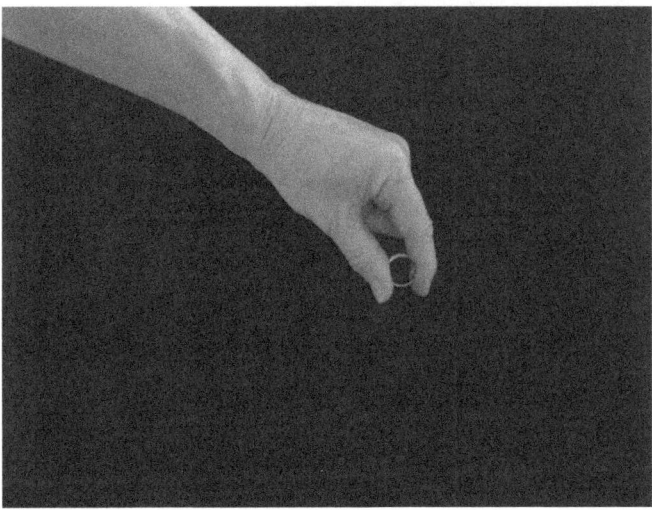

Abbildung 13.4: ... aber in Wirklichkeit halten Sie den Ring geschickt verborgen.

2. Jetzt wird der rechte Zeigefinger dreimal nacheinander in die Hand geschoben (siehe Abbildung 13.5).

3. Beim dritten Mal gleitet der Zeigefinger tatsächlich in den Ring. Die Hand wird weiter in die andere Hand bewegt, deren Zeigefinger und Daumen sich danach spreizen, um den Blick auf den aus dem Nichts erschienenen Ring freizugeben (siehe Abbildung 13.6).

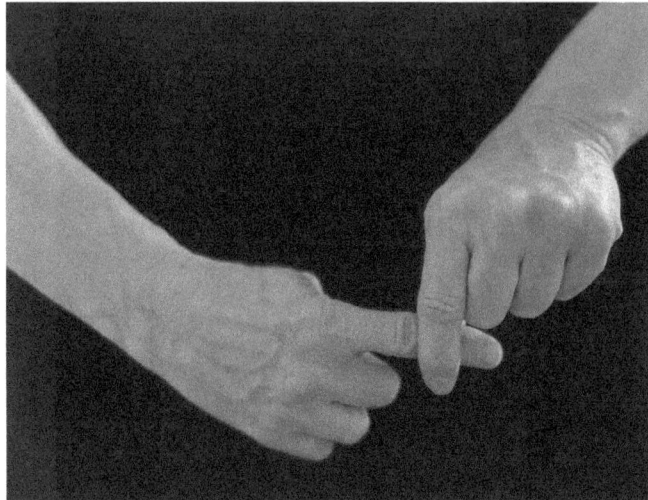

Abbildung 13.5: So wird der rechte Zeigefinger mehrmals nacheinander in den Ring geschoben.

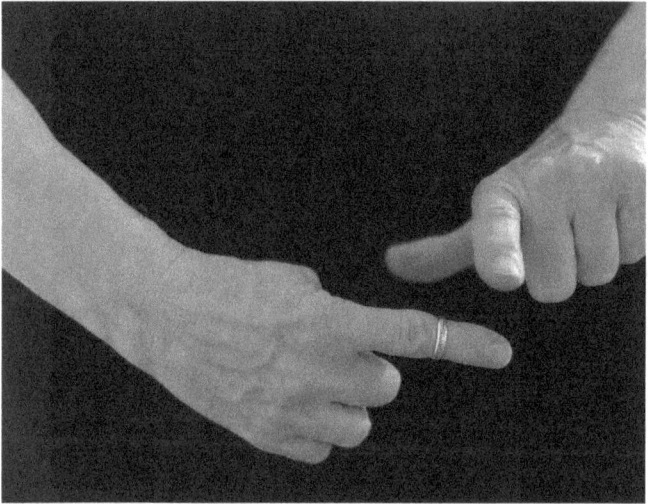

Abbildung 13.6: Der Ring ist auf dem Zeigefinger erschienen.

Ring durch Finger

Wenn es um Finger geht, wollte ich Ihnen Folgendes nicht vorenthalten: »Herr Doktor, wenn ich auf den Kopf drücke, tut's weh, wenn ich mein Bein drücke, dann tut's weh, wenn ich auf den Bauch drücke, tut's auch weh, und wenn ich auf den Arm drücke, dann ist es auch schmerzhaft.« – Darauf der Arzt: »Ja, da haben Sie sich wohl den Finger gebrochen.« – Wollen wir hoffen, dass Sie sich beim nun folgenden Trick nicht den Finger brechen!

Der Effekt

Ein Fingerring durchdringt sichtbar einen Finger. Alles ist anschließend überprüfbar, sogar der Finger.

Das Geheimnis

1. Sie benötigen einen Ring, dessen Durchmesser deutlich größer als der Ihres Kleinfingers ist.
2. Der Ring wird auf das unterste Glied des Kleinfingers geschoben (siehe Abbildung 13.7).

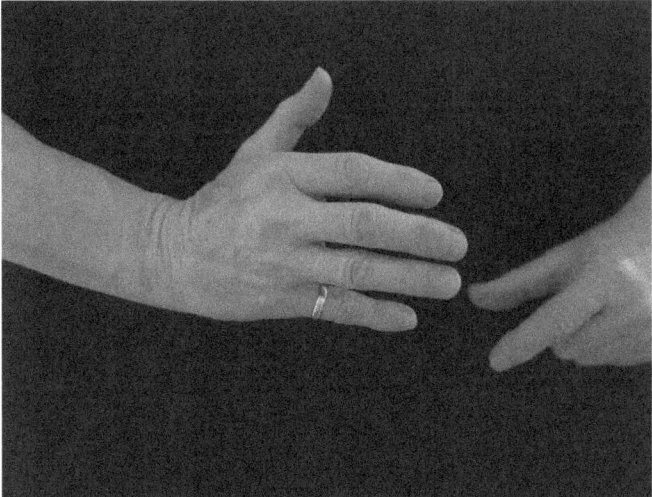

Abbildung 13.7: Der Ring befindet sich auf dem linken Kleinfinger.

3. Im nächsten Schritt bewegen Sie den Ring in einer ruckartigen Bewegung auf die Zuschauer zu. Dabei muss der Kleinfinger ganz entspannt sein, denn er wird durch diese Bewegung ebenfalls kurz in Richtung der Zuschauer bewegt.
Er schnellt aber nach der Befreiung vom Ring wieder in die Ausgangsposition zurück.

Es sieht tatsächlich so aus, als würde der Ring mitten durch den Kleinfinger bewegt.

> **IN DIESEM KAPITEL**
>
> Die absolute Kür der Kartenkunststücke. Wenn Sie die meistern, haben Sie Ihre Zuschauer schon in der Tasche.
>
> Anspruchsvolle Kartentricks für fantastische Effekte

Kapitel 14
Kartentricks: sauschwer

Machen wir uns nichts vor: Kartentricks gibts unendlich viele. Manche sind vielleicht leicht zu durchschauen, während andere beinahe wie Wunder wirken. Und wo wir gerade unter uns sind: Ich bekenne, dass gerade Kartentricks umso täuschender wirken können, je komplizierter ihre Tricktechnik ist. Und das bedeutet für dieses Kapitel, dass Sie hier einige »Perlen« finden, mit denen Sie das Publikum garantiert täuschen. Sie müssen jedoch ein wenig mehr Mühe und Übung in diese Tricks stecken, damit sie auch reibungslos gelingen und Ihr Publikum wirklich faszinieren. Deshalb habe ich den Titel des Kapitels so gewählt, wie Sie ihn gerade gelesen haben!

Perfekte Vorhersage

Dieser Trick ist ein gutes Beispiel dafür, dass man zu seinen Kunststücken Geschichten erzählen sollte – das macht die Zauberei anschaulicher und authentischer. Besuchen Sie möglichst viele Vorstellungen von Zauberkünstlern und achten Sie nicht nur auf die Tricks, sondern auch auf die Präsentation und das Drumherum. Da können Sie viel lernen und sehen, wie man es machen sollte oder auch nicht. Und bitte vermeiden Sie es, zu sagen: »Den Trick kenne ich.«

Der Effekt

Ein Zuschauer steckt irgendwo in das Kartenspiel einen Umschlag. Das Spiel wird mit den Bildern nach oben gedreht: Alle Karten sind nach Farben und Werten sortiert, allerdings fehlt eine Karte. Genau an der Stelle, wo eine Karte fehlt, hat der Zuschauer den Umschlag ins Spiel gesteckt. Wird der Umschlag geöffnet, so findet sich darin die fehlende Karte!

Das Geheimnis

Sortieren Sie die Karten nach Farben und Werten, also zum Beispiel Kreuz-Ass bis Kreuz-König, Herz-Ass bis Herz-König, Pik-Ass bis Pik-König und Karo-Ass bis Karo-König. Nehmen Sie eine beliebige Karte circa aus der Spielmitte, beispielsweise die Herz-Neun, um sie in einen kleinen Umschlag zu stecken. Auf die Vorderseite des Umschlages schreiben Sie »Meine Vorhersage«.

Heben Sie das Spiel an jener Stelle ab, wo sich zuvor die fehlende Karte befand. Dadurch gelangen die unmittelbaren Nachbarkarten, also die Herz-Acht und die Herz-Zehn, auf die Bild- und Rückseite des Spiels.

Wegen der umfangreichen Vorbereitungen sollte dieser Trick am Anfang Ihrer Vorführung gezeigt werden (oder aber nachdem Sie das zuvor benutzte Spiel unbemerkt ausgetauscht haben).

1. Nehmen Sie das Kartenspiel aus dem Etui, um es anschließen falsch abzuheben.

Falschabheben

Sie heben ungefähr ein Drittel der Karten ab und legen diesen Spielteil auf den Tisch. Ergreifen Sie ein weiteres Spieldrittel, um es rechts neben das auf den Tisch zu legen. Schließlich ergreifen Sie alle restlichen Karten und legen sie rechts neben die beiden ersten Päckchen. Anschließend sammeln Sie die Karten wieder ein: Sie legen den linken auf den mittleren Kartenstapel und dann dieses vereinigte Päckchen wiederum auf das rechts liegende. Egalisieren Sie die Karten – die Reihenfolge des Spiels ist unverändert!

2. Dieses Falschabheben muss flüssig und nebenbei erfolgen, während Sie beispielsweise sagen: »Ich möchte Ihnen ein Kunststück zeigen, das mir mein Großvater beigebracht hat. Neben dem Kartenspiel benötigen wir noch einen Umschlag, mit dem Sie gleich eine beliebige Position im Kartenspiel markieren dürfen. Dies ist übrigens der Original-Umschlag meines Großvaters.«

3. Streifen Sie die Karten in einem langen Band mit dem Bild nach unten auf dem Tisch aus. Überreichen Sie dem Zuschauer den Umschlag mit der Rückseite nach oben; er darf ihn an beliebiger Stelle ins Kartenband stecken. Anschließend egalisieren Sie das Kartenspiel und halten es links in Austeilhaltung; der Umschlag steht nach vorne aus den Karten heraus.

4. »Nun wollen wir einmal nachsehen, an welcher Stelle Sie den Umschlag ins Spiel gesteckt haben. Sie hatten 52 verschiedene Möglichkeiten, aber Sie haben den Umschlag völlig frei und unbeeinflusst genau an dieser Stelle in das Kartenband gesteckt. Und trotzdem hat schon mein Großvater genau diese Position gekannt und sie vorhergesagt. Sehen Sie …?«

5. Während dieser Worte bringen Sie den Umschlag auf äußerst raffinierte Weise zwischen die beiden Nachbarkarten der Vorhersagekarte, ohne dass die Zuschauer dies bemerken. Diese Handlung wird durch das Umdrehen des Umschlages motiviert: Das Spiel wird in der linken Hand gehalten, der Umschlag steht nach vorne heraus. Schieben Sie mit dem linken Daumen alle Karten über dem Umschlag in die rechte Hand (Abbildung 14.1).

Abbildung 14.1: Das Kartenspiel wird am Umschlag getrennt.

6. Drehen Sie das rechte Handgelenk nach innen (der rechte Handrücken kommt nach oben), sodass Sie, von vorne kommend, den Umschlag mit dem rechten Daumen von unten ergreifen können; er wird gegen die Rückenkarte des Spiels gedrückt (Abbildung 14.2).

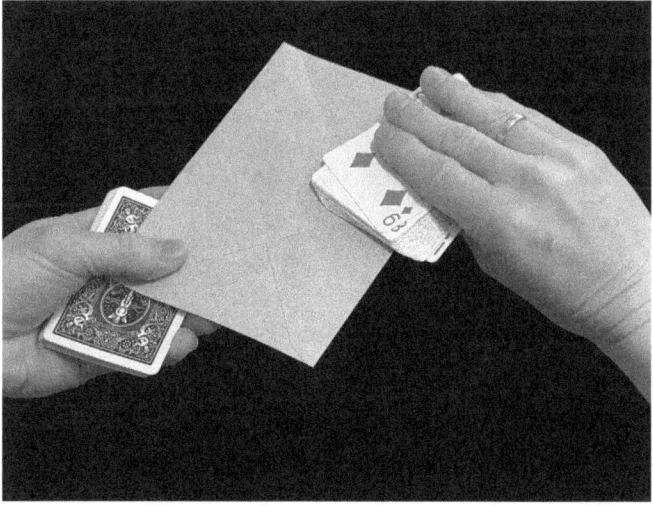

Abbildung 14.2: Der Umschlag wird von oben ergriffen und dann die rechte Hand umgedreht.

7. Drehen Sie den rechten Handrücken wieder nach unten, um die rechte Spielhälfte gemeinsam mit dem darauf liegenden Umschlag unter die linke Spielhälfte zu legen (Abbildung 14.3).

Abbildung 14.3: Die linke Spielhälfte wird auf die rechte gelegt.

8. Durch diese Handlungen kommt der Schriftzug »Meine Vorhersage« ins Blickfeld der Zuschauer; und zwar genau in dem Moment, in dem Sie sagen: »Sehen Sie ...?«

9. Das Spiel wird mit dem Bild nach oben auf dem Tisch ausgestreift. Die Zuschauer erkennen, dass die Karten nach Farbe und Wert sortiert sind. An der Position des Umschlages fehlt eine Karte – erster Effekt: »Sie haben den Umschlag genau an jene Position gelegt, wo eine Karte im Kartenband fehlt!«

10. Öffnen Sie den Umschlag mit spitzen Fingern: »Im Umschlag befindet sich eine einzelne Karte – wäre es nicht ein guter Trick, wenn es genau die fehlende Karte wäre? Nun, ich muss Ihnen widersprechen, das wäre nicht nur ein guter Trick, das wäre sogar ein Wunder!« Natürlich befindet sich im Umschlag die fehlende Karte – zweiter Effekt!

In den meisten Fällen wird das mit dem Bild oben liegende Kartenband nicht bei einem Ass beginnen oder enden (was eigentlich schöner aussehen würde). Da Sie am Anfang des Tricks jedoch (falsch) abheben, wird dies niemand bemängeln.

Drunter und drüber

Bei diesem Kunststück handelt es sich um einen ganz berühmten klassischen Effekt. Trotzdem wirkt er sehr gut auf das Publikum. Beachten Sie, ein Kartenspiel mit weißem Rand zu verwenden, da die Zuschauer sonst erkennen könnten, dass Karten verkehrt herum im Spiel liegen.

Der Effekt

Eine Karte wird gewählt, gemerkt und ins Spiel zurückgesteckt. Anschließend wird eine Hälfte des Spiels mit dem Bild nach oben gedreht und in die restlichen mit dem Bild nach unten liegenden Karten gemischt. Am Ende liegen alle Karten wieder in der richtigen Richtung – mit Ausnahme der einen zuvor gewählten!

Das Geheimnis

Verwenden Sie nach Möglichkeit ein Kartenspiel mit weißem Rand, denn dadurch werden verkehrt herum liegende Karten verborgen.

1. Erklären Sie den Zuschauern, dass Sie sich abwenden werden, während eine Karte gewählt wird, »… damit ich keine Möglichkeit zur Manipulation habe.« Natürlich ist dies arg geschwindelt, denn in Wirklichkeit wenden Sie sich natürlich genau deshalb ab, damit Sie unbemerkt eine Präparation vornehmen können!

2. Sie halten das Spiel mit dem Bild nach unten hinter Ihren Rücken, fächern es aus und lassen einen Zuschauer eine Karte herausziehen. »So habe ich keine Möglichkeit, Sie bei Ihrer Wahl zu beeinflussen oder Ihre Karte zu sehen.«

3. Während die Karte den anderen Anwesenden gezeigt wird, nehmen Sie das Kartenspiel vor Ihren Körper und können nun unbeobachtet folgende Präparation ausführen: Sie halten die Karten mit dem Bild nach unten und drehen die unterste Karte mit dem Bild nach oben. Egalisieren Sie anschließend das Spiel, und halten Sie es links in Austeilposition.

4. Wenden Sie sich wieder den Zuschauern zu. »Jetzt will ich die Karten durcheinanderbringen …« Heben Sie die Karten mit der rechten Hand ungefähr in der Mitte ab (Abbildung 14.4). Simultan werden jetzt die linke und die rechte Hand umgedreht: Die linke dreht sich nach innen und die rechte nach außen (Abbildung 14.5), sodass die Kartenpäckchen anschließend längs vor dem Körper gehalten werden; das linke nach links versetzt über dem rechten. Legen Sie das rechte Päckchen mit den Bildern nach oben auf den Tisch.

Abbildung 14.4: Das Kartenspiel wird ungefähr in der Mitte abgehoben.

Abbildung 14.5: Simultan werden beide Hände umgedreht und die Karten versetzt übereinandergelegt.

5. »**Sie werden mit dem Bild nach oben in mit dem Bild nach unten gemischt! Aber vorher müssen Sie ja noch Ihre Karte zurückstecken …!**« Lassen Sie den Zuschauer seine Karte mit dem Bild nach unten in das links gehaltene Päckchen stecken.

 Keinesfalls dürfen Sie die Karten dabei auffächern, denn in Wirklichkeit liegen dort alle Karten, mit Ausnahme der oberen, mit dem Bild nach oben.

6. Nehmen Sie das rechte Päckchen wieder auf und riffelmischen Sie die beiden Päckchen ineinander (Abbildung 14.6), wobei Sie darauf achten, dass die links gehaltenen Karten nicht verrutschen (und dadurch Bildseiten sichtbar werden). Scheinbar mischen Sie die Karten tatsächlich Bild unten in Bild oben.

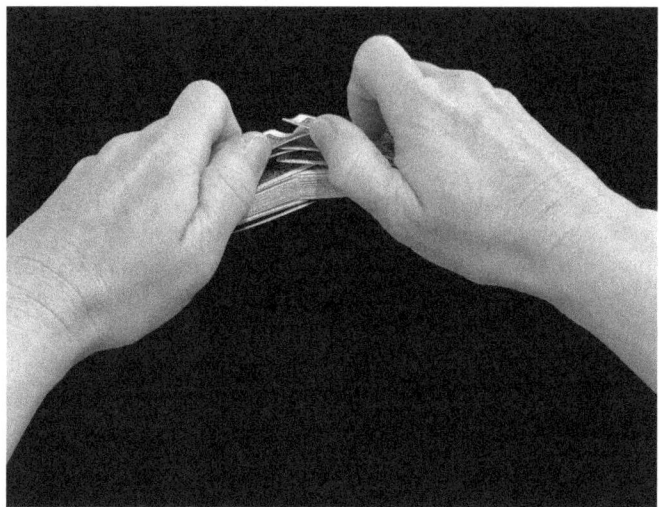

Abbildung 14.6: Die beiden Päckchen werden per Riffelmischen ineinander gemischt (in Wirklichkeit liegen die Karten links mit dem Bild nach oben).

7. Sagen Sie dabei: »Mit dieser Bild-oben-Bild-unten-Mischtechnik können Sie sogar die Croupiers in einem Spielcasino aus der Ruhe bringen …, denn um das Spiel zu ordnen, muss man anschließend jede einzelne Karte ansehen und alle verkehrt liegenden umdrehen!«

8. Zeigen Sie das Kartenspiel von beiden Seiten deutlich vor: Man sieht auf und unter dem Spiel nur Rückseiten. Illustrieren Sie den Sachverhalt Ihres Vortrages, indem Sie die obersten drei bis vier Karten ausfächern, um dann die Rückenkarte zur Demonstration mit dem Bild nach oben zu drehen. Sagen Sie dann: »Aber es gibt auch eine andere Methode zum Sortieren: Magie!«

9. Nach einer magischen Handbewegung streifen Sie das Spiel auf dem Tisch aus: Alle Karten liegen mit dem Bild nach oben – erster Effekt! Eine einzelne Karte liegt mit dem Bild nach unten – es ist die am Anfang des Tricks ausgewählte – zweiter Effekt und Schluss!

Der fotokopierte Kartentrick

In jedem modernen Büro stehen heute leistungsfähige Kopierer, die Sie auch für einen Kartentrick verwenden können, um beispielsweise Ihre Kollegen zu verblüffen. Oder Sie schleppen so ein Gerät mit sich herum, denn der Effekt ist einfach hammerhart.

Der Effekt

Bei diesem Kunststück erledigt der Zuschauer alles alleine: Er wählt eine Karte aus dem Spiel. Anschließend zeichnet er in die Mitte eines DIN-A4-Papiers ein geometrisches Symbol (beispielsweise Kreis, Dreieck, Rechteck etc.). Dieses Papier fotokopiert der Zuschauer, während er sich gedanklich fest auf seine Karte konzentriert. Auf der Fotokopie erscheint der Kartenwert umrahmt vom gezeichneten Symbol!

Das Geheimnis

Dieses Kunststück kann mit einem geliehenen Kartenspiel gezeigt werden. Allerdings müssen Sie den Fotokopierer »präparieren«. Schreiben Sie dazu in die Mitte eines leeren DIN-A4-Papiers den Namen einer beliebigen Karte (beispielsweise »Kreuz-Neun«). Das Papier wird fotokopiert und anschließend vernichtet. Die Kopie legen Sie in die Papierkassette. Beim nächsten Kopiervorgang wird sie eingezogen und trägt neben der »neuen« Kopierinformation auch Ihre kopierte Voraussage. Anstatt den Wert der Karte aufzuschreiben, können Sie natürlich auch die Karte fotokopieren.

1. Lassen Sie das Kartenspiel zunächst mischen. Anschließend fächern Sie die Karten mit dem Bild nach oben vor den Zuschauern aus: »Sie haben Ihre Aufgabe wirklich gut erledigt; die Karten sind völlig durcheinander.« Nebenbei können Sie unbemerkt die Kreuz-Neun (Ihre Voraussagekarte) auf den Spielrücken abheben, ohne Verdacht zu erregen.

2. Legen Sie das Kartenspiel mit dem Bild nach unten vor einen Zuschauer: »Ich werde Ihnen jetzt einige Anweisungen geben, die Sie bitte genau befolgen. Beachten Sie, dass ich das Kartenspiel zu keinem Zeitpunkt berühre.«

3. Mithilfe einer raffinierten Technik werden Sie dem Zuschauer jetzt die Kreuz-Neun forcieren.

Force

Der Zuschauer glaubt, eine Karte frei zu wählen, dabei ist seine Wahl in Wirklichkeit durch Sie vorbestimmt, denn er wird die Karte auf dem Spielrücken wählen! »Heben Sie bitte ungefähr ein Drittel des Spiels ab. Drehen Sie diesen Teil um und legen Sie ihn mit dem Bild nach oben auf das Spiel zurück. Anschließend heben Sie noch einmal ab, diesmal jedoch circa zwei Drittel des Spiels. Auch diesen Teil drehen Sie bitte um und legen ihn auf den Spielrest zurück. Jetzt streifen Sie das Spiel auf dem Tisch aus und merken sich die erste verdeckt liegende Karte, die weder Sie noch ich kennen. Hätten Sie nur eine Karte tiefer oder höher abgehoben, wären Sie natürlich bei einer ganz anderen Karte angelangt.«

4. Aufgrund der beschriebenen Vorgehensweise wählt der Zuschauer automatisch die Kreuz-Neun! Diese Force ist absolut überzeugend und unverdächtig, sie sollte allerdings innerhalb einer Vorführung nur einmal eingesetzt werden, da die Zuschauer ansonsten Verdacht schöpfen könnten.

5. »Zeichnen Sie jetzt bitte auf dieses Blatt Papier ein beliebiges geometrisches Symbol, zum Beispiel einen Kreis, ein Quadrat, ein Dreieck. Dieses Symbol wird Ihnen behilflich sein, Ihre Gedanken auf den Wert der gewählten Karte zu fokussieren.«

    Damit der Name der Karte später auch wirklich im Innern des Symbols erscheint, bitten Sie den Mitspieler um ein ungefähr handflächengroßes Symbol in der Mitte des Papiers.

6. »Legen Sie Ihr frei gewähltes Symbol nun auf das Vorlagenglas des Fotokopierers. Konzentrieren Sie sich fest auf Ihre gewählte Karte, die nur Sie allein kennen. Drücken Sie dann die START-Taste.«

7. Auf der Kopie erscheint nun der Name der gewählten Karte! Kartenspiel und Fotokopierer können durch die Zuschauer geprüft werden; es ist natürlich keine Präparation zu entdecken.

 Die Force wirkt noch überzeugender, wenn die Force-Karte zu Beginn an zweiter Stelle von oben im Spiel liegt: Zunächst demonstrieren Sie dem Zuschauer, dass mit dem 1/3- und 2/3-Abheben eine beliebige Karte gewählt wird. Anschließend geben Sie die mit dem Bild nach oben liegenden Karten und die zu Demonstrationszwecken gewählte Karte mit dem Bild nach unten unter das Spiel, wodurch die Force-Karte auf dem Spielrücken landet. Erst jetzt überreichen Sie dem Zuschauer die Karten und geben dann wie oben beschrieben Ihre Anweisungen.

Gedächtniswunder

Der Effekt

Der Zuschauer mischt das Kartenspiel und übergibt Ihnen danach ein Kartenpäckchen, das Sie in kürzester Zeit auswendig lernen. Entfernt der Zuschauer eine beliebige Karte aus dem Päckchen, können Sie durch Ihr phänomenales Gedächtnis bei erneutem Durchblättern des Päckchens die fehlende Karte ausmachen.

Das Geheimnis

1. Lassen Sie das Kartenspiel mischen. Der Zuschauer darf ein Päckchen (circa 10 bis 15 Karten) vom Spiel abheben. »Ich werde nun alle Karten in diesem Päckchen auswendig lernen. Später dürfen Sie eine Karte wegnehmen, und wenn ich mir das Päckchen wieder ansehe, werde ich aufgrund meines Supergedächtnisses genau wissen, welche Karte fehlt.«

Nun sehen Sie sich die Bildseiten der abgehobenen Spielkarten an. Anstatt sich die Werte einzuprägen, werden diese nach folgendem Schema »addiert«:

Zahlen- und Farbwerte

Zahlenkarten haben den ihrem Aufdruck entsprechenden Wert.

Ass = 1
2 = 2
3 = 3
4 = 4
5 = 5
6 = 6
7 = 7
8 = 8
9 = 9
10 = 10

Die Bildkarten haben folgende Werte:
Bube = 11
Dame = 12
König = 13

Die Werte der Kartenfarben:
Kreuz = 1
Pik = 2
Herz = 3
Karo = 4

Sie addieren die Kartenwerte und die Farbwerte separat voneinander. Damit Sie diese Addition leichter verstehen, hier ein Beispiel:

Beispiel

Nehmen wir an, die ersten Karten in dem Päckchen, das der Zuschauer Ihnen überreicht, sind folgende:

Kreuz-Neun, Pik-Zehn, Herz-Ass, Pik-Dame, Karo-Sieben ...

Sie addieren also: Kreuz-Neun (1 | 9) plus Pik-Zehn (2 | 10) ergibt (3 | 19).

Falls die hintere Zahl jemals größer als 1 ist, ziehen Sie einfach 13 davon ab, um sich das Rechnen zu erleichtern. Analog können Sie von der vorderen Zahl 4 subtrahieren, sobald das Ergebnis größer als 4 ist.

Nach diesem »Kürzen« erhalten Sie also das Ergebnis (3 | 6). Addieren Sie die nächste Karte, Herz-Ass (3 | 1), und Sie erhalten (6 | 7). Sie können wieder kürzen auf (2 | 7). Fahren Sie fort mit der Pik-Dame (2 | 12), wodurch Sie (4 | 19) erhalten, was Sie wiederum auf (4 | 6) verkürzen. Die Karo-Sieben (4 | 7) bringt Sie zu (8 | 13) oder (4 | 13). Addieren Sie die restlichen Karten und merken Sie sich das Ergebnis.

Es macht gar nichts aus, wenn Sie beim Addieren die Karten nicht flüssig von einer Hand in die andere schieben, denn immerhin geben Sie ja vor, die Karten auswendig zu lernen. Sie dürfen also (bedingt durch die geheime Addition) ruhig ein wenig zögern.

2. **Wenden Sie sich ab, während ein Zuschauer dem Päckchen eine Karte entnimmt und diese in seine Tasche steckt. Anschließend darf er die Karten auch noch mischen, um das Gedächtnisexperiment zu erschweren.**

3. **Sobald der Zuschauer mit dem Mischen fertig ist, nehmen Sie die Karten auf und führen wieder Ihre Addition durch. Subtrahieren Sie das Ergebnis von Ihrer ursprünglichen Summe. Das Endergebnis nennt Ihnen die fehlende Karte.**

Beispiel

1. Beispiel: Fehlt die Karo-Sieben, wird Ihre Addition (4 | 6) ergeben, denn: Von Ihrer Ausgangssumme (8 | 13) die Summe (4 | 6) subtrahiert, ergibt (4 | 7), also Karo-Sieben.

2. Beispiel: Fehlt die Pik-Zehn, so erhalten Sie (2 | 3), denn: (4 | 13) - (2 | 3) = (2 | 10), also Pik-Zehn.

3. Beispiel: Fehlt die Kreuz-Neun, so erhalten Sie (3 | 4), denn: (4 | 13) - (3 | 4) = (1 | 9), also Kreuz-Neun.

4. Beispiel: Fehlt die Pik-Dame, so erhalten Sie (2 | 1), denn: (4 | 13) - (2 | 1) = (2 | 12), also Pik-Dame.

5. Beispiel: Fehlt das Herz-Ass, so erhalten Sie (1 | 12), denn: (4 | 13) - (1 | 12) = (3 | 1), also Herz-Ass.

Üben Sie das Addieren der Kartenwerte ein paar Mal, und es wird Ihnen in Fleisch und Blut übergehen.

4. **Wenn Sie nach Durchsicht der Karten errechnet haben, welches Blatt fehlt, nennen Sie Ihren Zuschauern den entsprechenden Wert. Man wird von Ihrem phänomenalen Gedächtnis erschlagen sein!**

Es kann auch einmal ein Sonderfall auftreten, bei dem beispielsweise der abzuziehende Farbwert größer als der Ausgangswert ist. In diesem Fall erweitern Sie den Ausgangswert durch Addition von 4 zur Kartenfarbe. Anschließend können Sie die Subtraktion durchführen. Genauso kann es in bestimmten Fällen notwendig sein, die Zahl für den Kartenwert zu erweitern: Zählen Sie einfach 13 hinzu, um anschließend wieder die Subtraktion vorzunehmen.

Bezauberndes Rendezvous

Vorsicht: Ihre ersten »Opfer« für neue Zaubertricks werden natürlich jene Personen sein, die Ihnen besonders nahestehen. Die Gefahr ist groß, dass diese Menschen durch Ihr ständiges »Schau mal, ich habe einen neuen Trick« eine gewisse Aversion gegen Zauberkunststücke entwickeln. Wappnen Sie sich durch Tragen eines Sturzhelmes und Verstecken des Nudelholzes.

Ansonsten kann Zauberei natürlich auch nützlich sein, beispielsweise um gewünschte Ergebnisse zu erzielen, wie im Nachfolgenden beschrieben.

Der Effekt

Ihre Freundin / Ihr Freund führt mit Spielkarten einen »Test« durch, dessen Endergebnis aussagt, dass Sie beide wirklich sehr gut zueinander passen. Da haben Sie aber richtig Glück gehabt, nicht wahr?

Um es stilistisch einfacher zu machen, schildere ich das Nachstehende aus meiner Sicht mit meiner Herzensdame.

Das Geheimnis

1. Nachdem Sie und Ihre »Angebetete« ein gemütliches Abendessen genossen haben, lenken Sie das Gesprächsthema auf Tarotkarten: »Wusstest du eigentlich, dass das Weissagen mit Tarotkarten völlig aus der Mode gekommen ist? Ja, wirklich, mittlerweile hat sich die Wissenschaft darauf geeinigt, nur noch normale Spielkarten zum Wahrsagen zu verwenden. Bitte suche doch einmal sechs beliebige Karten sowie den Herz-Buben und die Herz-Dame aus dem Kartenspiel heraus.«

2. Sie nehmen das Kartenpäckchen entgegen und erklären die »Spielregeln«: »Das ist so eine Art Prüfung, ob wir beide wirklich füreinander bestimmt sind. Du bist dabei natürlich die Herz-Dame und ich der Herz-Bube. Du hast gleich die Aufgabe, unser Leben ein wenig durcheinanderzubringen, also die Karten nach einem alten Ritual zu mischen. Das geht folgendermaßen: Schiebe die beiden oberen Karten des Päckchens gemeinsam zur Seite, drehe sie gemeinsam um und lege sie zurück aufs Päckchen. Hebe dann das Päckchen irgendwo ab. Schiebe dann wieder zwei Karten zur Seite und drehe sie gemeinsam um. Anschließend darfst du

wieder abheben. Das Ganze machst du so lange, bis du die Karten richtig durcheinandergebracht hast. Was noch wichtig ist: Damit die Prüfung funktioniert, musst du die Karten ›im Dunkeln‹ erhalten und auch ohne hinzusehen durcheinanderbringen. Anschließend musst du mir die Karten wieder ›im Dunkeln‹ zurückgeben. Wir machen das einfach, indem ich dir die Karten unter dem Tisch gebe, du drehst sie dort nach dem alten Ritual um und gibst sie mir unter dem Tisch wieder zurück.«

3. Bei diesen Worten demonstrieren Sie, was die Dame tun soll, indem Sie selbst (entsprechend Ihrem eben Gesagten) Karten umdrehen und abheben. Schließlich richten Sie alle Karten wieder mit dem Bild nach oben aus und bringen dabei unbemerkt Herz-Dame und Herz-Bube an die Positionen 2 und 4 von der Bildseite (siehe Abbildung 14.7).

Abbildung 14.7: Bube und Dame liegen an den Positionen 2 und 4.

4. Sie halten die Karten mit dem Bild nach unten und gehen damit unter den Tisch. Dabei haben Sie Gelegenheit, unbemerkt weitere Vorbereitungen zu treffen: Zunächst wird die zweite Karte von der Rückseite mit dem Bild nach oben gedreht. Anschließend schieben Sie die drei obersten Karten in die rechte Hand, drehen diese um und legen sie unter das Päckchen. Jetzt überreichen Sie die Karten der Dame. Die Dame bringt die Karten gemäß der Beschreibung durcheinander und gibt sie Ihnen anschließend unter dem Tisch zurück.

5. Fassen Sie das bisher Geschehene zusammen. Dabei haben Sie Gelegenheit, heimlich jede zweite Karte einige Zentimeter nach vorn aus dem Päckchen herauszuschieben (Abbildung 14.8).

Abbildung 14.8: Nachdem die Dame die Karten »gemischt« hat, schieben Sie heimlich jede zweite Karte nach vorn heraus.

6. Anschließend werden die herausgeschobenen Karten alle gemeinsam aus dem Päckchen gezogen, umgedreht und aufs Päckchen zurückgelegt. Bringen Sie die Karten unter dem Tisch hervor.

7. »Wenn wir beide wirklich füreinander geschaffen sind, so sollten die Karten uns das eindeutig anzeigen. Sehen wir einmal nach, was dein Mischen ergeben hat: Nur Herz-Dame und Herz-Bube liegen in entgegengesetzter Richtung zu den übrigen Karten. Wenn das kein eindeutiges Zeichen unserer Liebe ist!«

Der manipulierte Zufall

Natürlich darf zum Abschluss des Kartenkapitels eine Falschspielerdemonstration nicht fehlen. Sie werden staunen, wie viele Zuschauer von eigenen Erfahrungen mit Falschspielern berichten können. In den südlichen Ferienzielen genauso wie in den großen Städten Deutschlands sind diese Zeitgenossen in letzten Jahren viel unterwegs und zocken ihre Opfer regelrecht ab. Seien Sie gewarnt, und das meine ich wirklich ernst: Sie können bei einem solchen Spiel auf der Straße nicht gewinnen, auch wenn alles danach aussieht.

Der Effekt

Der Zuschauer wählt zunächst zufällig eine Karte – das Pik-Ass. Plötzlich dreht sich das andere schwarze Ass, das Kreuz-Ass, ebenfalls mit dem Bild nach oben. Diese beiden Asse finden die roten Asse. Und schließlich wird noch ein »Royal Flush« vom Lieblings-Ass des Zuschauers produziert.

Das Geheimnis

Für dieses Kunststück benötigen Sie eine Vorbereitung von acht Karten. Von der Rückseite des Spiels gesehen liegt zunächst das Kreuz-Ass mit dem Bild nach unten, darunter folgende Karten mit dem Bild nach oben: rotes Ass, Herz-Zehn, Herz-Bube, Herz-Dame, Herz-König, rotes Ass, Pik-Ass.

1. Mit einem Riffelmischen, bei dem Sie die vorbereiteten Karten auf dem Spielrücken nicht einbeziehen, wird das Spiel scheinbar durcheinandergebracht. Heben Sie danach einige Male falsch ab.

2. »Der Zufall ist die in Schleier gehüllte Vorsehung« – das sagte einmal die deutsche Dichterin Marie von Ebner-Eschenbach. Was immer Sie vom Zufall halten – ich will Ihnen im Folgenden zeigen, wie ein Zauberkünstler mit dem Zufall umgeht.«

   Während dieses Prologs werden die Bildseiten der Karten kurz ausgefächert, um den gemischten Zustand zu zeigen. Natürlich dürfen die Zuschauer dabei die verkehrt liegenden Karten nicht bemerken.

3. Sie nehmen die Karten schließlich wieder auf und halten sie mit dem Bild nach unten in der linken Hand in Austeilposition. Die rechte Hand ergreift das Spiel und lässt nacheinander Karten in die linke Hand herabfallen (der Fachausdruck hierfür lautet »abdribbeln«), bis ein Zuschauer, der zuvor dazu aufgefordert wurde, »Stopp« ruft. Halten Sie dort inne, drehen Sie die Karten, die Ihnen noch in der rechten Hand verbleiben, als Block mit dem Bild nach oben, und legen Sie ihn so umgedreht auf das links gehaltene Restspiel.

4. »Hier haben Sie mich angehalten – wir markieren die Stelle, indem ich diese Karten verkehrt obendrauf lege.« Fahren Sie fort: »Die erste mit dem Bild nach unten liegende Karte haben Sie somit durch Zufall ermittelt.« Dabei breiten Sie das Spiel zwischen den Händen aus, bis Sie zur ersten mit dem Bild nach unten liegenden Karte kommen. Dies ist dank der präparierten Anordnung des Spiels das Pik-Ass (Abbildung 14.9).

5. Legen Sie die gewählte Karte zunächst mit dem Bild nach unten auf den Tisch und fordern Sie dann den Zuschauer auf, die Karte für alle sichtbar umzudrehen: Man sieht das Pik-Ass. Währenddessen drehen Sie die rechts mit dem Bild nach oben gehaltenen Karten wieder mit dem Bild nach unten und legen sie unter das Restspiel.

6. Dribbeln Sie erneut die Karten ab, diesmal aber auf den Tisch, bis ein Zuschauer »Halt« ruft. Legen Sie die Karten, die Ihnen noch in der rechten Hand verbleiben, nach vorne auf den Tisch und fordern Sie den Zuschauer auf, das Pik-Ass mit dem Bild nach oben aufzulegen.

Abbildung 14.9: Das Kartenspiel wird bis zur ersten mit dem Bild nach unten liegenden Karte aufgefächert.

7. **Schließlich ergreifen Sie die abgedribbelten Karten und legen sie auf den Spielteil mit dem Pik-Ass.**

   Es erscheint zwar, als hätte der Zuschauer sein zuvor gewähltes Pik-Ass irgendwo in die Spielmitte zurückgelegt, in Wirklichkeit haben Sie das Pik-Ass jedoch einfach auf den Rest des gelegten Kartenblocks gebracht und das Ganze in die Spielmitte abgehoben.

8. **An dieser Stelle ist für Sie bereits alles vorbereitet, um einen Effekt nach dem anderen zu präsentieren. Sie sind also dank der gelegten Anordnung des Kartenblocks und des oben beschriebenen Ablaufs den Zuschauern bereits drei (!) Schritte voraus.**

9. **»Dass Sie genau Pik-Ass gewählt haben, war wohl ein philosophischer Zufall. Was Sie jetzt sehen, ist der manipulative Zufall ...«**

10. **Sie rauschen das Spiel einmal durch und schnippen mit den Fingern in der Luft. Schließlich breiten Sie das Spiel in einem großen Kartenband mit dem Bild nach unten auf dem Tisch aus. Einige Karten vom Pik-Ass entfernt hat sich das Kreuz-Ass mit dem Bild nach oben gedreht (Abbildung 14.10).**

11. **»Eine zweite Karte hat sich mit dem Bild nach oben gedreht – ganz zufällig das andere schwarze Ass.«** Das war der erste Effekt.

12. **Unter Zuhilfenahme beider Hände schieben Sie die Karten links und rechts von den Assen beiseite (Abbildung 14.11).**

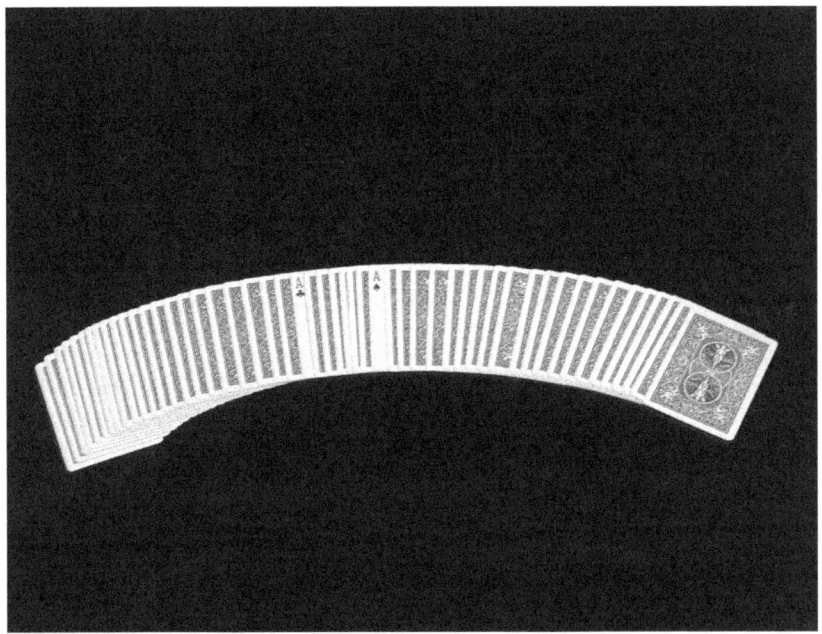

Abbildung 14.10: Beim Ausstreifen des Spiels werden zwei Asse sichtbar.

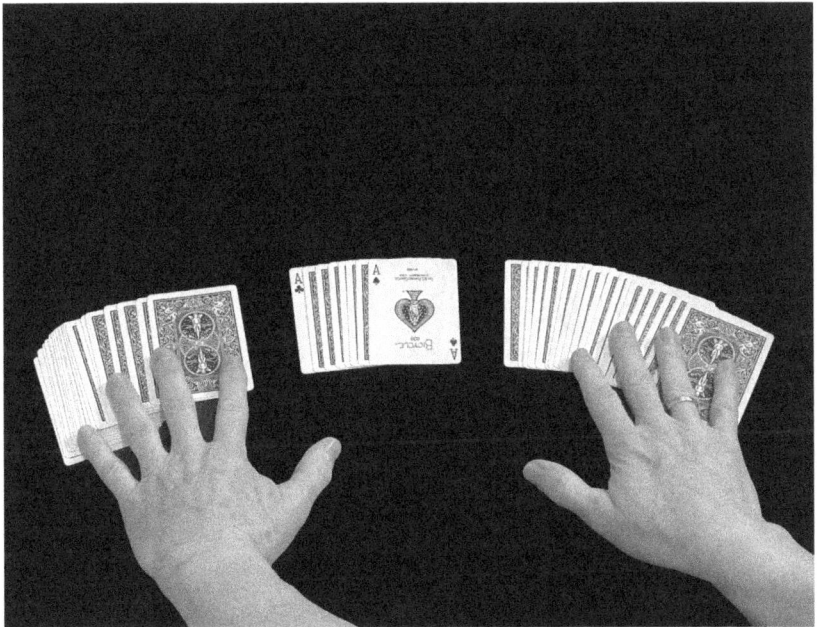

Abbildung 14.11: Die Karten links und rechts der Asse werden beiseitegeschoben.

13. »Manchmal gibt es Leute, die fragen mich: ›Spielen Sie Poker?‹« Vermitteln Sie den Zuschauern, dass Sie Ihnen genau diese Frage jetzt stellen. Vielleicht müssen Sie den Satz einige Male wiederholen, bis jemand begreift, was Sie meinen, aber das ist sehr lustig. Wenn Sie dann endlich jemand fragt: »Spielen Sie Poker?«, schauen Sie diesen Zuschauer erstaunt an und fragen ihn Ihrerseits: »Wie kommen Sie denn darauf?« Das gibt einen garantierten Lacher, der Ihnen gleichzeitig einen eleganten Übergang zum zweiten Effekt erlaubt.

14. »Natürlich pokere ich – aber dann nur mit den vier Assen.« Dabei drehen Sie die Karten unmittelbar neben den Assen mit dem Bild nach oben, und man sieht jetzt alle vier Asse – das ist der zweite Effekt.

15. Fragen Sie einen Zuschauer: »Welches ist Ihr Lieblings-Ass?« Nicht immer, aber häufiger, als Sie vielleicht denken, wird er »Herz-Ass« sagen. Falls er tatsächlich das Herz-Ass nennt, ist alles in Ordnung. Falls er sich für ein anderes Ass entscheidet, ignorieren Sie seine Antwort einfach und erklären: »Mein Lieblings-Ass ist das Herz-Ass.« Legen Sie es etwas nach vorne auf den Tisch. »Und wissen Sie, warum die Leute nicht mehr mit mir pokern?« Ohne eine Antwort abzuwarten, decken Sie die mit dem Bild nach unten liegenden vier Karten eine nach der anderen auf und legen sie gestaffelt aufs Herz-Ass: »Weil ich mich nicht mit den Assen zufriedengebe ..., sondern immer nur das Beste will, einen Royal Flush!« Das attraktive Schlussbild präsentiert sich wie auf Abbildung 14.12.

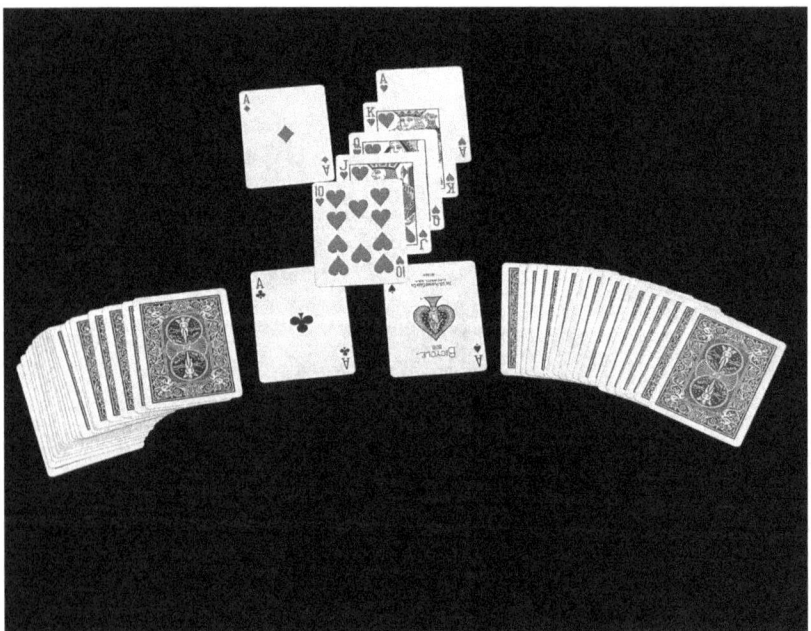

Abbildung 14.12: Am Ende des Tricks liegen die Karten in dieser Anordnung.

Teil V
Verzaubern Sie alles um sich herum

> **IN DIESEM TEIL ...**
>
> Es gibt praktisch keinen Gegenstand, mit dem Sie nicht zaubern könnten ... Besonders interessant wird es natürlich, wenn es um Geldzauber geht. Ja, Sie werden auf den folgenden Seiten auch die wundervolle Geldvermehrung erlernen. Machen Sie sich also bereit, künftig in Saus und Braus zu leben.

Gedankenlesen, Teil 3

Ich habe Ihre nur gedachte Karte verschwinden lassen. Sehen Sie selbst!

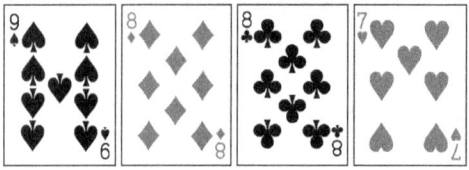

Wenn Sie wollen, dann können Sie diesen kleinen Trick auch in Ihren Internetauftritt einbinden.

> **IN DIESEM KAPITEL**
>
> lernen Sie, mit Geld zu zaubern
>
> stellen Sie fest, dass Sie deswegen noch nicht Ihren Job kündigen können
>
> können Sie Ihre Chancen auf einen Lottogewinn leider nicht erhöhen

Kapitel 15
Geld macht glücklich ...

Zauberkunststücke mit Geld haben eine enorme emotionale Wirkung auf das Publikum: Jeder geht täglich mit Geld um und jeder hätte gerne mehr davon. Klar, dass man besonders genau hinguckt, wenn jemand mit Geld zaubert!

Die zerriebene Münze

Der klassische Effekt des Verschwindens eines Gegenstands gelingt mit einer Münze natürlich leichter als beispielsweise mit einem Elefanten. Außerdem machen Geldstücke auch wesentlich weniger Dreck als Dickhäuter. Also ran ans Zahlungsmittel.

Der Effekt

Sie erklären Ihren Zuschauern, dass Sie eine Münze verschwinden lassen, indem Sie sie ins Nichts hineinreiben. Tatsächlich: Wenn Sie die Münze am Unterarm reiben, dematerialisiert sie sich.

Das Geheimnis

1. **Sie ergreifen eine Münze mit der rechten Hand und übergeben sie in die linke.**

     Wenig später werden Sie die Münze auf die gleiche Weise von der einen in die andere Hand geben, jedoch nur scheinbar. Beide Male müssen Ihre Handlungen identisch aussehen.

2. Beugen Sie Ihren rechten Arm; die rechte Hand sollte in der Nähe Ihres Hemd- oder Jackenkragens liegen (Abbildung 15.1). Drücken Sie die Münze jetzt mit der linken Hand gegen Ihren rechten Unterarm unmittelbar über dem Ellbogen. Reiben Sie die Münze mit den Fingern in einer kreisenden Bewegung. Erklären Sie Ihren Zuschauern, dass Sie die Münze ins Nichts reiben wollen.

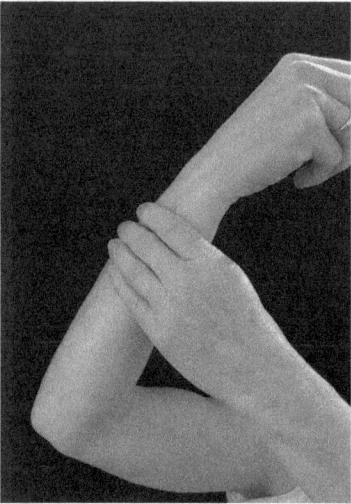

Abbildung 15.1: Der rechte Arm wird gebeugt, sodass die Hand in der Nähe des Kragens gehalten werden kann. Die linke Hand reibt die Münze oberhalb des Ellbogens.

3. »Aus Versehen« fällt Ihnen die Münze aus den Fingern auf den Tisch oder auf den Boden.

 4. Sagen Sie: »Hoppla, das ist das erste Mal, dass das schon wieder passiert ...«

5. Entschuldigen Sie sich beim Publikum für Ihre Ungeschicklichkeit und geben Sie vor, das Kunststück noch einmal zu probieren.

6. Die Münze wird mit der rechten Hand ergriffen. Legen Sie sie scheinbar wie zuvor in die linke. In Wirklichkeit verbleibt das Geldstück jedoch in der rechten Hand.

 Das Ganze muss genauso aussehen wie Ihre Handlungen wenige Augenblicke zuvor.

Dieser Vorgang wird Scheinübergabe genannt. Und das, obwohl wir hier doch mit einer Münze zaubern und nicht mit einem Geldschein. Ich sag's ja immer ... die Zauberer sind schon ein komisches Volk.

7. Beugen Sie wieder Ihren rechten Arm und legen Sie die rechte Hand wieder in die Nähe Ihres Kragens. Die linken Finger halten scheinbar die Münze und reiben sie kreisförmig oberhalb des Ellbogens.

8. Während alle Aufmerksamkeit der Zuschauer auf den linken Fingern liegt, können Sie die rechts verborgene Münze in aller Seelenruhe zu den Fingerspitzen bewegen und unbemerkt in Ihren Hemdenkragen hineinrutschen lassen. Anschließend bewegen Sie die rechte Hand unmerklich vom Kragen weg.

9. Beenden Sie Ihre Reibebewegung. Die linke Hand wird langsam und effektvoll geöffnet. Sie ist leer; die Münze ist spurlos verschwunden!

Münze durchdringt Taschentuch

Raten Sie mal, was bei diesem Trick geschieht ... darauf kommen Sie nie. Wenn Sie den Schwierigkeitsgrad steigern wollen, decken Sie einfach die Titelzeile ab. Ja, genau, legen Sie ein Blatt Papier über die Worte »Münze durchdringt Taschentuch«, und raten Sie, worum es hier geht. Lesen Sie aber keinesfalls die Effektbeschreibung, bevor Sie geraten haben. Wäre ja unfair.

Der Effekt

Eine Münze durchdringt ein Taschentuch.

Das Geheimnis

1. Zunächst lassen Sie Ihre Zuschauer eine beliebige Münze mit einem wasserfesten Filzschreiber markieren, denn bei diesem Trick ist es besonders wichtig, dass das Geldstück nicht etwa ausgetauscht wird, um den Effekt zu bewerkstelligen.

Das wäre ja auch zu einfach. Wir haben ja inzwischen auch unseren Stolz, nicht wahr?

2. Sie halten die Münze für alle deutlich sichtbar zwischen Daumen und Zeigefinger der rechten Hand. Mit der linken Hand decken Sie das Tuch darüber, sodass sich die Münze ungefähr in der Mitte befindet (Abbildung 15.2; hier wurde das Tuch weggelassen).

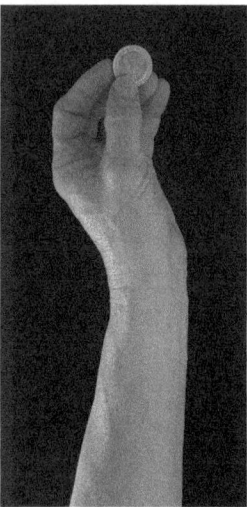

Abbildung 15.2: Die Münze befindet sich in der rechten Hand mitten unter dem Taschentuch (das Tuch wurde weggelassen).

3. **Während Sie mit der Linken das Tuch zurechtlegen, haben Sie Gelegenheit, mit dem linken Daumen heimlich ein Stück Tuchstoff zwischen die Münze und den rechten Daumen zu bringen.**

Zwischen Münze und rechtem Daumen befindet sich danach also eine »Stofftasche«, die aus zwei Tuchlagen besteht (Abbildung 15.3).

 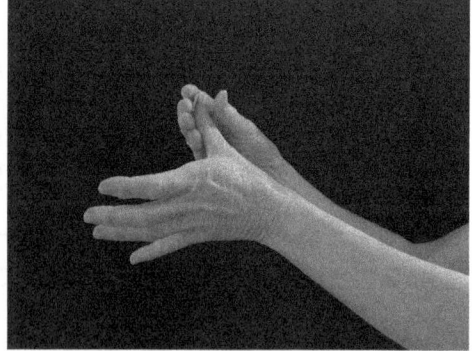

Abbildung 15.3: Der linke Daumen formt unbemerkt eine Stofftasche zwischen Münze und rechtem Daumen (auf der rechten Abbildung wurde das Tuch weggelassen).

4. **Ergreifen Sie nun eine der vorderen Tuchecken, um das Tuch nach hinten zurückzuschlagen. Dadurch wird die unter dem Tuch befindliche Münze nochmals sichtbar, und die Zuschauer sind überzeugt, dass Sie nicht gemauschelt haben.**

Hm. »Noch nicht gemauschelt« müsste es richtig heißen.

5. Anschließend verdecken Sie die Münze wieder mit dem Tuch, diesmal schlagen Sie jedoch nicht nur die eine Lage Stoff von hinten nach vorne, sondern beide: Sie erfassen mit der linken Hand also die Vorder- und Rückseite des Tuchs.

6. Die Münze befindet sich nun auf der Rückseite des Tuchs verborgen, bedeckt von der zuvor extra hochgeschlagenen Tuchfalte.

7. Ergreifen Sie die Münze von oben mit der linken Hand durch das Tuch. Lassen Sie mit der rechten Hand los. Verdrehen Sie den unteren Teil des Tuchs mit der rechten Hand, wodurch sich die Kontur der Münze noch stärker abzeichnet.

8. Weisen Sie Ihre Hände deutlich leer vor. Erklären Sie Ihren Zuschauern, dass die Münze nun langsam durch das Tuch wandern wird.

9. Je mehr Sie das Tuch unten verdrehen, desto mehr wird die Münze nach oben herausgeschoben und durchdringt dabei scheinbar das Tuch.

10. Am Ende zeigen Sie das Tuch deutlich vor – es ist unversehrt und kann von Ihren Zuschauern aufs Genaueste überprüft werden. Natürlich weisen Sie Ihr Publikum auch darauf hin, dass die Münze immer noch ihre Kennzeichnung trägt. Alles ist einwandfrei und untersuchbar!

Münze durchdringt Taschentuch und Ehering

Inzwischen sind Sie ja recht erfahren, was das Erraten von Überschriften angeht. Aber diesmal werden Sie's nicht schaffen. Selbst wenn Sie »Münze durchdringt Taschentuch und Ehering« verdecken, durchstreichen, aus dem Buch reißen, den ganzen Band in den Aktenvernichter stecken oder Ähnliches. Denn »Münze durchdringt Taschentuch und Ehering« ist und bleibt nun mal »Münze durchdringt Taschentuch und Ehering«. Basta. Und jetzt raten Sie mal ...

Der Effekt

Dieser Trick ist eine Steigerung der vorhergehenden Darbietung. Sie leihen sich von Ihren Zuschauern eine Münze, ein Tuch und einen Fingerring aus. Die Münze wird in die Mitte des Tuchs eingewickelt und anschließend der Ring über die vier Ecken des Tuchs gesteckt, sodass das Geldstück gefangen ist. Trotzdem gelingt es Ihnen ohne Anstrengung, die Münze butterweich zu befreien.

Das Geheimnis

Es empfiehlt sich, die verwendeten Gegenstände vom Publikum auszuleihen, da sie dann über jeden Verdacht erhaben sind. Bitten Sie ferner zwei Zuschauer um aktive Mithilfe.

1. Sie zeigen die Münze deutlich vor und wickeln sie in das Tuch ein, genauso wie beim vorstehend beschriebenen Kunststück. Dadurch gelangt das Geldstück unbemerkt hinter das Tuch. Verdrehen Sie die Tuchmitte um die Münze, sodass sie dort sicher gehalten wird, ohne herabzufallen.

2. Lassen Sie die Zuschauer den Fingerring über alle vier Ecken des Tuchs ziehen. Achten Sie dabei darauf, die Münze durch das Tuch hindurch festzuhalten, sodass sie nicht unbeabsichtigt freigesetzt oder sichtbar wird.

3. Der Zuschauer darf den Ring weiter nach unten schieben, bis er auf die Münze trifft (Abbildung 15.4).

Für die Zuschauer ist klar, dass die Münze, die nicht durch den Ring passt, nicht aus dem Tuch herauskann. Der charmante Nebeneffekt für Sie besteht darin, dass der Ring die Münze am eventuellen Herunterfallen hindert beziehungsweise das Tuch vor vorzeitigem Öffnen schützt.

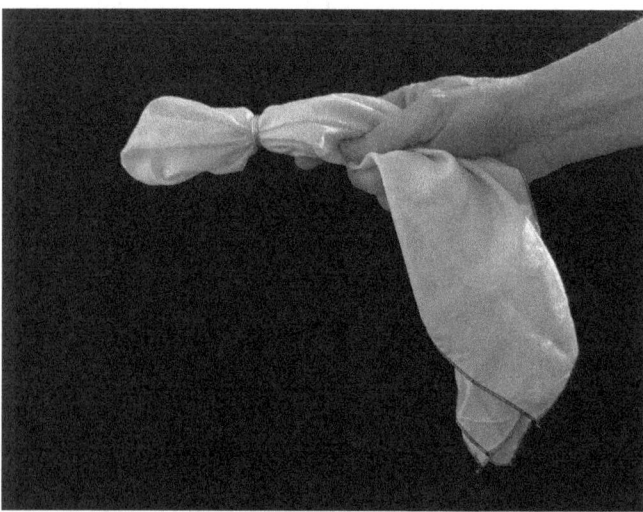

Abbildung 15.4: Der Ring wird über das Tuch geschoben.

4. Jetzt dürfen Ihre Mitspieler jeweils zwei nebeneinanderliegende Ecken ergreifen und das Tuch auseinanderziehen. Sie halten es parallel zum Fußboden. Jetzt dürfen Sie die Münze getrost loslassen, denn sie kann sich nicht verselbstständigen.

5. Fassen Sie die bisherigen Handlungen für die Zuschauer zusammen und machen Sie klar, dass Sie entweder das Tuch oder den Ring aufschneiden müssen, um an die Münze zu kommen.

6. Sie greifen jetzt mit beiden Händen unter das Tuch. Schieben Sie den Ring ein wenig nach oben, um genügend Spiel für die nachfolgende Manipulation zu haben. Weil dadurch auch die Tuchspannung nachlässt, können Sie die Münze problemlos entfernen. Halten Sie das Tuch jedoch fest, als würde sich die Münze weiterhin darin befinden.

7. Verbergen Sie die Münze in der rechten Hand, die Sie nebenbei über das Tuch bringen. In der Mitte des Tuchs lassen Sie die Münze von oben unbemerkt in die Tuchfalten sinken und machen eine magische Bewegung mit der rechten Hand, die Sie anschließend wieder entfernen.

8. Jetzt dürfen die Zuschauer langsam und vorsichtig an ihren Enden ziehen. Dadurch steigt die Münze scheinbar magisch aus der Tuchmitte, als würde sie den Ring durchdringen. Die Zuschauer dürfen immer weiter ziehen, bis das Tuch flach zwischen ihnen aufgespannt ist und die Münze flach darauf liegt.

9. Ziehen Sie die linke Hand mit dem darin befindlichen Fingerring unter dem Tuch hervor, um ihn zur Prüfung zu geben.

Die Münze aus dem Nichts

Ich hatte schon viel Spaß mit diesem Trick, der für das »Opfer« wie ein Wunder wirkt. Tatsächlich gibt es keine Erklärung für das Erscheinen der Münze, denn Ihre Hände hat der Mitspieler unter Kontrolle und außer Ihnen beiden befindet sich im Idealfall niemand im Raum. Also, probieren Sie's mal aus!

Der Effekt

Sie lassen zunächst eine Münze Ihres Zuschauers verschwinden. Um sie wieder erscheinen zu lassen, darf der Mitspieler seine Hände ineinander gelegt vor seinen Körper halten, Handflächen nach oben. Aus dem Nichts fällt plötzlich die verschwundene Münze in seine Hände.

Das Geheimnis

1. Sie borgen sich eine Münze und lassen sie von Ihrem Zuschauer mit einem Filzstift markieren, sodass er sie später unzweifelhaft identifizieren kann. »Damit haben Sie das Geldstück gleichzeitig auch entwertet, was zur Folge hat, dass Sie vom Bundesfinanzminister offiziell zur internationalen Fahndung ausgeschrieben werden ...«

2. Sie ergreifen die Münze und lassen den Zuschauer seine Hände ineinander legen und mit den Handflächen nach oben vor seinem Körper halten: »Ich möchte gerne Ihre Reflexe testen. Ich zähle bis drei, und dann schließen Sie Ihre Finger blitzschnell um die Münze, die ich in Ihre Hand werfen werde. Einverstanden?«

   Im Folgenden werden Sie Ihre Hand mit der Münze nach oben bewegen, um dann die Münze in der anschließenden Abwärtsbewegung scheinbar in die Hand des Zuschauers zu werfen. Doch zunächst konditionieren Sie Ihren Zuschauer auf diese Handlungen:

3. Sie bewegen die Hand nach oben bis auf Kopfhöhe und lassen sie dann langsam nach unten sinken bis unmittelbar über seine Hand. Sagen Sie: »Eins.«

4. Wiederholen Sie die vorstehend beschriebenen Handlungen und sagen Sie: »Zwei.«

5. Beim dritten Mal muss alles genauso aussehen wie zuvor, jedoch legen Sie dieses Mal die Münze unbemerkt auf Ihrem Schädeldach ab. Führen Sie die Hand dann wie bisher langsam nach unten und öffnen Sie sie schließlich über den Händen des Zuschauers.

6. Ihr Mitspieler wird die Flugbahn der Münze gedanklich vorausberechnen und seine Hand schließen. Es wird sich jedoch nichts darin befinden. Zeigen Sie Ihre Hände langsam und deutlich leer vor: »Ich fürchte, Ihre Reflexe sind etwas zu langsam. Noch bevor Sie die Münze ergreifen konnten, habe ich sie auf ihrer Flugbahn verschwinden lassen.«

Keine Angst, Ihr Zuschauer wird nicht bemerken, dass Sie die Münze auf Ihren Kopf legen: Erstens konditionieren Sie ihn ja auf Ihre Handlungen. Zweitens wird er sich darauf konzentrieren, die Münze am Ende ihrer Flugbahn aufzufangen. Drittens erwartet er gar keine Trickhandlung von Ihnen.

7. Lassen Sie den Zuschauer seine Hände wie zuvor vor den Körper halten. Bitten Sie ihn, Folgendes zu sagen: »Liebe Münze, es tut mir leid, bitte erscheine wieder aus dem Nichts.«

Natürlich nutzt das gar nichts. Es sei denn, auch Ihr Zuschauer ist ein Zauberkünstler. (Man weiß ja nie!)

8. Unterstützen Sie die Hände Ihres Mitspielers mit Ihren eigenen Händen. Dadurch können Sie sie in die richtige Position für das nachfolgende Erscheinen bringen. Außerdem wird dem Zuschauer unterbewusst signalisiert, dass Sie an dem Wiedererscheinen nicht beteiligt sind!

9. Der Zuschauer soll sich jetzt ganz auf seine Handflächen konzentrieren und seine Bitte nochmals inständig vortragen.

10. Im passenden Moment beugen Sie Ihren Kopf unmerklich ein klein wenig nach vorn, wodurch die Münze genau in die bereitgehaltenen Hände Ihres Zuschauers fällt. Für ihn hat sie sich aus dem Nichts materialisiert!

Das Fallenlassen der Münze von Ihrem Kopf müssen Sie ein wenig trainieren, damit das Geldstück auch wirklich in den Händen des Zuschauers landet. Am einfachsten üben Sie, indem Sie die Münze immer und immer wieder gezielt auf eine bestimmte Stelle Ihres Bettes fallen lassen. Wenn Sie genügend geübt haben, lassen Sie sich selbst dorthin fallen.

Münze durch Glas

Ja, ja, ich weiß: Backsteine in ein Schaufenster zu werfen ist heutzutage nichts Besonderes mehr. Aber wir Zauberkünstler haben andere Mutproben: Beispielsweise wagen wir uns vor den Hasenstall im Kleintierzüchterverein, auch wenn wir unseren Oberlehrer vor Jahren in einen Rammler verwandelt haben. Oder: Heutzutage ist es ja schon schwierig, die Richtige für die »Zersägte Jungfrau« zu finden. Sind ja sehr rar geworden. Selten ist die optimale Säge zu finden.

Wie kam ich jetzt darauf? Ach ja, hier wird nicht etwa ein Geldstück ins Schaufenster geworfen, sondern das Ganze geschieht ein wenig magischer ...

Der Effekt

Eine geliehene Münze wandert durch den Boden eines Trinkglases und befindet sich am Ende des Tricks darin gefangen.

Das Geheimnis

1. **Sie halten das Glas in der linken Hand zwischen Daumen und kleinem Finger, sodass die Handfläche die Glasöffnung verschließt (Abbildung 15.5).** Natürlich müssen Sie das Glas gut festhalten, damit es trotz der außergewöhnlichen Haltung nicht herunterfällt. Außerdem müssen Zeige-, Mittel- und Ringfinger beweglich bleiben.

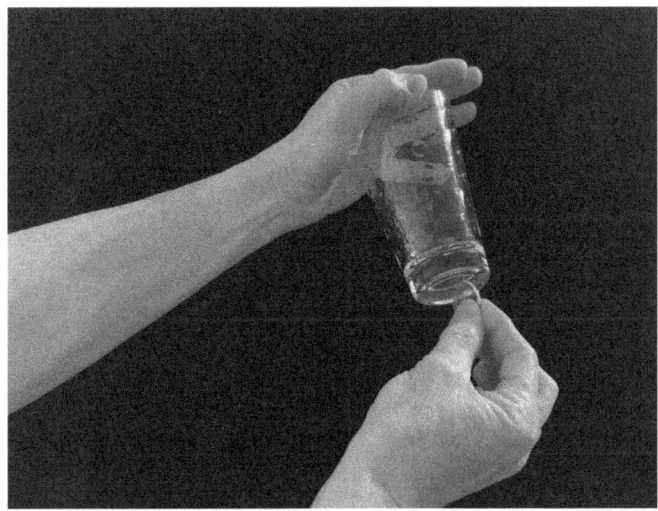

Abbildung 15.5: Die linke Hand verschließt die Glasöffnung.

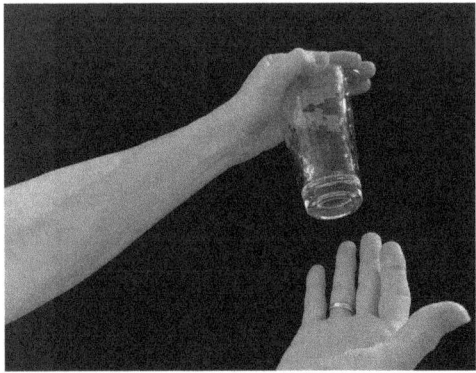 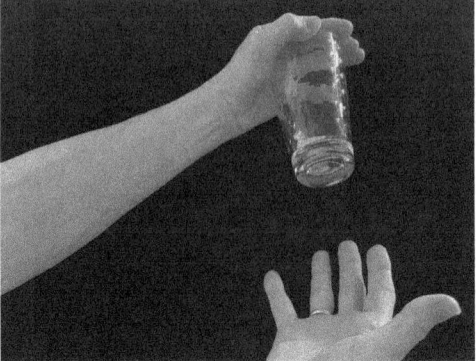

Abbildung 15.6: Die ausgestreckten Finger der linken Hand fangen die Münze auf und befördern sie ins Glas.

2. Die geliehene Münze halten Sie rechts zwischen Daumen und Zeigefinger. Klopfen Sie mit dem Geldstück von unten gegen den Glasboden.

3. Holen Sie mit der rechten Hand aus und schlagen Sie die Münze scheinbar durch den Boden ins Glas. In Wirklichkeit wird die Münze von der rechten Hand am Glas vorbeigeworfen und mit dem ausgestreckten Zeige-, Mittel- und Ringfinger der linken Hand aufgefangen und ins Glas befördert (Abbildung 15.6). Gleichzeitig schlägt die rechte Hand gegen den Glasboden.

4. Die Münze fliegt viel schneller, als die Zuschauer gucken können, deshalb ist die Flugbahn des Geldstücks nicht nachvollziehbar. Alles wirkt so, als hätten Sie die Münze tatsächlich durch den Glasboden ins Innere geschlagen.

Eine markierte Münze verschwindet

Was haben wohl ein Geheimagent im Dienste Ihrer Majestät und ein Zaubertrick miteinander zu tun? Nun, nach der Lektüre der nun folgenden Beschreibung werden Sie die Antwort kennen.

Der Effekt

»Bitte markieren Sie diese Münze, indem Sie mit dem Stift ein beliebiges Zeichen anbringen.« Ihr Zuschauer tut wie ihm geheißen. »Damit ist diese Münze nun jederzeit für Sie wiedererkennbar, selbst wenn ihr etwas zustößt. Es ist das einzige Geldstück auf dieser Welt, das Ihre Kennzeichnung trägt, und damit einzigartig.«

Die Münze wird in Ihre linke Faust gelegt und verschwindet spurlos daraus. Sie kann anschließend an einem (beinahe) beliebigen Ort wieder erscheinen.

Das Geheimnis

Um diesen Trick zu bewerkstelligen, funktionieren Sie Ihren Stift ein wenig um und machen ihn zum Mittäter. Keine Sorge, er muss dafür nicht ins Ausbildungslager oder Untergrundaktivitäten entfalten. Es genügt, den Stift mit einer Geheimwaffe auszustatten, die es ihm erlaubt, Ihren Auftrag zu erfüllen: Klebemasse, die Sie in Bastelabteilungen der Kaufhäuser oder in Baumärkten finden. Aber verplappern Sie sich nicht, das ist unser Geheimnis …!

Stellen Sie sich vor, Sie seien »Q« und würden Ihrem Geheimagenten »James Blond« die Funktionsweise Ihrer neuesten Entwicklung näherbringen: »Mein lieber Blond, hier sehen Sie das Ergebnis jahrelanger Forschungsarbeit: eine klebrige Masse, die beliebige Gegenstände wie beispielsweise Münzen problemlos anhaften lässt, um sie heimlich aus dem Schussfeld zu bringen.« Blond reagiert gelassen: »Einen Martini bitte, angespitzt und ausradiert.« – »Jetzt bleiben Sie doch bitte bei der Sache, Blond. Geheimagenten mit der Lizenz zum Verschwindenlassen im Dienst des großen Magiers sind in großer Gefahr, weil ihr Publikum die Münze zuvor kennzeichnen will. Daher verbinden wir das Nützliche mit dem Angenehmen: Bringen Sie etwas Knetmasse an einem Ende des Stifts an. Haben Sie's?« – »Ja, ja, schon klar … Wo ist denn mein Blond-Girl?«

Q erwidert: »Sie ist gleich zur Stelle, um die Münze zu kennzeichnen. Lassen Sie sie gewähren, das bereitet Ihnen keine Probleme. Anschließend zeigen Sie die Münze auf der flachen linken Hand vor. Die rechte Hand deutet nochmals mit dem Bleistift darauf.« Siehe auch Abbildung 15.7.

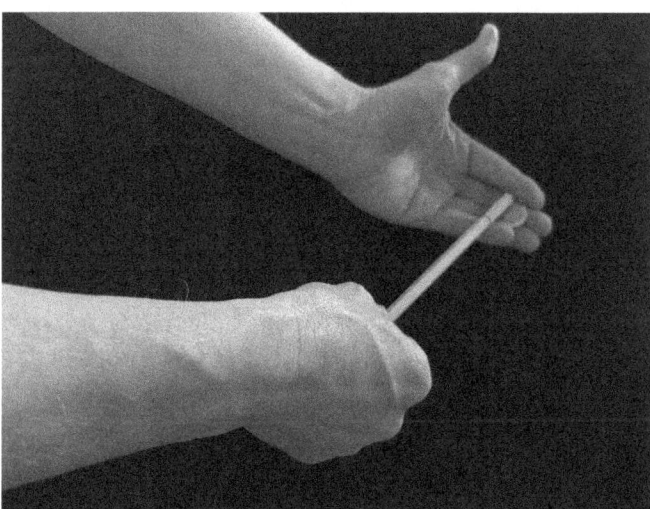

Abbildung 15.7: Die rechte Hand deutet mit dem Stift auf die Münze.

1. **Erzählen Sie eine eindrucksvolle Story von der Einmaligkeit der so markierten Münze. Das Klebe-Ende des Bleistifts ist in Ihrer rechten Hand verborgen. Tippen Sie nebenbei mit diesem Ende des Bleistifts auf die Münze wie in Abbildung 15.8. Dabei haftet die Münze an der Klebemasse, aber davon weiß das Girl natürlich nichts. Sofort schließt sich die linke Hand zur Faust, während die rechte sich zur Seite bewegt, mit der angeklebten Münze an der Klebemasse, beides in der Hand verborgen.**

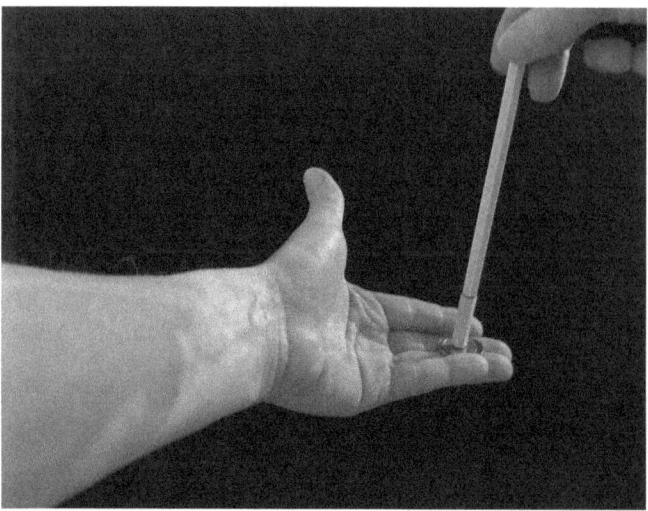

Abbildung 15.8: Tippen Sie nebenbei mit dem Stift auf die Münze.

2. **Jetzt verwenden Sie den Stift als Zauberstab (Abbildung 15.9). Danach wird er nebenbei eingesteckt und erst dann lassen Sie die Münze verschwinden und zeigen die linke Hand eindeutig leer vor!«**

»Q, Sie haben sich mal wieder selbst übertroffen, vielen Dank für dieses tolle ... wie soll ich es nur nennen? Na, für das tolle Blond-Girl eben!« – »Raus hier, Sie alter Ignorant, Blond!«

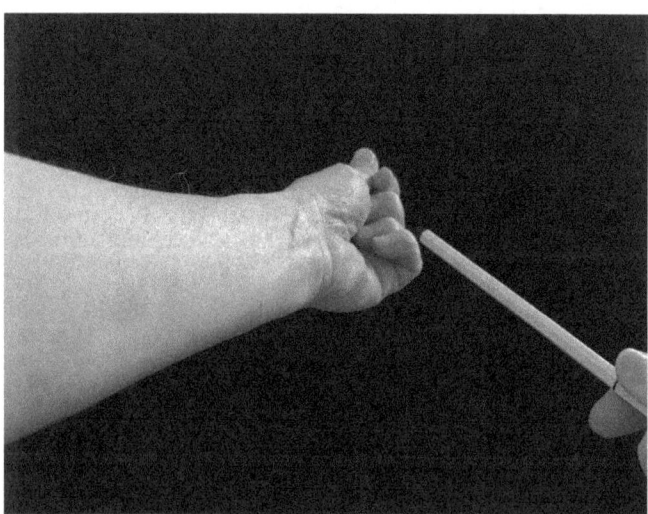

Abbildung 15.9: Der Stift wird wie ein Zauberstab geschwungen.

 Wenn Sie die Münze später wieder erscheinen lassen wollen, so nehmen Sie sie mit der rechten Hand unbemerkt aus der Tasche und platzieren sie an der gewünschten Stelle.

Papier zu Geld

Ach, wer würde nicht davon träumen, endlich einmal nach Belieben Geld zaubern zu können? Hier nun die Anleitung, wie Sie diesen Menschheitstraum endlich in Erfüllung gehen lassen können.

Der Effekt

Wie von Zauberhand verwandeln sich weiße, leere Papierblätter nur durch Darüberstreichen in echte Geldscheine.

Das Geheimnis

Für diesen wirklich magischen Effekt benötigen Sie vier identische Geldscheine sowie vier weiße Papierblätter in der Größe der Geldscheine. Je höher der Wert der Geldscheine, desto effektvoller das Ganze.

Zunächst müssen Sie eine Präparation vornehmen. (Wenn diese Arbeit einmal erledigt ist, können Sie den Trick immer und immer wieder ohne weitere Vorbereitungen vorführen.) Legen Sie die vier Papierstücke aufeinander und falten Sie zunächst das rechte Drittel nach innen, dann das linke. Anschließend wird das untere Drittel nach oben gefaltet, dann das obere nach unten. Machen Sie genau das Gleiche mit den Geldscheinen.

Kleben Sie die beiden so zusammengefalteten Päckchen mit den Rückseiten aufeinander. Jetzt entfalten Sie das Papierpäckchen. Sehen Sie sich das letzte Papier genauer an: Auf seiner Rückseite befindet sich, genau in der Mitte, das Geldscheinpäckchen (Abbildung 15.10).

Abbildung 15.10: Position der zusammengefalteten Geldscheine auf der Rückseite eines weißen Papiers

Legen Sie das oberste Papier ganz nach unten; dadurch wird das Geldscheinpäckchen von hinten verdeckt. Jetzt sind Sie bereits zur Vorführung.

1. **Sie halten den Papierstapel in der linken Hand und zeigen ihn von allen Seiten.**
2. **Die rechte Hand ergreift das oberste Blatt und zeigt es deutlich von beiden Seiten leer vor.**
3. **Übernehmen Sie auch das zweite Blatt in die rechte Hand, um auch dieses von beiden Seiten zu zeigen.**
4. **Übernehmen Sie das dritte Blatt (es kommt auf die ersten beiden). Wieder können Sie alles von beiden Seiten zeigen, denn die Geldscheine werden durch die beiden ersten Blätter verborgen.**
5. **Das letzte Blatt wird in der linken Hand von beiden Seiten deutlich vorgezeigt. Es kommt anschließend unter den rechten Stapel.**
6. **Legen Sie beiläufig das oberste Blatt nach unten. Seien Sie dabei vorsichtig, dass die Geldscheine nicht »blitzen«.**
7. **Jetzt werden die Papierblätter entlang der Falze zusammengefaltet, sodass ein kleines Päckchen entsteht.**
8. **Das Päckchen wird unbemerkt umgedreht und sofort wieder entfaltet: Das Papier hat sich in Geldscheine verwandelt!**
9. **Der oberste Schein wird beiläufig nach unten gelegt. Dann können Sie alle Banknoten wie in den Schritten 1 bis 5 von beiden Seiten vorzeigen. Am Schluss werden sie in die Brieftasche gegeben und eingesteckt. Wieder mal mit Schwerstarbeit Geld verdient!**

Aufgespießtes Geld

Ein ganz klassischer Effekt in der Zauberkunst ist die Durchdringung: Egal, ob scheinbar ein Daumen mit Zahnstochern aufgespießt wird oder ein Zauberkünstler sich in einer Kiste von Dolchen durchstechen lässt: Die Durchdringung gibt es in vielerlei Ausprägungen.

Weil Geld eine ganz besondere Anziehungskraft auf unsere Zuschauer ausübt und der Effekt sehr leicht auszuführen ist, möchte ich Ihnen diesen Trick erklären.

Der Effekt

Sie wickeln einen Geldschein in ein Stück Papier und stoßen einen Bleistift mitten durch den Falz (Abbildung 15.11) – und damit durch den Geldschein und das Papier. Das Ergebnis wird deutlich von beiden Seiten vorgezeigt. Kein Zweifel: Der Bleistift geht mitten durch Schein und Papier. Am Ende wird alles aufgefaltet, und es stellt sich heraus, dass das Papier zwar durchstoßen wurde, der Schein jedoch unversehrt blieb.

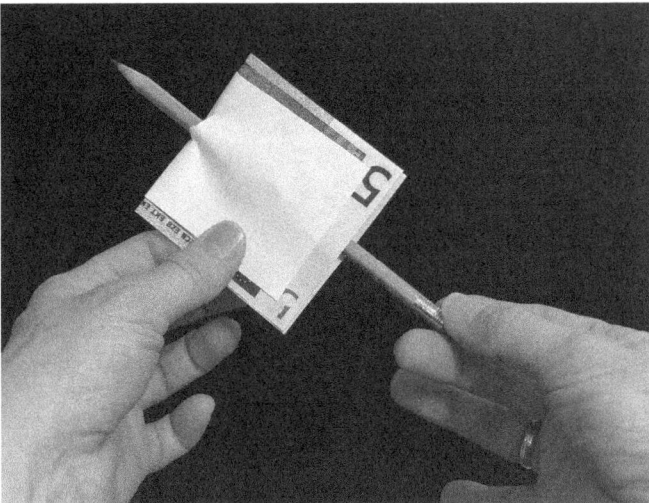

Abbildung 15.11: Der Bleistift wird durch Papier und Geldschein gestoßen.

Das Geheimnis

Sie benötigen einen beliebigen Geldschein, ein Stück Papier, das etwas kleiner als der Geldschein ist, und einen spitzen Bleistift.

Zunächst ist eine kleine Präparation des Geldscheins nötig: Mit einem scharfen Messer oder einer Schere schneiden Sie einen kleinen Schlitz (circa 1 Zentimeter lang) in den Geldschein (Abbildung 15.12). Anschließend kommt der Schein in Ihre Geldbörse, und Sie sind bereit, dieses kleine Wunder zu präsentieren.

Abbildung 15.12: Die Position des Schlitzes im Geldschein.

1. Holen Sie den Geldschein hervor und zeigen Sie ihn vor. Ihr Daumen verbirgt den (ohnehin kaum sichtbaren) Schlitz.
2. Das Papier wird über den Schein gelegt (Abbildung 15.13).

Abbildung 15.13: Das Papier wird über den Schein gelegt und anschließend die Falze egalisiert.

3. Papier und Schein werden in der Mitte gefaltet, sodass der Geldschein innen liegt.
4. Jetzt wird der Bleistift in den zusammengefalteten Schein gesteckt (Abbildung 15.14). Was das Publikum allerdings nicht weiß: Er wird sofort durch den Schlitz geführt, wodurch er sich in Wirklichkeit zwischen Geldscheinaußenseite und Papier befindet. Hier kann er den Schein gar nicht verletzen (Abbildung 15.15).

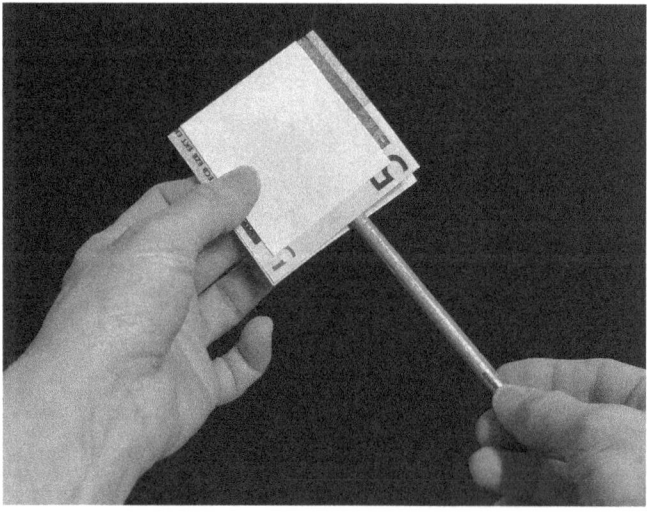

Abbildung 15.14: Der Bleistift wird in den Schein gesteckt ...

Abbildung 15.15: ... aber in Wirklichkeit geht er – unter Deckung des Papiers – direkt in den Schlitz und kann den Schein daher nicht verletzen (in dieser Abbildung wurde das Papier entfernt).

5. Schieben Sie den Bleistift bis zum Falz. Lassen Sie anschließend einen Zuschauer den Bleistift durch Schein (?) und Papier stoßen.
6. Zeigen Sie Bleistift, Papier und Schein von allen Seiten vor. Eine Manipulation ist scheinbar nicht möglich.
7. Ziehen Sie den Bleistift heraus und entfalten Sie Schein und Papier, verdecken Sie dabei den Schlitz im Geldschein wieder mit Ihrem Daumen. Das Papier trägt deutliche Spuren der Durchdringung, während der Schein unversehrt ist.
8. Am Ende stecken Sie den Geldschein in die Geldbörse. Aber in meine natürlich!

Geldschein in der Zitrone

Für diesen Trick sind recht umfangreiche Vorbereitungen notwendig, die jedoch durch den wirklich eindrucksvollen Effekt relativiert werden. Das Kunststück ist ein echter »Klassiker« der Zauberkunst, der in ähnlicher Weise bis heute in den Programmen erfolgreicher Magier zu sehen ist.

Der Effekt

Sie leihen sich von einem Zuschauer einen Geldschein aus. Plötzlich verwandelt sich die Banknote in einen »Schuldschein«. Am Ende findet sich der verschwundene Geldschein in einer Zitrone wieder, die Sie dem Zuschauer schon vor Beginn des Tricks überreicht hatten.

Das Geheimnis

Sie benötigen einige Briefumschläge, eine Zitrone, einen Geldschein, einen handgeschriebenen »Schuldschein«, einen Gummiring, einen Apfelentkerner, ein Messer, einen Bleistift, etwas Klebstoff und eine kleine durchsichtige Plastiktüte.

Schreiben Sie zunächst die Seriennummer des Geldscheins auf einen der Briefumschläge. – Der »Schuldschein« wird mit den Worten »Hiermit bestätige ich, der Große Magierini, dass ich Ihnen 20 Euro schulde. Unterschrift« beschriftet, zusammengefaltet und in den Umschlag mit der Seriennummer gegeben.

Schneiden Sie die Verschlussklappe eines weiteren Umschlages ab. Dieser wird auf den ersten Umschlag gelegt; das Ganze kommt anschließend auf einen Stapel unpräparierter Umschläge. Schließlich wird der Gummiring quer um die Umschläge geschlungen. Ziehen Sie die Lasche des ersten Umschlags heraus, um sie über den klappenlosen Umschlag zu legen. Dadurch wirkt es so, als gehöre die Lasche zu diesem Umschlag.

Mit dem Apfelentkerner stechen Sie in den Stielansatz der Zitrone und ziehen die Schale und die Fruchtfleischsäule heraus. So entsteht genügend Raum, um den Geldschein aufzunehmen.

Rollen Sie den Geldschein zusammen und schieben Sie ihn in die hohle Zitrone. Wer es gerne etwas appetitlicher hat, gibt die Banknote zuvor noch in ein Plastiktütchen. Entfernen Sie das Fruchtfleisch von dem kreisrunden Schalenstück und kleben Sie Letzteres an seine Position zurück. Schließlich kommt die Zitrone in die Plastiktüte. Jetzt sind Sie bereit zur Vorführung.

1. **Überreichen Sie einem beliebigen Zuschauer zu Beginn die Plastiktüte mit der Zitrone. Er darf sie hochhalten, damit alle Zuschauer die Südfrucht im Auge behalten können.**

2. **Borgen Sie sich von einem Ihrer Zuschauer einen Geldschein. Er muss den gleichen Wert haben wie der Schein in der Zitrone.**

3. **Notieren Sie die Seriennummer des geborgten Scheines auf dem obersten Briefumschlag, an der gleichen Stelle und in gleicher Größe wie auf Ihrem entsprechend vorbereiteten Umschlag.**

4. **Anschließend wird der entliehene Geldschein in den laschenlosen Umschlag geschoben. Zeigen Sie dem Publikum deutlich, dass dabei keinerlei Manipulation geschieht. Anschließend drehen Sie den Umschlagstapel um und ziehen den Umschlag an der Lasche aus dem Stapel. Dadurch bleibt der präparierte Umschlag mit dem geliehenen Schein im Stapel, während der leere Umschlag mit der vorbereiteten Seriennummer ins Spiel kommt.**

5. **Der Umschlagstapel wird beiseitegelegt, der entnommene Umschlag zugeklebt und einem Zuschauer zum Halten überreicht. Die außen notierte Seriennummer**

verstärkt den Glauben des Publikums, alles gehe mit rechten Dingen zu. Der Zuschauer darf den Umschlag sogar gegen das Licht halten, um die Schein-Umrisse auszumachen. In Wirklichkeit sieht er natürlich die Umrisse des »Schuldscheins«.

6. Schließlich lassen Sie den Zuschauer den Umschlag öffnen. Der Geldschein ist verschwunden. Stattdessen findet sich der »Schuldschein«, der verlesen wird.

7. Bitten Sie den anderen Zuschauer, die Zitrone aus der Tüte zu holen. Er bestätigt, dass er sie die ganze Zeit unter Kontrolle hatte. Er darf sie vorsichtig quer aufschneiden (natürlich nur, bis er auf Widerstand stößt, denn sonst zerteilt er die Banknote!) und findet darin seinen (?) Geldschein. Die Kontrolle der Seriennummer auf dem Umschlag bestätigt dies.

8. Sie tauschen Geldschein gegen Schuldschein und nehmen Ihren verdienten Applaus entgegen.

> **IN DIESEM KAPITEL**
>
> zerstören Sie ein Taschentuch ...
>
> ... und machen es am Ende natürlich wieder ganz
>
> gibt es außerdem noch eine Reihe anderer Effekte mit Taschentüchern und Servietten

Kapitel 16
Tricks mit Taschentüchern

Bevor Sie jetzt Ihr weißes Taschentuch kapitulierend schwenken, lesen Sie doch erst einmal, was ich hier für Sie zusammengestellt habe. Ich bin sicher, Sie werden Freude daran haben! Und wenn nicht, dann können Sie ja einpacken (das Taschentuch).

Rohrverstopfung

Hier einmal ein Trick, für dessen Vorbereitung zunächst ein wenig Bastelarbeit notwendig ist. Aber keine Angst: »Zaubertricks für Dummies« verlangt auch hier keine Wunder von Ihnen. Sie sollten lediglich in der Lage sein, zwei Papprröhren herzustellen oder, noch besser, sich im Baumarkt zwei kurze Rohre zu beschaffen ...

Der Effekt

Sie präsentieren Ihren Zuschauern zwei »Abwasserrohre«, also zwei vollkommen leere (Papp-)Röhren. Nach dem passenden Zauberspruch ziehen Sie eine große Menge Seidentücher aus den ineinander gesteckten Röhren hervor.

Das Geheimnis

Die beiden Röhren sollten etwa 30 Zentimeter hoch sein und einen Durchmesser von ungefähr 15 Zentimetern haben. Eine der beiden Röhren ist etwas breiter als die andere, sodass sie sich ineinander stecken lassen. Schön ist es, wenn die Farben der Röhren kontrastieren.

Rollen Sie die Seidentücher, die Sie erscheinen lassen wollen, zu einem kompakten Bündel zusammen, das Sie anschließend mit Gummiringen fixieren. An einem der Gummiringe befestigen Sie ein Stücken Faden, an dessen Ende Sie eine Büroklammer knoten.

Die Büroklammer wird ein wenig aufgebogen, sodass ein Haken daraus wird, der locker über das Ende der Pappröhren passt. Der Faden sollte so lang sein, dass das Bündel ungefähr in der Mitte der Röhre(n) hängt.

Stellen Sie die beiden Röhren ineinander. Der Büroklammer-Haken wird über die Oberkante der inneren Röhre gehängt; das Bündel hängt darin. Sie sind bereit zur Vorführung.

1. **Heben Sie mit jeder Hand eine Röhre hoch. »Hier habe ich Abwasserrohre. Na ja, eigentlich sind es ja Pappröhren, aber ich finde, es klingt besser, wenn ich Abwasserrohre sage.«**

   Falls Sie richtige Rohre verwenden, passen Sie den Text doch einfach entsprechend an.

2. **Lassen Sie die Zuschauer durch die äußere Röhre blicken. Sie ist einwandfrei leer. »Das eine Rohr ist leer ...«**

3. **Lassen Sie die innere Röhre von oben in die äußere Röhre gleiten. Richten Sie es so ein, dass der Haken in die Oberkante der äußeren Röhre greift. Unten ziehen Sie die innere Röhre heraus. Das Bündel verbleibt in der äußeren Röhre.**

4. **Lassen Sie die Zuschauer durch die innere Röhre blicken. Sie ist einwandfrei leer. »... und in dem anderen Rohr befindet sich absolut nichts.«**

5. **Schieben Sie die innere Röhre von unten in die äußere. Dadurch gelangt das Bündel wieder nach innen. Stellen Sie die so vereinigten Röhren auf dem Tisch ab. »Man sagt ja: ›Wo nichts ist, das sieht man viel.‹ Und das kann ich Ihnen sogar beweisen. Denn diese Rohre leiden an Verstopfung, obwohl sie leer sind.«**

6. **Sie zeigen Ihre Hände leer vor und greifen in die Röhren. Lösen Sie den Gummiring und produzieren Sie Unmengen von Seidentüchern aus den zuvor leer vorgezeigten Röhren. »Da sieht man mal wieder: Die Ursache einer Verstopfung ist meist nicht erkennbar!«**

Die gänzlich verschwundene Münze

Manche Tricks sind richtig frech, so wie dieser hier. Er funktioniert, weil Sie sich nicht nur auf Ihre eigenen Zauberkräfte verlassen. Das ist zwar legitim, aber es sollte bei Ihren Kunststücken insgesamt doch eher die Ausnahme bleiben. Wenn Sie nämlich zu viele »völlig unerklärliche« Wunder zeigen, wird man Ihnen doch schneller auf die Schliche kommen, als Ihnen lieb ist.

Der Effekt

Sie legen eine Münze unter ein Tuch. Nacheinander dürfen mehrere Zuschauer unter das Tuch greifen und bestätigen, dass die Münze noch da ist. Sie stehen in sicherer Entfernung und können nichts manipulieren. Schließlich verschwindet die Münze unter unerklärlichen Umständen.

Das Geheimnis

1. Sie legen eine Münze auf den Tisch und decken ein Tuch darüber. »Eine Münze unter einem Tuch. Ich selbst werde beides nicht mehr berühren.«

2. Entfernen Sie sich einige Meter vom Tisch. »Um die Sache eindeutig zu machen, stehe ich einige Meter weit weg. So kann ich auf keinen Fall manipulieren.«

3. Lassen Sie beliebige Zuschauer einzeln nacheinander unter das Tuch greifen, um zu bestätigen, dass die Münze noch da ist. »Bitte greifen Sie unter das Tuch, um zu überprüfen, ob die Münze noch da ist. Falls das der Fall ist, so sagen Sie es bitte laut und deutlich, damit auch das übrige Publikum Bescheid weiß. Sie sind jetzt sozusagen die offiziellen Vertreter des Publikums.«

4. Am Ende lassen Sie Ihren heimlichen Gehilfen unter das Tuch greifen. Er nimmt die Münze unbemerkt an sich und bestätigt, genauso wie die anderen zuvor, dass die Münze immer noch unter dem Tuch ist.

5. Nach einer magischen Geste erklären Sie, dass die Münze nun verschwunden ist. Lassen Sie die Zuschauer Ihre Aussage überprüfen und über die Lösung grübeln. »Und jetzt werde ich die Münze – aus der Distanz – vollkommen verschwinden lassen.«

6. »Ziehen Sie das Tuch beiseite, die Münze ist weg. Wer sie wiederfindet, darf sie behalten.«

Dreifache Vorhersage

 Auch mit Tüchern kann man den Eintritt bestimmter Ereignisse vorhersagen, das ist gar nicht schwer. Das Charmante an diesem Effekt ist, dass es offenbar sehr viele Möglichkeiten gibt, aus denen Sie die eine richtige vorherbestimmt haben. In Wirklichkeit ist die Zahl der Optionen eng begrenzt, wie Sie gleich sehen werden.

Der Effekt

Sie erklären, dass Sie drei verschiedenfarbige Tücher – ein rotes, ein blaues und ein gelbes – in einer bestimmten Reihenfolge zusammengeknotet als Voraussage in einem Behälter haben, den Sie offen auf den Tisch stellen. Ein Zuschauer darf eine beliebige Farbreihenfolge für die drei Tücher festlegen. Werden die Tücher am Ende aus dem Behältnis herausgenommen, sind sie exakt in der genannten Reihenfolge zusammengeknotet.

Das Geheimnis

Für dieses Kunststück benötigen Sie neben den drei Tüchern und dem Behälter auch noch drei Gummiringe.

Verbinden Sie zur Vorbereitung jeweils zwei Tücher mit einem Gummiring (Abbildung 16.1). Es wird so aussehen, als seien die Tücher miteinander verknotet. Anschließend kommen die Tücher in den ansonsten leeren Behälter.

Abbildung 16.1: Die Vorbereitung: Die Tücher werden mit Gummiringen verbunden.

1. Sie zeigen dem Publikum den Behälter und lassen die Zuschauer kurz hineinsehen. Anschließend wird der Behälter in voller Sicht der Zuschauer abgestellt.

2. Erklären Sie, dass Sie drei Tücher in den Farben Rot, Blau und Gelb haben, die als Voraussage in einer bestimmten Reihenfolge miteinander verknotet sind.

3. Lassen Sie einen Zuschauer eine beliebige Farbreihenfolge festlegen.

   Pssst: Wir sehen uns die Wahlmöglichkeiten des Zuschauers einmal genauer an:

Die Wahlmöglichkeiten des Zuschauers

Blau – Rot – Gelb (1)

Blau – Gelb – Rot (2)

Gelb – Rot – Blau (1)

Gelb – Blau – Rot (3)

Rot – Gelb – Blau (2)

Rot – Blau – Gelb (3)

Auch wenn es so scheint, als hätte der Zuschauer sechs Möglichkeiten zur Auswahl, so sind es doch nur drei, denn bestimmte Kombinationen unterscheiden sich nur durch die Reihenfolge von links nach rechts beziehungsweise umgekehrt (siehe Zahlen in Klammern).

4. **Sobald der Zuschauer seine gewünschte Farbreihenfolge genannt hat, greifen Sie in den Behälter. Streifen Sie den Gummiring zwischen der erst- und letztgenannten Farbe von den Tüchern ab. Dadurch erscheint die Tuchkette beim Herausholen ganz automatisch in der richtigen Reihenfolge. Durch die Gummiringe sieht es so aus, als seien die Tücher miteinander verknotet. Ihre Vorhersage stimmt!**

5. **Vergessen Sie nicht, den Behälter leer vorzuzeigen. Besonders »schlaue« Zuschauer vermuten darin nämlich mehrere verknotete Tuchketten, die Sie für alle Eventualitäten vorbereitet haben.**

Wenn Sie wollen, können Sie drei weitere identische Tücher verwenden, die der Zuschauer in seiner gewünschten Reihenfolge verknotet. Am Ende können Sie die beiden Tuchketten nebeneinanderhalten, um die Richtigkeit Ihrer Vorhersage zu unterstreichen!

Zerschnittenes Tuch wird heil

Dieser Effekt ist wirklich sensationell. Ich kann Ihnen nur dringend raten, ihn auch wirklich einmal vor Publikum auszuprobieren, um seine enorme Wirkung zu erleben. Am besten wirkt der Trick, wenn Sie ihn im Restaurant mit einer Stoffserviette vorführen. Die dabei entstehenden Unkosten müssen Sie – als ehrlicher Trickser – dem Wirt natürlich am Ende heimlich ersetzen!

Der Effekt

Ein Zuschauer darf eine Stoffserviette in der Mitte durchschneiden. Sie rollen die beiden Teile zu strammen Bündeln und zaubern das Tuch anschließend unzweifelhaft wieder ganz!

Das Geheimnis

Sie werden sich nun fragen, wie es denn kommt, dass Sie einerseits etwas wieder ganz zaubern und andererseits den Wirt entschädigen sollen …? Ja, beides ist richtig. Aber der Reihe nach.

1. Halten Sie das Tuch an zwei gegenüberliegenden Ecken fest und schlingen Sie es zu einem Seil zusammen.

2. Der Zuschauer darf das Tuch in der Mitte (von Ecke zu Ecke) durchschneiden (Abbildung 16.2). Halten Sie das Tuchseil dabei fest, sodass es sich nicht auflöst.

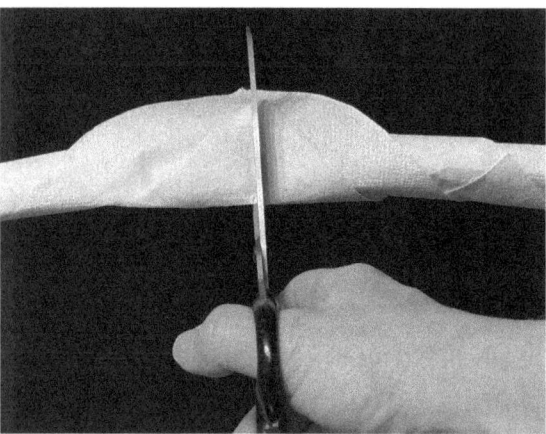

Abbildung 16.2: Ein Zuschauer darf das Tuch in der Mitte durchschneiden.

3. Sobald der Zuschauer das Tuch durchschnitten hat, zeigen Sie die beiden Hälften deutlich in beiden Händen vor (Abbildung 16.3).

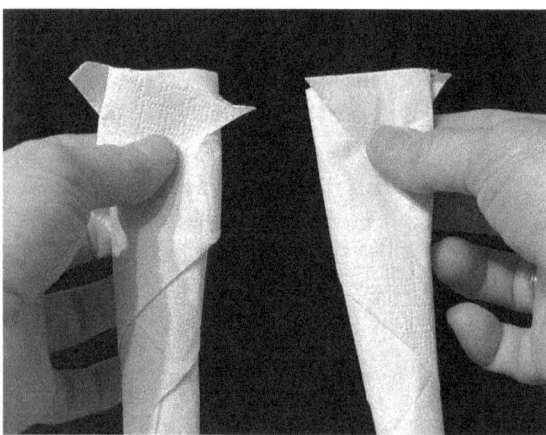

Abbildung 16.3: Das Tuch ist wirklich zerschnitten, daran kann kein Zweifel bestehen.

4. Sie legen die beiden Hälften übereinander, sodass die Schnittkanten egalisiert sind (Abbildung 16.4).

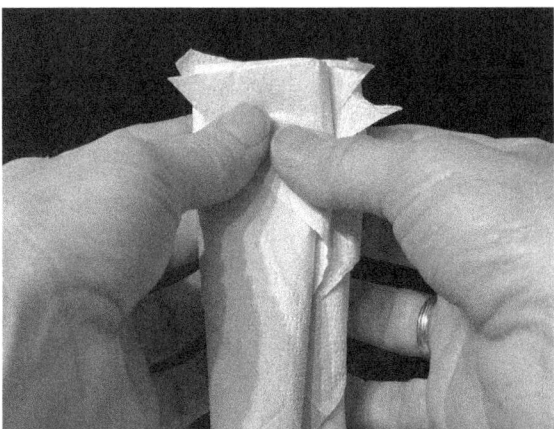

Abbildung 16.4: Die Schnittkanten müssen genau nebeneinanderliegen.

5. Wickeln Sie die herabhängenden langen Tuchzipfel um die Schnittkanten. Achten Sie dabei darauf, dass jeweils zwei angeschnittene Ecken nach links und rechts herausstehen. Das sieht nicht nur schick aus, sondern hat auch seine Bewandtnis ...

6. Ergreifen Sie die jeweils abstehenden Ecken mit der rechten und linken Hand und ziehen Sie das Tuch langsam auseinander.

7. Das Tuchseil entrollt sich und es kommt ein scheinbar restauriertes Tuch zum Vorschein. Um eventuell sichtbare Schnittkanten zu verbergen, schlingen Sie das wiederhergestellte Tuch wieder auf und beweisen durch kräftiges Ziehen nach links und rechts, dass es tatsächlich widerstandsfähig ist.

8. Am Ende stecken Sie das Tuch beiläufig ein. (Untersucht werden kann es natürlich nicht!)

Glas durch Tischplatte

Dieser Trick ist vermutlich so alt wie die Zauberkunst selbst. Trotzdem verfehlt er bis heute seine Wirkung auf die Zuschauer nicht, wenn er richtig vorgeführt wird. Geben Sie sich also Mühe, wenn Sie Ihrem Publikum diesen Klassiker präsentieren.

Der Effekt

Der Zauberkünstler legt eine Münze auf den Tisch und stülpt ein Glas darüber, damit niemand mehr an das Geldstück herankommt. Er erklärt, dass die Münze durch den Tisch wandern wird. Das Glas wird mit Papierservietten bedeckt, damit niemand den Trick mitbekommt. Nach einigem Hin und Her, bei dem der Trick nicht klappt, schlägt er schließlich auf das Glas, das dabei in sich zusammensackt. Die Münze liegt immer noch auf dem Tisch, das Glas ist jedoch durch die Tischplatte gewandert.

Das Geheimnis

Diesen Trick können Sie jederzeit vorführen, am besten mit geborgten Gegenständen. Die Papierservietten sollten aus möglichst steifem Material bestehen, dann gelingt der Trick besser und leichter.

1. Legen Sie die Münze vor sich auf den Tisch. Erklären Sie Ihren Zuschauern: »Ich möchte vor Ihren Augen das Geldstück durch die Tischplatte wandern lassen. Um jegliche Manipulation auszuschließen, kommt dieses Glas über die Münze. So kann ich nicht mehr an die Münze herankommen.«

2. Das Glas wird mit der Öffnung nach unten über die Münze gestellt.

3. »Damit niemand mitbekommt, wie der Trick funktioniert, bedecke ich nun noch das Glas mit Servietten. Außerdem sind die kleinen Kobolde, die mir bei diesem Kunststück dankenswerterweise behilflich sind, sehr lichtscheu.«

4. Die Servietten werden flach ausgebreitet und dann über das Glas gelegt. Anschließend drücken Sie die Servietten fest gegen die Glaswand und wickeln sie möglichst eng darum, sodass sie die Form des Glases annehmen.

5. Heben Sie das Glas durch die Servietten an, um die Münze noch einmal zu zeigen. »Sie ist immer noch da, noch ist nichts geschehen.«

6. Bitten Sie Ihr Publikum, sich auf die Münze zu konzentrieren, damit sie durch den Tisch wandern kann. Anschließend heben Sie triumphierend wieder das Glas durch die Servietten an, um zu zeigen, dass die Münze verschwunden ist. – Sie ist jedoch immer noch da! Wiederholen Sie dieses Spielchen ein- bis zweimal.

7. Nachdem die Münze immer noch da ist, heben Sie sie mit der linken Hand hoch, um sie genau zu betrachten. Gleichzeitig geht die rechte Hand mit dem Glas zur hinteren Tischkante und lockert dort ihren Griff ein wenig, sodass das Glas unbemerkt aus der Serviettenform in Ihren Schoß rutschen kann.

8. Legen Sie die Münze auf den Tisch zurück, und bedecken Sie sie wie zuvor mit dem Glas, in Wirklichkeit handelt es sich jedoch nur um die Servietten, die die Form des Glases imitieren. Halten Sie die Servietten mit der rechten Hand weiterhin fest, während Sie nun sagen: »Ich vergaß, dass man oben auf das Glas schlagen muss, um die Münze wandern zu lassen.«

9. Schlagen Sie mit der flachen linken Hand kräftig auf das (vermeintliche) Glas. Dabei ziehen Sie die rechte Hand zur Seite weg. Dieser Moment ist sehr magisch, denn das Glas scheint – scherbenfrei – in sich zusammenzufallen und am Ende liegt die linke Hand flach auf dem Tisch. Machen Sie ab jetzt betont langsame Bewegungen, um jegliche Manipulation auszuschließen.

10. Heben Sie die Servietten mit der linken Hand hoch. Das Glas ist verschwunden, die Münze liegt immer noch auf dem Tisch.

11. »Tja, sieht so aus, als wäre statt der Münze das Glas durch den Tisch gewandert.«

12. Greifen Sie mit der rechten Hand unter den Tisch, und holen Sie das Glas scheinbar von jener Stelle hervor, wo es den Tisch durchdrungen hat.

> **IN DIESEM KAPITEL**
>
> Noch mehr Handytricks
>
> Auch diesmal erfahren Sie die Handynummer der Angebeteten beziehungsweise des Angebeteten, ohne danach fragen zu müssen (und zwar in weiteren Versionen)
>
> Ziehen Sie ein Tuch mitten durch den Bildschirm Ihres Handys
>
> Bringen Sie Ihr Mobiltelefon zum Fliegen

Kapitel 17
Handyhexerei II

Wurden Sie auch schon einmal gefragt, ob Sie mit jemandem Handynummern tauschen wollen? – Die beste Antwort auf diese Frage ist wahrscheinlich diese: »Danke, aber meine gefällt mir ganz gut.«

Und falls Sie mal Spiderman per Handy anrufen wollen, dann wundern Sie sich bitte nicht: Manchmal hat der einfach kein Netz!

iKamera rausnehmen

Sie sind bei einem der besten Tricks im ganzen Buch angekommen! Und Sie werden damit auch gestandene Magier beeindrucken. – Das Kunststück ist aber auch anspruchsvoll auszuführen. Geben Sie ihm daher die nötige Geduld und Übung, damit Ihre Zuschauer auch wirklich angemessen getäuscht und unterhalten werden!

Der Effekt

Sie leihen sich das Handy einer Zuschauerin oder eines Zuschauers und weisen auf eine neue Funktion hin: Die Kamera-App lässt sich herausnehmen und damit ein Foto aufnehmen. Nachdem Sie die App wieder zurück in das Mobiltelefon bugsiert haben, findet die Zuschauerin / der Zuschauer in ihrer/seiner Foto-App tatsächlich die Aufnahme, die Sie zuvor gemacht haben.

Vorbereitung

Für diesen Trick müssen Sie vorab Zeit, Übung und auch ein klein wenig Geld investieren. Aber es lohnt sich wirklich!

 Einen kleinen Wermutstropfen gibt es: Der Trick funktioniert so nur mit dem iPhone. Das ist aber nicht weiter schlimm, denn das Handy müssen Sie sich sowieso von einem Zuschauer oder einer Zuschauerin ausleihen. Andernfalls denkt jeder, dass Sie eine besondere App für den Trick verwenden.

Zunächst benötigen Sie das Kamerasymbol des iPhones ausgedruckt auf stabilem Karton in Originalgröße oder sogar etwas größer (Abbildung 17.1). Und Sie brauchen davon nicht nur ein Exemplar, sondern viele (Abbildung 17.2). Und – ganz wichtig – der Karton muss immer beidseitig deckungsgleich bedruckt sein! Anschließend können Sie die Symbole in Heimarbeit ausschneiden und diese kleinen Kärtchen gegebenenfalls sogar durch Aufkleben von transparentem Klebefilm veredeln. – Die ziemlich echt wirkenden Kamerasymbole kommen in die linke Hosentasche.

Weil Sie mehrere Symbole in der Tasche haben, fällt es Ihnen später leicht, eines von vielen zu ergreifen und nicht umständlich in der Tasche suchen zu müssen. (Außerdem geht ab und an auch mal eins verloren; dann haben Sie genügend Ersatzmaterial.)

Abbildung 17.1: Das auf Karton ausgedruckte Kamerasymbol

Abbildung 17.2: Das Zubehör auf einen Blick

Wenn Sie einen besonders magischen Moment beim »Aufnehmen« des Fotos erzeugen wollen, benötigen Sie noch eine Bluetooth-Fernsteuerung für Ihr eigenes Handy (siehe Abbildung 17.3). Gibt's bei Internet-Versandhäusern für wenige Euro, und wenn Sie in Fernost bestellen, wird's noch billiger. – Verbinden Sie Handy und Fernsteuerung mittels Bluetooth gemäß Produktanleitung. Kurz vor der Vorführung kommt das Handy in die vordere Brusttasche Ihres Jacketts oder – noch besser – ungefähr auf Brusthöhe unters Hemd (wo Sie es beispielsweise mit Klebestreifen an Ihrer Brust fixieren, oder es sich einfach umhängen – für stark behaarte Magier ist das mit den Klebestreifen unter Umständen eine weitere Herausforderung!). Das Handy muss sich im Kameramodus befinden, und der Blitz muss eingeschaltet sein.

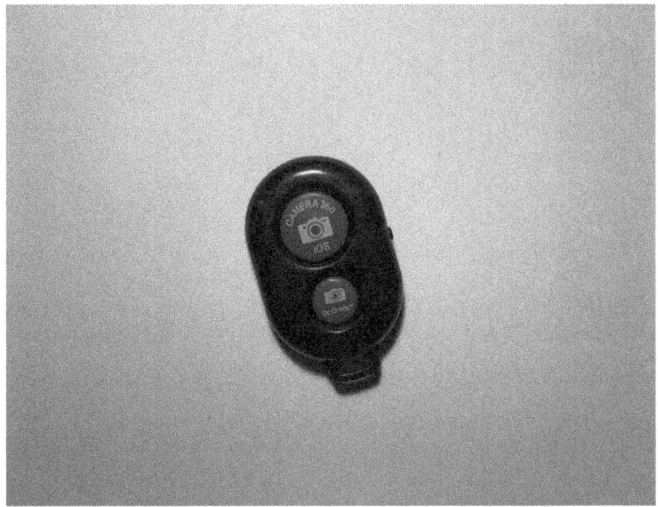

Abbildung 17.3: Beispiel für eine Bluetooth-Fernsteuerung

Das Geheimnis

1. Sie leihen sich das iPhone eines Zuschauers. Bevor der Trick überhaupt losgeht, müssen Sie gleich schon die ersten Trickhandlungen unbemerkt ausführen.

2. Als Erstes müssen Sie den seitlichen Lautstärkeschalter auf stumm schieben. (Das geschieht leicht, während Sie das Telefon entgegennehmen.) Außerdem schalten Sie unbemerkt die Kamera ein. Auch das geschieht leicht, denn auf dem Sperrbildschirm des iPhones gibt es ein entsprechendes Symbol, das Sie nur antippen müssen. (Bei anderen iPhone-Modellen schiebt man den Sperrbildschirm nach links, um die Kamera zu starten.) Außerdem müssen Sie den Blitz des geliehenen iPhones abschalten (wenn er nicht ohnehin schon auf »aus« steht). Hierfür gibt es bei aktivierter Kamera links oben ein entsprechendes Symbol (Abbildung 17.4).

Abbildung 17.4: Wenn das Blitz-Symbol durchgestrichen ist, wird kein Blitz ausgelöst.

All dies dient dazu, damit Sie gleich im Anschluss heimlich ein Foto Ihres Gegenübers aufnehmen können. – Einfach auf den Auslöser zu drücken, wäre dabei allerdings zu offensichtlich! Was viele Menschen beispielsweise nicht wissen: Man kann die Kamera auch mit der seitlichen »Lauter«-Taste auslösen.

Wenn Sie bislang kein iPhone-Nutzer sind, sollten Sie sich mit der Handhabung der Kamera beispielsweise im Apple-Store vertraut machen und auch mit verschiedenen Modellen üben, denn welche Ausführung des iPhones der Zuschauer Ihnen ausleiht, können Sie kaum vorhersehen.

3. **Bringen Sie das iPhone mit der linken Hand nach oben, sodass Sie den Mitspieler gut fotografieren können. Sie tippen mit dem rechten Zeigefinger auf das Apple-Logo auf der Rückseite und sagen: »Wussten Sie, dass man bei diesem Modell den magischen Modus aktivieren kann, wenn man auf das Apple-Logo drückt …?«**

   Alle Zuschauer werden auf das Apple-Logo blicken, sobald Sie darauf hinweisen. Und genau in diesem Augenblick lösen Sie mit dem linken Daumen die Kamera über die obere Lautstärke-Taste aus, machen also unbemerkt ein Foto Ihres Mitspielers.

4. **Während Sie das Handy nach unten bewegen, drücken Sie mit dem linken Zeigefinger unbemerkt auf die »Power«-Taste, wodurch das Telefon ausgeschaltet wird. – Sie können die Taste sogar zweimal hintereinander betätigen, wodurch der Sperrbildschirm angezeigt wird.**

   Alles sieht unverdächtig aus, aber Sie haben schon wichtige Vorarbeit für den Schlusseffekt geleistet.

   Im nächsten Schritt geht es darum, das »Herausholen« des Kamera-Icons vorzubereiten.

5. **Sie bitten den Zuschauer, sein Handy für Sie zu entsperren.**

6. **Suchen Sie für alle sichtbar das Kamera-Symbol. Anschließend halten Sie es circa zwei Sekunden lang gedrückt. Dadurch wird der Edit-Modus des Home-Bildschirms aktiviert; alle App-Symbole »zittern« und können beliebig verschoben und neu angeordnet werden.**

7. **Ziehen Sie das Kamera-Symbol immer weiter nach rechts, bis zur letzten (leeren!) Seite. »Weil es hier nur ein Symbol gibt, sehen Sie im Folgenden ganz genau, was geschieht!«**

   Das stimmt einerseits, andererseits ist es aber für Sie auch zwingend nötig. Denn man kann ein App-Symbol nur dann magisch aus dem iPhone »herausnehmen«, wenn es zuvor alleine auf einer leeren Seite stand.

8. **Sie übergeben das Telefon in die rechte Hand und stecken die linke Hand beiläufig in die Hosentasche, um eines der gedruckten Kamerasymbole in der Hand zu verbergen.**

9. **Die rechte Hand legt das Telefon wieder in die linke. Das Kamerasymbol befindet sich auf der Handfläche und wird vom Handy verdeckt.**

10. **Das Kamera-Symbol »zittert« noch immer. Sie können es also mit dem ausgestreckten rechten Zeigefinger auf der leeren Seite verschieben. Sobald Sie es loslassen, springt es zurück in die linke obere Ecke. Machen Sie Ihre Zuschauer mit diesem Verhalten vertraut.**

Was niemand ahnt: Durch diese Demonstration haben Sie eine weitere leere Bildschirm-Seite rechts von der aktuellen Bildschirm-Seite angelegt, die Sie im nächsten Schritt benötigen.

11. **Halten Sie das Handy wieder mit der rechten Hand. Wenn Sie jetzt den linken Daumen über das Kamera-Symbol legen und ihn nach links wegziehen, wird nicht etwa das Symbol verschoben, sondern es kommt die leere Seite zum Vorschein! Das Kamera-Symbol ist also verschwunden und wird gleichzeitig in Ihrer linken Hand sichtbar.**

    Werden diese Handlungen miteinander synchronisiert, wirkt es so, als hätten Sie das Kamera-Symbol sehr visuell aus dem Handy »gezogen«. – Lassen Sie diesen Effekt erst einmal auf Ihre Zuschauer wirken!

12. **Drücken Sie mit der rechten Hand unbemerkt einmal den Home-Button, während sie das Handy mit der Bildschirmseite nach unten auf dem Tisch ablegen.**

    Dadurch wird die vorhergehende Bildschirmseite aufgerufen, auf der sich das Kamera-Symbol befindet.

13. **Sie halten jetzt das Kamera-Symbol auf den Zuschauer gerichtet zwischen Daumen und Zeigefinger der linken Hand, als wollten Sie ihn fotografieren. Gleichzeitig geht die rechte Hand beiläufig in die Hosentasche, wo sie die Fernsteuerung für das eigene iPhone ergreift.**

14. **»Bitte recht freundlich!« Sie lösen den Blitz Ihres eigenen iPhones mit der Fernsteuerung in der Tasche aus, während Sie mit der linken Hand kurz zucken. – Auf die Zuschauer wirkt es, als hätten Sie tatsächlich ein Foto aufgenommen!**

    Der Fernsteuerungs-Blitz ist natürlich optional. Sie müssen diesen Aufwand nicht betreiben. Aber es ist schon beeindruckend für alle Zuschauer, wenn das links gehaltene Kamerasymbol plötzlich und unerwartet »blitzt«, zumindest wirkt es so!

15. **Der Zuschauer darf nun sein Handy mit der Rückseite nach oben halten. Sie legen das Kamera-Symbol auf das Apple-Logo und reiben es hin und her. Dadurch wird in den Köpfen der Zuschauer diese Handlung einprogrammiert.**

16. **Sie nehmen das Kamera-Symbol mit der linken Hand ab, übergeben es nach rechts und bitten dann den Zuschauer wieder mit der linken Hand gestikulierend, sein Handy etwas höher zu halten.**

17. **Anschließend nehmen Sie scheinbar das Kamera-Symbol wieder aus der rechten in die linke Hand, lassen es jedoch unbemerkt in der rechten zurück (das ist eine »falsche Übergabe«). Die linke Hand legt das Symbol scheinbar wieder aufs Apple-Logo und reibt wie zuvor hin und her. – Die rechte Hand kann nebenbei ihr Symbol in die Hosentasche stecken, da niemand auf diese Hand achtet.**

18. **Am Ende nehmen Sie langsam und bedeutungsvoll die linke Hand weg: Das Kamera-Symbol ist offenbar zurück ins Handy »massiert« worden.**

Beiläufig können Sie beide Hände leer zeigen. Der Trick ist ja längst gelaufen. Jetzt geht es nur noch um die möglichst effektvolle »Verkaufe«!

19. **Der Zuschauer darf sein Handy umdrehen (und gegebenenfalls entsperren): Das Kamera-Symbol ist wieder zurück auf der ansonsten leeren Seite.**

    Scheinbar ist der Zaubertrick beendet.

20. **Erst nach einer ausgedehnten künstlerischen Pause sagen Sie: »Und wenn Sie die Blitzlicht-Aufnahme von gerade eben anschauen wollen, dann öffnen Sie einfach die Foto-App!« – Das anfangs heimlich aufgenommene Bild wird die Zuschauer begeistern, denn es wirkt tatsächlich so, als hätten Sie es nur mit dem Kamera-Symbol »geschossen«.**

Ihre Rufnummer ist ... (Version 3)

Ganz schön frech ist die nachstehend beschriebene Methode, mit der man an die Rufnummern der hübschesten Mädchen oder coolsten Typen kommt. Wer's nicht ausprobiert, ist selber schuld.

Das Geheimnis

1. **Sie gehen auf die Person zu, deren Handynummer Sie gerne hätten, und sagen:**

2. **»Entschuldigung, ich kann mein Handy gerade nicht finden, muss aber einen dringenden und ganz kurzen Anruf machen. Darf ich mir dafür dein Telefon ausleihen?«**

Je nachdem, wie freundlich und Hilfe suchend Sie das ausspielen, wird man Ihnen das Handy aushändigen, wenn auch einigermaßen skeptisch.

3. **Bedanken Sie sich artig.**

4. **Sie wählen jetzt auf dem geliehenen Telefon Ihre eigene Handynummer. Halten Sie sich das Telefon Ihres Gegenübers ans Ohr, um sprechbereit zu sein, wenn die Gegenstelle antwortet.**

    Sobald Ihr eigenes Handy in Ihrer Tasche klingelt, ist der verdutzte Blick Ihres Gegenübers unbezahlbar!

5. **Beachten Sie das Klingeln zunächst gar nicht, bis Sie darauf hingewiesen werden, dass es bei Ihnen klingelt.**

6. **Dann sagen Sie: »Oh, da ist es ja. Gott sei Dank, es ist nicht verloren gegangen. Und zusätzlich habe ich jetzt deine Rufnummer. Heute ist mein Glückstag!« Ich füge dann noch hinzu: »Mein Name ist Franz-Josef; darf ich dich gelegentlich mal anrufen ...?« Sie müssen natürlich Ihren Namen benutzen.**

Ein herzzerreißend gehauchtes »Ja« wird die Antwort sein, denn so eine coole Anmache hat Ihr Gegenüber ganz sicher noch nie erlebt! Außer, Ihr Nebenbuhler kennt »Zaubertricks für Dummies« und ist Ihnen schon zuvorgekommen. – Sie könnten das vermeiden, indem Sie alle verbliebenen Exemplare des Buches im Handel aufkaufen!

Tuch durchdringt Handy

Es gibt in der Zauberei nur eine überschaubare Zahl von grundlegenden Effekten. Mehr über diese Effekte finden Sie im Top-Ten-Teil. Durchdringungen gehören eindeutig dazu. Wobei der Begriff »Durchdringung« das Ganze nur teilweise beschreibt. Denn auch eine Bohrmaschine kann zwar einen Stahlblock durchdringen, aber das ist keine Zauberei. Das interessante und magische ist doch, dass in der Zauberei am Ende keine Spuren der Durchdringung übrig bleiben. Erst dadurch wird die Sache interessant. – Denken Sie mal drüber nach!

Der Effekt

Ein Tuch oder Seidenschal wird durch das Display Ihres Handys gezogen (Abbildung 17.5). Natürlich ist das Mobiltelefon am Ende völlig unverletzt.

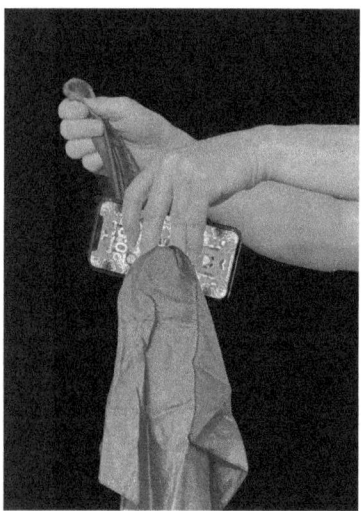

Abbildung 17.5: Der Effekt: Das Tuch wird mitten durchs Handy gezogen.

Vorbereitung

Sie benötigen ein kleines Hilfsmittel, das für das Zustandekommen des Effekts verantwortlich ist. Es lässt sich leicht aus einer transparenten Kunststoffverpackung herstellen, ja sogar aus einer Plastikflasche. Dann geht Ihnen allerdings das Pfand flöten; ob sich das lohnt?

Aus dem Kunststoffmaterial schneiden Sie ein längliches und rechteckiges Stück (circa 2 cm breit und circa 8 cm lang, je nach verwendetem Handy und Tuch).

Das Hilfsmittel ist bei der Vorführung unsichtbar, denn erstens ist es transparent, zweitens ist der Handybildschirm eingeschaltet und drittens verdeckt das Tuch große Teile des Hilfsmittels.

Jetzt legen Sie ein Ende des Tuchs um das Hilfsmittel herum und können vor Ihr Publikum treten.

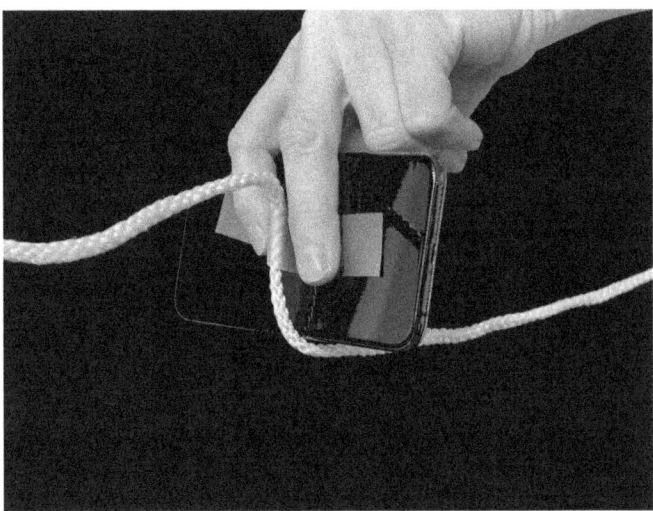

Abbildung 17.6: Schematische Darstellung: Statt des Tuchs wurde hier ein Seil verwendet, um den Weg des Tuchs zu illustrieren.

Das Geheimnis

1. Sie schalten den Handybildschirm ein und bringen Handy und Tuch (mit dahinter verborgenem Hilfsmittel ins Blickfeld Ihrer Zuschauer. Ihre Finger bedecken dabei das Hilfsmittel weitgehend.

2. Das kurze Tuch-Ende steht unter dem Handy hervor. Mit der anderen Hand von hinten kommend ergreifen Sie es und ziehen es – ungefähr in gedanklicher Verlängerung der Handymitte – nach hinten (siehe Abbildung 17.5).

3. Ziehen Sie langsam immer weiter. Das Tuch wandert vorne scheinbar in den eingeschalteten Bildschirm und wird hinten aus dem Handy herausgezogen. In Wirklichkeit wickelt es sich zunächst um das Hilfsmittel herum und läuft dann unter dem Handy nach hinten.

4. Kurz bevor Sie das Tuch langsam ganz durchgezogen haben, müssen Sie es in einer ruckartigen Bewegung nach hinten ziehen, damit Ihr Hilfsmittel nicht sichtbar wird.

5. Während Sie das unbeschädigte Tuch präsentieren, haben Sie Gelegenheit, das Handy offen auf den Tisch zu legen und dabei Ihr Hilfsmittel in der Hand verborgen zu halten beziehungsweise nebenbei in der Jacken- oder Hosentasche zurückzulassen.

6. Jetzt ist alles untersuchbar.

Verschwindendes Handy

Dies ist kein Trick, den Sie im klassischen Sinne bewusst präsentieren, sondern Ihr Mobiltelefon verschwindet ganz nebenbei, während Sie telefonieren. Das Ganze muss in eine andere Handlung eingeflochten werden, wie Sie gleich sehen werden.

Der Effekt

Während Sie einen tollen Zaubertrick vorführen, beispielsweise mit Spielkarten, klingelt Ihr Handy. Das passt in dem Augenblick natürlich gar nicht. Peinlich berührt beantworten Sie den Anruf. Im weiteren Verlauf des kurzen Gespräches löst sich das Mobiltelefon in Luft auf.

Vorbereitung

Sie stellen unbemerkt Ihren Handy-Wecker oder starten einen -Countdown, sodass Ihr Handy in den nächsten zwei bis drei Minuten klingelt. Als Audio-Signal verwenden Sie am besten einen typischen Handy-Klingelton.

Das Geheimnis

1. Sie sind mitten in der Vorführung eines ganz anderen Tricks, wenn sich Ihr Handy bemerkbar macht.

2. »Das ist mir jetzt aber peinlich. Tut mir leid, da gehe ich kurz ran ...«

3. Sie ziehen das Handy aus der Tasche, blicken demonstrativ auf das Display (scheinbar, um zu erfahren, wer Sie da mitten in wichtigen Dingen stört). Dann stellen Sie das Audio-Signal aus, als würden Sie den Anruf annehmen. Bringen Sie das Handy mit der rechten Hand ans rechte Ohr.

4. »Grüß dich! Tut mir leid, aber ich bin gerade mitten in einem tollen Zaubertrick und kann nicht ... Ach so! Moment, das schreibe ich mir auf ... ich brauche nur Papier und Stift ...!«

5. Sie tasten mit der linken Hand Ihre Taschen ab, scheinbar auf der Suche nach den besagten Gegenständen für Ihre Notiz.

6. »Ich hab's gleich ...« – Nun klemmen Sie das Handy mit der rechten Hand scheinbar zwischen linkes Ohr und Schulter, damit Sie die rechte Hand frei haben und nach einem Schreibwerkzeug suchen können.

7. »... muss doch irgendwo sein ...« Sie sprechen weiter ins Telefon, das jedoch unbemerkt in der rechten Hand verbleibt und sofort in die rechte Hosentasche gesteckt wird, während Sie dort scheinbar nach Zettel und Stift suchen.

8. »... zum Mäusemelken! Vielleicht hier ...? Ich bin gleich so weit, dann schreibe ich es auf. Warte kurz ...« Sie sprechen weiter, als wären Sie immer noch auf der Suche und klopfen dabei mit der rechten Hand alle Taschen ab. Kopf und Schulter müssen weiterhin vermeintlich das Handy einklemmen.

9. »... kannst du mich in zehn Minuten noch einmal anrufen ... hallo, bist du noch dran ...?«

10. Strecken Sie die Arme langsam vom Körper. Heben Sie den Kopf langsam an. »... er hat schon aufgelegt! Und mein Handy ist jetzt auch verschwunden.«

Ihre Rufnummer ist ... (Version 4)

Dieser Trick ist so stark! Sie können ihn in ganz unterschiedlichen Zusammenhängen vorführen, und er wird seine Wirkung niemals verfehlen. Am Ende der Beschreibung gebe ich Ihnen weiter Anregungen, was man damit anstellen kann.

Der Effekt

Auf einem (entliehenen) Handy werden nacheinander beliebige Zahlen eingegeben und addiert sowie multipliziert. Die auf diesem Wege zufällig erzeugte Ziffernfolge wird am Ende von einer Zuschauerin oder einem Zuschauer angerufen. Dabei stellt sich heraus, dass es Ihre Telefonnummer ist! Und nicht nur das, denn durch den Anruf kennen Sie nun auch die Rufnummer der entsprechenden Dame oder des Herrn.

Das Geheimnis

1. Sie leihen sich ein iPhone und öffnen den Taschenrechner (das Handy muss dazu nicht entsperrt sein). Dabei erklären Sie, dass die Zuschauer Ihnen im Folgenden beliebige Zahlen nennen dürfen, die mit beliebigen Rechenoperationen verknüpft werden, um am Ende zu einem zufälligen Ergebnis zu gelangen.

   Während Ihrer Erklärung haben Sie Gelegenheit, Ihre eigene Rufnummer (ohne die Null am Anfang) in den Taschenrechner zu tippen. Es folgt »+«, dann »0« und das Multiplikationszeichen »*«. Anschließend drehen Sie das iPhone um 90 Grad, um die wissenschaftliche Tastatur aufzurufen (siehe Abbildung 17.7). Tippen Sie auf die öffnende Klammer »(«. Anschließend drehen Sie das iPhone wieder um 90 Grad zurück und geben noch einmal »0« ein.

Abbildung 17.7: Auf der wissenschaftlichen Tastatur ist die öffnende Klammer »(« zu finden.

Jetzt sieht alles normal aus, denn der Taschenrechner zeigt eine »0« im Display, als wäre nichts geschehen.

2. Zum ersten Zuschauer sagen Sie: »Nenne mir bitte eine beliebige dreistellige Zahl.« – Die Zahl wird eingegeben und anschließend deutlich sichtbar Plus »+« gedrückt.

3. Der zweite Zuschauer darf eine zweistellige Zahl nennen. Auch diese Zahl wird eingegeben, anschließend aber Mal »*« gedrückt.

4. Der dritte Zuschauer darf ebenfalls eine zweistellige Zahl nennen. Natürlich wird auch sie eingegeben und anschließend Plus »+« gedrückt.

5. Die nächste Zahl kommt vom vierten Zuschauer, diesmal eine vierstellige. Auch diese Zahl wird eingegeben und anschließend Mal »*« gedrückt.

6. Der fünfte Zuschauer darf wiederum eine zweistellige Zahl nennen. Natürlich wird auch sie eingegeben.

7. »Würdest du nun bitte Istgleich »=« drücken?«

8. »Oh, das ist aber eine große Zahl! – Sagt die Zahl irgendjemandem etwas?«

Sie zeigen den Zuschauern die Ziffernfolge auf dem Display. Was niemand ahnt: Durch die vorhergehende Manipulation handelt es sich um Ihre Handynummer (ohne vorangehende Null)! (Gegebenenfalls müssen Sie das Handy um 90 Grad drehen, damit die komplette Ziffernfolge angezeigt wird.)

9. »Sieht fast wie eine Handynummer aus, es fehlt nur die Null am Anfang …«

10. Zu Ihrer Auserwählten (oder Ihrem Ausgewählten) sagen Sie: »Wollen wir's mal ausprobieren? Ruf' doch einfach mal dort an …«

11. Die Zuschauerin / der Zuschauer wählt, und Ihr Handy beginnt zu klingeln! – Gehen Sie ran, und führen Sie ein nettes Gespräch, das Sie vielleicht mit folgenden Worten einleiten: »Hallo? ... Oh, du klingst aber nett! – Und ich freue mich, dass ich jetzt deine Nummer habe, dann können wir uns ja mal verabreden!«

Dass der Trick funktioniert, liegt an purer Mathematik. Wenn Sie rechnen

```
Ihre Rufnummer + 0 * (Zuschauer addieren und multiplizieren
beliebige Zahlen)
```

bekommen Sie beim Tippen auf das Istgleich »=« ganz automatisch Ihre Rufnummer als Ergebnis. Denn null mal irgendwas ist null. (Und das, obwohl die schließende Klammer gar nicht eingegeben wird! – Das ist aber nur eine Feinheit für die Mathematiker.)

Android-Handys hat der liebe Gott in der Basisausstattung leider keine Klammern gegeben. Daher sollten Sie den Trick nur mit iPhones versuchen. Und weil man vermuten könnte, dass Sie Ihr iPhone irgendwie präpariert haben, sollten Sie unbedingt das Handy von einer Zuschauerin oder einem Zuschauer ausleihen.

Das oben beschriebene mathemagische Prinzip können Sie auch für andere Experimente verwenden. Statt Ihrer Rufnummer können Sie beispielsweise das heutige Datum eingeben. Oder Sie verwenden den Zahlencode Ihres Tresors, um der Dame oder des Herrn Ihres Herzens anschließend ein unmoralisches Angebot zu machen. Oder, oder …!

Die Regierung weiß alles

Der Effekt

Ein Zuschauer wählt absolut fair eine beliebige Spielkarte. Anschließend ruft der Magier die Regierung an, denn sie weiß schließlich alles. Der dortige Gesprächspartner nennt völlig korrekt den Namen der gewählten Karte.

Vorbereitung

Legen Sie in Ihrem Telefonverzeichnis einen Eintrag »Die Regierung« oder »Die Mafia« oder Ähnliches mit der Rufnummer Ihres Kumpels an, den Sie in diesen Trick eingeweiht haben.

Das Geheimnis

1. Sie übergeben Ihren Zuschauern ein Kartenspiel und lassen sie nach Herzenslust mischen.

2. Die Karten werden von den Zuschauern auf dem Tisch ausgebreitet und anschließend nur eine nach dem Zufallsprinzip ausgewählt und aufgedeckt.

3. »Es gibt nur wenige Menschen auf der Welt, die Ihre Karte kennen. Dazu gehören Sie alle und ich. Sonst niemand. Außer natürlich die Regierung. Denn die Regierung weiß immer alles!«

4. »Sie glauben mir nicht? Ich werde es Ihnen beweisen. Rufen wir einfach die Regierung an!«

5. Sie holen Ihr Handy heraus, suchen offen im Kontaktverzeichnis nach dem Eintrag für die »Regierung« und wählen die dort hinterlegte Nummer.

6. Sobald Ihr Kumpel Ihren Anruf annimmt – er sieht ja an Ihrer Anruferkennung, dass Sie es sind –, nennt er ungefragt nacheinander die vier Kartenfarben »Kreuz --- Pik --- Herz --- Karo«, bis Sie ihn unterbrechen. Sobald Sie unterbrechen, weiß Ihr Kumpel, dass die gesuchte Kartenfarbe die zuletzt genannte ist. – Und wie unterbrechen Sie Ihren geheimen Mitspieler? – Ganz einfach: »Guten Tag, könnte ich bitte mit der Regierung sprechen …?«

7. Nach diesem Satz, nennt Ihr Mitspieler einzeln und langsam nacheinander die Kartenwerte: » Ass --- Zwei --- Drei --- Vier --- Fünf --- Sechs --- Sieben --- Acht --- Neun --- Zehn --- Bube --- Dame --- König«

8. Nach dem richtigen Kartenwert sagen Sie ins Telefon: »Guten Tag und schön, dass wir verbunden sind, liebe Regierung. Ich stelle Sie gleich auf laut.« Aktivieren Sie den Lautsprecher Ihres Handys.

9. Jetzt dürfen Ihre Zuschauer mit der Regierung sprechen und sie nach dem Wert der gewählten Karte fragen.

10. Die Antwort kommt natürlich prompt: »Ihre Karte ist die Karo-Fünf – und ich weiß genau, was Sie gestern gemacht haben, als Sie allein zu Hause vor dem Computer waren! – Die Regierung weiß schließlich alles!«

Schwebendes Telefon

 Ihr Telefon schwebt. Wer hätte das bei dem Titel erwartet?

Der Effekt

Ihr Telefon schwebt auf einem Ihrer ausgestreckten Finger (siehe Abbildung 17.8).

Abbildung 17.8: Das Telefon schwebt.

Vorbereitung

Sie müssen nur eine einmalige Vorbereitung treffen, die Ihnen den Effekt zu jeder beliebigen Gelegenheit ermöglicht.

Besorgen Sie sich möglichst dünnen und transparenten Perlon- oder Nylonfaden. Angelschnur geht auch.

Neben Ihrem Mobiltelefon benötigen Sie eine Handyhülle. An der Oberkante befestigen Sie den Faden und fädeln ihn anschließend an der Unterkante aus der Hülle heraus (da, wo sowieso eine Öffnung in der Hülle ist zum Laden oder für Mikrofon beziehungsweise Lautsprecher; siehe Abbildung 17.9). Jetzt können Sie Ihr Handy in die Hülle hineinlegen.

Abbildung 17.9: So verläuft der Faden.

Beachten Sie, dass ich zur Illustration auf dieser und allen folgenden Abbildungen dicke Schnur verwendet habe! In Wirklichkeit nutzen Sie dünnen Perlon- oder Nylonfaden, der per se beinahe unsichtbar ist.

Da, wo der Faden aus der Hülle heraustritt, knoten Sie den Faden zu einer Schlinge, die ungefähr einen Durchmesser von ein bis zwei Zentimeter haben sollte. Sie sollten Ihren Daumen oder Mittelfinger leicht durch in die Schlinge stecken können. Je näher sich die Schlinge an Handy und Hülle befindet, desto besser (siehe Abbildung 17.10).

Abbildung 17.10: Die Position der Schlinge

Das Geheimnis

1. **Bei passender Gelegenheit ergreifen Sie Ihr Handy und sprechen davon, dass die moderne Mobilfunk-Technik mit »Mikrowellen und Mikrochips« schier unglaubliche Erlebnisse ermöglicht. »Erst gestern habe ich ein neues Update des Betriebssystems heruntergeladen und installiert. Im Zusammenspiel mit dem eingebauten Bewegungssensor ermöglicht die aktualisierte Software jetzt neue Freiheiten ...«**

   Bei diesen Worten haben Sie Gelegenheit, Ihren rechten Daumen unbemerkt in die Fadenschlinge zu stecken.

2. **»So sieht das Ganze noch relativ normal aus.« Sie halten das Handy mit zwei Händen an den langen Enden quer vor den Zuschauern; die Finger liegen oben, die Daumen unten (siehe Abbildung 17.11).**

    In Vorbereitung auf den nachfolgenden Effekt müssen Sie die Finger schon so positionieren, dass das Handy beim Wegnehmen der linken Hand ohne Umgreifen der rechten Hand sofort schweben kann.

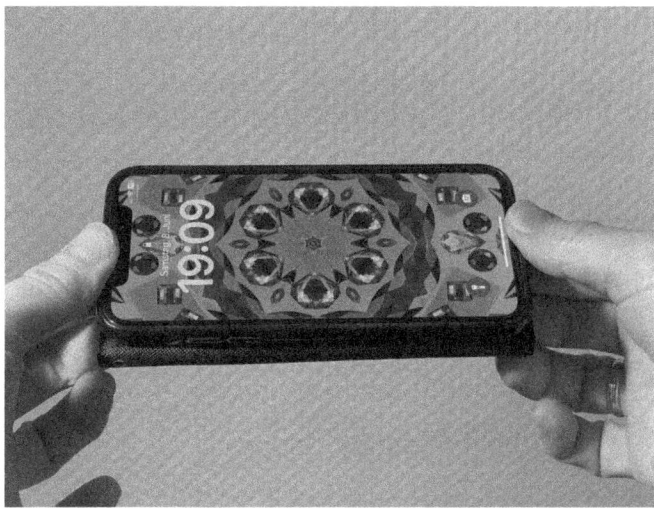

Abbildung 17.11: So wird das Handy zunächst gehalten.

3. »Was passiert, wenn ich mit einer Hand loslasse? Klar, normalerweise würde es herunterfallen. Aber das neue Update gleicht das aus …!«

4. Jetzt nehmen Sie die linke Hand weg und lassen die Zuschauer staunen.

Statt des Daumens können Sie das Schweben beispielsweise auch mit dem Zeige- oder Mittelfinger in der Fadenschlaufe versuchen.

Die Karte im Handy

 Virtuelle Zauberei ist total in und wird es wohl immer sein. Auch wenn Handys scheinbar alles können – sobald die Grenze zwischen der Innenwelt des Mobiltelefons und der realen Welt überschritten wird, entsteht ein ganz besonderer Wow-Moment. Aber schauen Sie selbst …

Der Effekt

Der Zuschauer wählt eine Spielkarte, die magisch im Handy des Magiers erscheint. Anschließend wird diese Karte visuell aus dem Handy entnommen.

Vorbereitung

Diesen Trick können Sie nur mit dem iPhone ausführen. Sie benötigen zwei Abbildungen in Größe Ihres Handybildschirms: einen schwarzen Hintergrund und eine Spielkarte auf schwarzem Hintergrund (siehe Abbildung 17.12).

Abbildung 17.12: Die beiden benötigten Abbildungen

Die Abbildungen kommen in Ihre Handy-Foto-Sammlung, sodass Sie leicht darauf Zugriff haben. Das schwarze Bild wird dabei einmal kopiert. Die Reihenfolge der Bilder sollte sein: Schwarz – Spielkarte – Schwarz.

Außerdem verwenden Sie ein Kartenspiel sowie eine Duplikatkarte, die zu der Karte auf der Abbildung passt. Sie wird unter Ihrem Handy platziert, das Sie anschließend am besten etwas über die Tischkante hinausstehen lassen, um es später gemeinsam mit der verborgenen Karte ergreifen zu können.

Die zweite zur Abbildung passende Karte kommt auf den Rücken des Kartenspiels.

Das Geheimnis

1. **Sie mischen die Karten und sorgen dabei dafür, dass die vorbereitete Karte auf dem Spielrücken verbleibt.**

2. **Jetzt geht es darum, den Zuschauer scheinbar eine beliebige Karte wählen zu lassen.**

   In Wirklichkeit wird ihm die oberste Karte forciert!

3. »Heben Sie das Kartenspiel bitte an beliebiger Stelle in zwei Hälften ab.«

4. »Wir markieren die Stelle, bei der Sie abgehoben haben.« – Sie legen den ursprünglich unten liegenden Teil um 90 Grad verdreht auf den ursprünglich oberen Teil.

5. »Handys wissen heutzutage ja fast alles. Aber wo genau Sie abgehoben haben, kann auch das modernste Handy nicht wissen, zumal die Karten zuvor ja auch noch gemischt wurden.«

Mit Ihrem Wortschwall lassen Sie die Zuschauer vergessen, wie genau der Mitspieler zuvor abgehoben hat, um die Karten-Force undurchschaubar zu machen.

6. Sie deuten auf die obere Karte des unteren Stapels und sagen: »Schauen Sie sich jetzt Ihre gewählte Karte an. Und zeigen Sie mir das Blatt nicht!«

7. Sie nehmen Ihr Handy zur Hand und schalten es ein, während der Zuschauer Ihrer Bitte nachkommt. Außerdem öffnen Sie die Fotos-App und rufen das linke schwarze Bild auf.

8. Sie bitten den Zuschauer, sich auf seine gewählte Karte zu konzentrieren, während Sie seine Gedanken lesen.

9. Während einer magischen Geste über dem schwarzen Bildschirm lassen Sie die Karte auf dem Bildschirm erscheinen. Dazu schieben Sie unbemerkt mit einem Finger das schwarze Bild nach links, wodurch das nächste Bild – die Karte – angezeigt wird.

10. Lassen Sie den Zuschauer bestätigen, dass es sich um seine Karte handelt.

11. Jetzt ergreifen Sie das Handy von oben mit der rechten Hand. Sie legen den Daumen der linken Hand auf das Kartenbild und bewegen diese Hand nach links, während Sie gleichzeitig mit den linken Fingern die unter dem Handy befindliche Karte ebenfalls nach links schieben.

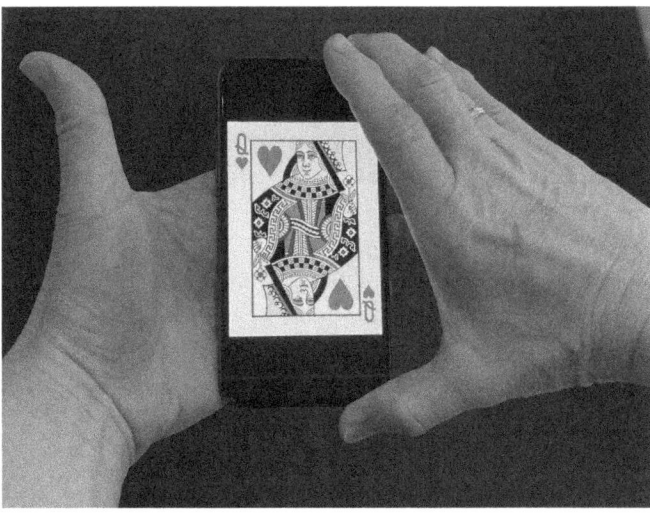

Abbildung 17.13: Die Karte auf dem Bildschirm wird nach links gezogen ...

12. Auf dem Bildschirm wird die Karte dadurch visuell nach links gezogen, während das nächste schwarze Bild sichtbar wird. Gleichzeitig materialisiert sich die Spielkarte in Ihrer linken Hand. – Sie haben sie sichtbar aus dem Handy gezogen!

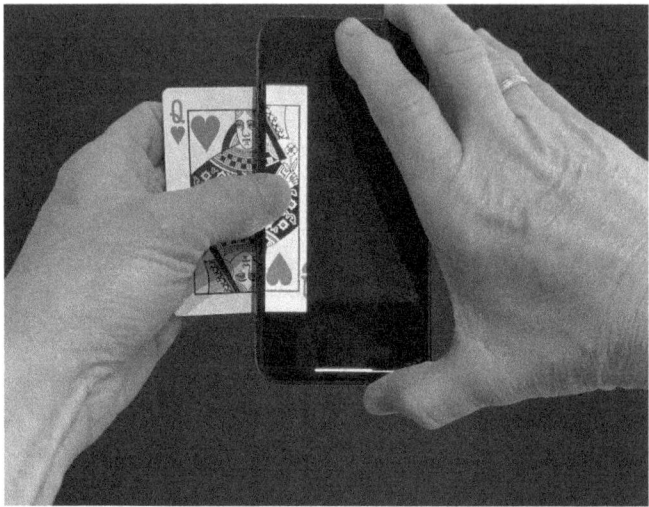

Abbildung 17.14: ... und gleichzeitig materialisiert sich die reale Karte.

Leere Hand

 Neulich hat uns ein Kollege aus einer anderen Abteilung berichtet: »Ich bin bei uns die rechte Hand vom Chef.« – »Na, da hast du aber sicherlich viel zu tun!«, bedauerte ihn ein Kollege. – »Nicht wirklich – unser Chef ist Linkshänder!«

Der Effekt

Ein Zuschauer nimmt mit dem Handy ein Foto von Ihnen auf. Sie halten darauf nichts in der ausgestreckten Hand. Im Anschluss wählt der Zuschauer eine Spielkarte. Wird das Foto aufgerufen, so hat sich in Ihrer Hand auf dem Foto genau die gewählte Karte materialisiert.

Vorbereitung

Lassen Sie vorab ein Foto von sich aufnehmen, mit ausgestreckter Hand, in der sich eine Spielkarte befindet; die Bildseite der Karte ist sichtbar (siehe Abbildung 17.15).

Abbildung 17.15: In Ihrer ausgestreckten Hand befindet sich nichts.

Platzieren Sie diese Karte auf dem Spielrücken.

Das Geheimnis

1. »Ich bin heute wieder richtig gut drauf und zeige Ihnen ein Mirakel mit Spielkarten.«

2. »Heben Sie doch bitte eine beliebige Zahl Karten vom Spiel ab.«

3. »Drehen Sie die abgehobenen Karten mit der Bildseite nach oben, um sie anschließend aufs Spiel zurückzulegen.«

4. »Heben Sie dieses Mal noch mehr Karten vom Spiel ab als zuvor. Und auch dieses Mal das Päckchen umdrehen und wieder aufs Spiel zurücklegen.«

5. »Jetzt kann niemand wissen, welches die erste mit dem Bild nach unten liegende Karte ist, zumal sie immer noch verdeckt ist. Und das ist auch gut so, zumindest für den Moment.«

   Dass niemand die Karte kennt, ist glatt gelogen, Sie Schwindler und Scharlatan! Denn nachdem der Zuschauer Ihre Anweisungen befolgt hat, ist die erste mit dem Bild nach unten liegende Karte von oben genau die Karte, die Sie ihm aufzwingen wollten.
   Sie haben sie *forciert*.

6. »Jetzt machen Sie bitte eine Aufnahme von mir. Verwenden Sie einfach mein Handy.«

    Sie stellen sich ungefähr genauso in Pose wie bei der vorab heimlich angefertigten Aufnahme und strecken die leere Hand aus (siehe Abbildung 17.16). Dirigieren Sie den Zuschauer, wo er stehen soll, damit sich Ihr altes Motiv und das neue zumindest ähneln.

Abbildung 17.16: Das neue Motiv ähnelt dem vorigen, allerdings halten Sie keine Karte in der ausgestreckten Hand.

7. Sie lassen sich Ihr Handy zurückgeben und bitten den Zuschauer, sich seine gewählte Karte anzusehen. Dabei haben Sie Gelegenheit, die Foto-App aufzurufen, das letzte Bild nebenbei zu löschen und die vorige Aufnahme zu öffnen.

8. Sobald der Zuschauer seine Karte angesehen hat, strecken Sie ihm das Handy entgegen: Auf dem Foto, das er soeben von Ihnen aufgenommen hat, hat sich in Ihrer Hand seine Karte materialisiert!

 Und warum sollten Sie das jüngste Foto löschen? Ganz einfach, damit es der Zuschauer nicht aufrufen kann, wenn er Ihr Handy in Händen hält. – Clever, gell?

Ihre Rufnummer ist … (Version 5)

 Streng genommen kein Handytrick, sondern eine teuflisch geniale Methode, um wirklich unverdächtig an die Handynummer Ihres Gegenübers zu kommen.

Der Effekt

Sie lassen eine Mitspielerin oder eine Mitspieler einige ausgedachte Rufnummern sowie ihre/seine eigene Rufnummer auf einen Zettel schreiben, während Sie sich abwenden. Sobald Sie im Anschluss den Zettel sehen, wissen Sie, welches die echte Rufnummer ist und können die Dame oder den Herrn gleich anrufen. Im Folgenden spiele ich diesen Effekt mit einer Dame durch. Er funktioniert natürlich genauso mit einem Herrn.

Vorbereitung

Bevor Sie mit der Vorführung beginnen, bringen Sie heimlich ein wenig Lippenbalsam auf die Spitze eines Kugelschreibers. Das geht am besten, wenn Sie mit einem Finger zuerst über den Lippenbalsam streichen und dann über die Kugelschreiberspitze. Außerdem brauchen Sie noch einen Notizzettel.

Das Geheimnis

1. Erklären Sie Ihren ungläubigen Zuschauern, dass Sie in der Lage sind, die Handynummer der attraktiven Frau herauszufinden.

2. Sie überreichen der Dame den (präparierten) Stift und bitten sie, ihre Handyrufnummer auf den Zettel zu schreiben, während Sie sich abwenden.

3. Sagen Sie, dass es zu leicht wäre, jetzt den Zettel in die Hand zu nehmen und die Nummer der attraktiven Zuschauerin abzulesen. Daher soll sie sich eine weitere Handyrufnummer ausdenken und ebenfalls auf den Zettel schreiben – darüber, darunter, daneben, ganz egal wo!

4. Im Folgenden darf sie weitere ausgedachte Rufnummern aufschreiben, um Sie zu verwirren und es Ihnen schwerer zu machen, die richtige Nummer zu finden.

5. Am Ende wenden Sie sich den Zuschauern wieder zu und fassen die vorigen Ereignisse zusammen: »Sie haben nacheinander mehrere falsche Rufnummern und Ihre eigene Handynummer aufgeschrieben. Und dennoch werde ich Ihre Nummer herausfinden. Sollte ich beim ersten Versuch danebenliegen, lade ich Sie auf einen Drink ein. Wenn ich aber auf Anhieb richtig liege, dann haben wir ein Date, und ich lade Sie auf einen Drink ein! Sie können also nur gewinnen!«

Wetten wir, dass Sie gleich eine nette Verabredung haben werden?

6. Sie sehen sich den Notizzettel ganz genau an. Besser ausgedrückt, Sie betrachten die jeweils erste Ziffer aller aufgeschriebenen Handynummern. Bei einer wird die Zahl nur teilweise komplett ausgeschrieben sein – wegen des Lippenbalsams. Er verhindert durch seinen Fettfilm, dass die Zahl komplett geschrieben werden kann. – Sobald die erste Zahl geschrieben wurde, ist der Balsam aufgebraucht, und alle folgenden Ziffern werden ganz normal geschrieben sein.

7. Sie haben nun also die »richtige« Rufnummer im Blick, zücken Ihr Handy und wählen, ohne dass die Zuschauer sehen, was Sie tippen – damit der Spannungsbogen möglichst groß bleibt.

8. Sobald das Handy Ihrer Zukünftigen klingelt, sagen Sie scherzhaft: »Zu dir oder zu mir?«

Wenn Sie den Trick beispielsweise in einer Bar vorführen, können Sie statt eines Zettels einfach einen Bierdeckel verwenden, den Sie von Ihrem »Opfer« rundherum beschreiben lassen (Abbildung 17.17). Das wirkt nicht nur improvisierter, sondern sieht einfach cool aus! (Und jeder denkt, dass der Bierdeckel für das Funktionieren des Tricks verantwortlich ist. Sie legen also eine falsche Fährte.)

Abbildung 17.17: So oder so ähnlich könnte der Untersetzer beschrieben sein.

> **IN DIESEM KAPITEL**
>
> All jene Tricks, die thematisch in keines der anderen Kapitel passten
>
> Schicke Effekte, mit denen Sie jedermann täuschen werden, darunter ein paar Knüller

Kapitel 18
Noch mehr ...

Ich mach's kurz: Ich bin am Ende. Ich meine, das ist das letzte Trickkapitel. – Bitte nicht weinen. Alles hat ein Ende, nur das Zauberseil hat zwei.

Magisches Domino

Eigentlich ein mentalmagisches Experiment, aber weil es so bunt ist, dachte ich, es passt auch hierher. Und es ist wirklich so einfach und genial ...

Der Effekt

Sie überreichen einem Zuschauer einige Dominosteine, die er zusammensetzen darf. Am Ende stellt sich heraus, dass Sie den Anfangs- und Endstein richtig vorhergesagt haben. Das Spiel lässt sich beliebig oft wiederholen, natürlich jedes Mal mit anderem Ergebnis.

Das Geheimnis

Fertigen Sie sich Dominosteine mit folgenden Farbkombinationen an:

Die Dominosteine
Weiß – Rot
Rot – Gelb
Gelb – Blau

Blau – Schwarz

Schwarz – Rot

Rot – Blau

Blau – Weiß

Weiß – Schwarz

Schwarz – Gelb

Gelb – Weiß

Vor Beginn Ihrer Vorführung nehmen Sie einen beliebigen Stein weg und schreiben seine Farbkombination auf eine Vorhersage: »Ich sage vorher, dass die beiden Endsteine die Farben x und y haben werden.«

1. **Überreichen Sie einem Zuschauer Ihre verschlossene Vorhersage.** »Passen Sie gut darauf auf, wir kommen später darauf zurück.«

2. **Lassen Sie einen weiteren Zuschauer die Steine nach Belieben zusammensetzen.** »Spielen Sie auch so gerne Domino? Ich habe Ihnen hier ein Farben-Domino mitgebracht. Ihre Aufgabe ist es, die Steine nach Belieben zusammenzusetzen.«

   In Wirklichkeit hat der Arme nur eine Möglichkeit, wie er alle Steine unterbringen kann.

3. **Sobald der Zuschauer fertig ist, sagen Sie:** »Sie müssen zugeben, dass ich Sie beim Domino-Puzzeln nicht beeinflusst habe. Trotzdem wusste ich schon vorher, welche Steine Sie an den Anfang und ans Ende legen würden.«

4. **Lassen Sie dann Ihre 100%ig korrekte Vorhersage vorlesen.**

5. **Dabei haben Sie Gelegenheit, den zuvor entnommenen Stein in Ihrer Hand zu verstecken.**

6. **Wenn die Zuschauer den Effekt registriert haben, mischen Sie die Steine. Fügen Sie dabei unbemerkt den Stein hinzu und nehmen Sie einen anderen weg.**

7. **Auf Ihre neue Vorhersage schreiben Sie die Farben des neuen Steins. Und schon kann das Spiel wieder von vorne beginnen. Am Ende weisen Sie ausdrücklich darauf hin, dass diesmal andere Farben an den Enden liegen.**

   Durch diesen Hinweis wird das Ganze völlig unerklärlich.

8. **Wiederholen Sie den Effekt nicht mehr als zwei bis drei Mal.**

 Wenn Sie wollen, können Sie natürlich auch ganz normale Dominosteine verwenden.

Großmutters Maßband

Das Besondere an diesem Trick ist, dass Sie mit einem Alltagsgegenstand ein wirklich beeindruckendes und nicht zu durchschauendes Experiment zeigen.

Der Effekt

Ein Zuschauer darf nach Belieben Zahlen auf einem Maßband markieren. Werden die Zahlen addiert, verweisen Sie auf Ihre völlig korrekte Vorhersage.

Das Geheimnis

Schauen Sie sich zunächst einmal Ihr Maßband genauer an: Auf beiden Seiten sind Zahlen aufgedruckt, und zwar in gegenläufiger Reihenfolge. Das heißt, vorne laufen die Zahlen von oben nach unten, während sie auf der Rückseite von unten nach oben laufen. Oder umgekehrt.

 Selten werden Sie ein Maßband finden, bei dem die Zahlen durcheinander angeordnet sind. Sie sollten wissen, dass das Kunststück damit nicht möglich ist!

Jetzt achten Sie auf die Gesamtlänge Ihres Maßbandes: Meines ist 150 Zentimeter lang. Wenn ich mit einer Büroklammer eine beliebige Stelle auf dem Band markiere und dann die Zahl vorne und hinten addiere, erhalte ich bei meinem Band als Summe immer die »151«! Sensationell, oder?

Sie lassen Ihren Zuschauer aber beliebig viele Stellen markieren. Die Gesamtsumme der markierten Zahlen wird dem Produkt aus Anzahl verwendeter Büroklammern und 151 entsprechen. Hat der Zuschauer beispielsweise drei Büroklammern verwendet, ist die Summe 453.

Woher erfahren Sie, wie viele Zahlen der Zuschauer markiert hat? – Ganz einfach: Sie legen eine definierte Menge Büroklammern auf den Tisch, beispielsweise zehn. Die nicht verwendeten bleiben dort liegen, wenn Sie sich dem Zuschauer wieder zuwenden. Weil Sie die Ausgangszahl der Büroklammern kennen, bringen Sie leicht in Erfahrung, wie viele Klammern Ihr Mitspieler verwendet hat.

Kommen wir also zur Vorführung:

1. Überreichen Sie Ihrem Zuschauer das Maßband und bitten Sie ihn, nach Belieben einige Zahlen auf dem Band mit Büroklammern zu markieren, sobald Sie sich abgewendet haben. Die Klammern legen Sie vor ihn auf den Tisch und wenden sich ab.

2. Sobald der Zuschauer fertig ist, soll er das Band lose zusammenrollen und unter dem Tisch verstecken. Dann wenden Sie sich ihm wieder zu.

3. Jetzt stellen Sie nebenbei fest, wie viele Büroklammern der Zuschauer verwendet hat.

4. Multiplizieren Sie diese Zahl mit 151. Dadurch erhalten Sie die später vom Zuschauer errechnete Summe. Schreiben Sie das Ergebnis auf einen Zettel, den Sie zusammengefaltet auf den Tisch legen.

5. »Ich habe mich nun mit meiner Vorhersage festgelegt. Nehmen Sie jetzt bitte das Maßband hervor, und addieren Sie zunächst die mit Büroklammern markierten Zahlen der Vorderseite, und zählen Sie dann noch die Zahlen der Rückseite hinzu.«

6. Sobald der Zuschauer das Ergebnis nennt, lassen Sie ihn Ihre Voraussage öffnen. Natürlich lagen Sie absolut richtig!

Deutungshoheit

Ich mag ganz besonders jene Tricks, bei denen unkonventionelle Requisiten zum Einsatz kommen. Hier haben wir so ein Kunststück, das noch dazu auch deswegen besonders faszinierend ist, weil es merkwürdigerweise immer funktioniert. Ich bin immer noch am Rätseln, wie das möglich ist ...?

Der Effekt

Sie haben einen Stapel Fotos dabei, auf denen verschiedene Personen zu sehen sind, die in ganz unterschiedliche Richtungen deuten: nach oben, nach unten, nach rechts oder nach links. Ein Zuschauer hebt einen Stapel Fotos ab und bringt die Aufnahmen anschließend durcheinander. Die restlichen Fotos werden mit dem Bild nach unten in mehreren Reihen und Spalten auf dem Tisch ausgebreitet.

Anschließend darf der Zuschauer seine gemischten Aufnahmen auf die Fotos auf dem Tisch austeilen: Die erste Aufnahme kommt auf ein beliebiges Foto, das aufgedeckt wird. Die nächste Aufnahme kommt auf das Foto, zu dem die Person von dem aufgedeckten Foto zeigt und so weiter. Sobald der Zuschauer keine Aufnahmen mehr hat, wird das nächste aufgedeckt, zu dem die letzte Person deutet: Er findet dort ein Foto des Magiers, der direkt in die Kamera deutet.

Vorbereitung

Sie benötigen Fotos, entsprechend bedruckte Spielkarten oder Ähnliches (siehe Abbildung 18.1):

✔ sechs Fotos von Personen, die nach links deuten,

✔ sechs Fotos von Personen, die nach rechts deuten,

✔ vier Fotos von Personen, die nach oben deuten,

✔ vier Fotos von Personen, die nach unten deuten,

✔ ein Foto von Ihnen, auf dem Sie direkt in die Kamera deuten,

✔ sowie circa 20 weitere Fotos von Personen, die in eine beliebige Richtung deuten.

Sie finden solche Motive beispielsweise in Tageszeitungen, Magazinen, in kostenlosen (Online-)Fotodatenbanken etc. (Einen kompletten Satz mit allen benötigten Fotos können Sie 24/7 von meiner Website www.Zauberbuch.de herunterladen.)

Abbildung 18.1: Ein paar Beispiele der Aufnahmen

Die Aufnahmen müssen vor der Vorführung von der Rückseite her betrachtet in folgende Reihenfolge gebracht werden:

✔ 2x links,

✔ 2x unten,

✔ 4x rechts,

✔ 3x oben,

✔ 3x links,

✔ 2x unten,

✔ 2x rechts,

- ✔ 1x oben,
- ✔ 1x links,
- ✔ Ihre eigene Aufnahme,
- ✔ danach 20 beliebige Aufnahmen.

Und wundern Sie sich bitte nicht: Auch wenn der Zuschauer später sein abgehobenes Päckchen mischt, so ist die angegebene Reihenfolge der Bilder doch essenziell.

Das Geheimnis

1. **Sie zeigen Ihre Fotosammlung beiläufig vor. Achten Sie dabei darauf, dass man Ihre Aufnahme noch nicht entdeckt (Abbildung 18.2).**

Abbildung 18.2: Die Karten werden beiläufig vorgezeigt.

2. **Die Aufnahmen werden in einem Stapel mit dem Bild nach unten auf den Tisch gelegt. Der Zuschauer darf nach Belieben abheben, aber sein Stapel muss dabei weniger als die Hälfte der Fotos umfassen. Zur scheinbaren Erklärung können Sie darauf hinweisen, dass es dann nicht so lange dauert, wenn er seine Karten später auslegt.**

   Sie teilen gleich die verbliebenen Fotos in Ihrem Stapel mit dem Bild nach unten und kreisförmig im Uhrzeigersinn aus …

3. **Zunächst wird die erste Aufnahme – um 45 Grad verdreht – auf den Tisch abgelegt (damit Sie ihre Position nicht aus den Augen verlieren können!).**

4. Die zweite Aufnahme wird rechts von der ersten abgelegt, die dritte darunter, die vierte links davon und so weiter, wodurch das Austeilen spiralförmig und im Uhrzeigersinn geschieht (siehe Abbildung 18.3).

Abbildung 18.3: Das kreisförmige Ablegen der Fotos

5. Während Sie die restlichen Fotos in dieser Manier weiter austeilen, bitten Sie den Zuschauer, seine abgehobenen Aufnahmen zu mischen. Schließlich darf er ein Foto (offen oder verdeckt) auswählen und beiseitelegen. »Dieses Foto werden wir erst ganz am Ende verwenden. Es ist also entscheidend für den Ausgang des Experiments!«

Diese Behauptung ist nicht ganz unwahr. Denn immerhin zeigt die letzte Karte auf Ihr Bild. Aber es ist völlig egal, welche Karte der Zuschauer auswählt, denn aufgrund der inneren Logik des Tricks kann er jede beliebige Karte wählen, und sie wird immer auf die richtige Stelle deuten.

6. Jetzt darf der Zuschauer seine Fotos eines nach dem anderen bildoffen austeilen. Die erste Aufnahme soll er auf die um 45° gedrehte Aufnahme legen.

Wichtig ist, dass sich der Zuschauer auf der gleichen Seite des Tisches befindet wie Sie, also nicht etwa gegenüber von Ihnen!

7. Das nächste Foto wird dann auf die Aufnahme gelegt, zu der das vorige Foto deutet, und so weiter (siehe Abbildung 18.4).

Es kann übrigens passieren, dass ein Foto zur vorigen Position deutet. Aber das macht nichts, solange der Zuschauer die nächste Karte immer auf die angezeigte Position legt. So können manchmal größere Stapel entstehen, die aber nicht stören.

Abbildung 18.4: Das nächste Foto wird immer dorthin gelegt, wo das vorhergehende hinzeigt (die Abbildungen sind Beispiele!).

8. Sobald der Zuschauer all seine Karten abgelegt hat, darf er die anfangs beiseitegelegte Karte als letzte verwenden. Sie zeigt wiederum auf ein Foto, auf dem vielleicht schon eine oder mehrere andere Aufnahmen liegen. In diesem Fall nehmen Sie alle bildoffen liegenden Fotos weg und weisen auf die mit dem Bild nach unten liegende Karte hin.

9. »Wäre es nicht ein Wunder, wenn diese Karte zu Ihnen führen würde?«

10. Der Zuschauer darf die Karte bildoffen drehen. Er sieht dort Ihr Foto, das auf ihn zeigt!

Wenn der Zuschauer mag, darf er alle übrigen Karten aufdecken. Er findet kein weiteres Motiv, das auf ihn zeigt!

Es ist wirklich erstaunlich, dass dieses Kunststück jedes Mal völlig automatisch funktioniert, obwohl der Zuschauer seinen Stapel nach Belieben durcheinanderbringt! So richtig erklären kann ich es Ihnen auch nicht – wir sind halt offenbar beide echte Dummies.

Topologisches Wunder

Topologie ist die Lehre von den räumlichen Beziehungen. Wo wir gerade bei Beziehungen sind, da gibt es doch einiges, was einem zu denken gibt: Freuen sich beispielsweise Mathematiker, wenn ihre Partnerin unberechenbar ist? – Was tun Chemikerinnen, wenn ihr Mann ständig neue Verbindungen eingeht? – Nutzt es dem Geografen, wenn seine Freundin keine Grenzen kennt? – Und ist die Physikerin zu bedauern, deren Verlobter auch gut mit Unbekannten kann?

Doch zurück zu den räumlichen Beziehungen: Man würde ja erwarten, dass die Vorder- und Rückseite ein- und desselben Papierblatts immer gleich groß ist, nicht wahr? – Der New Yorker Hobbyzauberkünstler Paul Curry entdeckte im Jahr 1953 ein Paradoxon. Er zerschnitt ein Dreieck, das er anschließend wie ein Puzzle zusammensetzte. Die Ursprungsform der Puzzleteile konnte er auf zwei Arten erreichen. Aber in einem Fall blieb ein Puzzleteil übrig. Das hat seither Generationen von Zauberern inspiriert; bis heute führen sie das Experiment – angereichert durch ein wenig Tricktechnik – mit Begeisterung vor.

Für Sie habe ich eine Variante entwickelt, die für die Zuschauer wegen des Bezugs zum Lottospiel in sich logisch wirkt.

Der Effekt

Mit diesem Trick beweisen Sie auf ganz außergewöhnliche Weise, dass Sie eine vom Zuschauer gewählte Lottozahl schon im vorhinein kannten.

Vorbereitung

Sie benötigen einen Stapel Karten, die Sie folgendermaßen beschriften: Auf ungefähr 40 Karten schreiben oder drucken Sie die Zahl »32«. Auf die restlichen circa zehn Karten schreiben oder drucken Sie beliebig ausgewählte Zahlen zwischen 1 und 49. – Im Kartenstapel liegen die beliebigen Zahlen auf der Bildseite, dahinter der vorbereitete Kartenblock mit den 32ern.

Ferner benötigen Sie ein 7 mal 7 Kästchen großes »Lotto-Spielfeld«. Jedes Kästchen sollte ungefähr die Größe der Karten haben, die Sie verwenden. Auf der Vorderseite stehen fortlaufend die Zahlen von 1 bis 49 (siehe Abbildung 18.5). Die Rückseite ist in einer beliebigen Farbe gehalten, damit man Vorder- und Rückseiten besser unterscheiden kann. Das Spielfeld können Sie von meiner Website www.Zauberbuch.de herunterladen.

1 1 aus 49	**2** 1 aus 49	**3** 1 aus 49	**4** 1 aus 49	**5** 1 aus 49	**6** 1 aus 49	**7** 1 aus 49
8 1 aus 49	**9** 1 aus 49	**10** 1 aus 49	**11** 1 aus 49	**12** 1 aus 49	**13** 1 aus 49	**14** 1 aus 49
15 1 aus 49	**16** 1 aus 49	**17** 1 aus 49	**18** 1 aus 49	**19** 1 aus 49	**20** 1 aus 49	**21** 1 aus 49
22 1 aus 49	**23** 1 aus 49	**24** 1 aus 49	**25** 1 aus 49	**26** 1 aus 49	**27** 1 aus 49	**28** 1 aus 49
29 1 aus 49	**30** 1 aus 49	**31** 1 aus 49	**32** 1 aus 49	**33** 1 aus 49	**34** 1 aus 49	**35** 1 aus 49
36 1 aus 49	**37** 1 aus 49	**38** 1 aus 49	**39** 1 aus 49	**40** 1 aus 49	**41** 1 aus 49	**42** 1 aus 49
43 1 aus 49	**44** 1 aus 49	**45** 1 aus 49	**46** 1 aus 49	**47** 1 aus 49	**48** 1 aus 49	**49** 1 aus 49

Abbildung 18.5: Das Spielfeld

Das »Spielfeld« zerschneiden Sie nun wie in Abbildung 18.6 dargestellt. Sie erhalten demnach fünf »Puzzleteile«. Die einzelne »32« können Sie vernichten. Das bedeutet: Wenn Sie die Teile mit der Schrift nach oben zusammensetzen, fehlt die 32.

Drehen Sie die »Puzzleteile« mit der Schrift nach unten und setzen Sie sie wieder zusammen. Allerdings legen Sie dabei das schräg angeschnittene Teil mit der 8 nach links (und das schräg angeschnittene Teil mit der 19 nach rechts). Es wirkt alles völlig normal, weil kein Teil fehlt (das ist das erwähnte topologische Wunder, aber davon weiß ja noch niemand etwas).

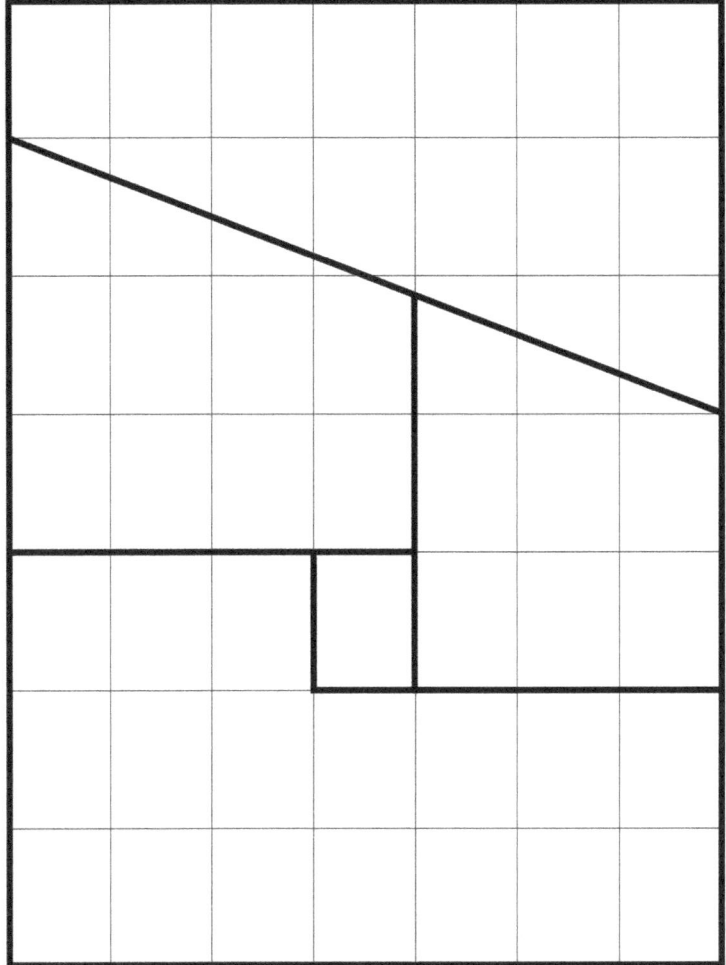

Abbildung 18.6: Zerschneiden Sie das Spielfeld an den dick hervorgehobenen Linien.

Das Geheimnis

1. Die »Puzzleteile« liegen zusammengesetzt auf dem Tisch.

2. »Auf der Rückseite dieses Blatts befinden sich 7 mal 7 einzelne Kästchen. Alle Kästchen habe ich von 1 bis 49 durchnummeriert und eine Voraussage für das getroffen, was gleich passiert. – Behalten Sie mit einem Auge das Blatt im Blick, mit einem Auge die Karten und mit dem dritten Auge mich.«

3. »Apropos Karten: Auf den Karten finden sich alle Zahlen von 1 bis 49 wieder.«

   Die ersten paar Karten des Stapels werden beiläufig aufgefächert und vorgezeigt. Unterbewusst wird damit belegt, was Sie den Zuschauern gleichzeitig erläutern. Die Zuschauer werden später beschwören wollen, dass Sie 49 unterschiedlich beschriftete Karten verwendet haben.

4. »Eine Zahl dürfen Sie per Zufall bestimmen – Sie ziehen also gewissermaßen unsere heutige Lotto-Zusatzzahl.«

   Sie können jetzt den Kartenstapel noch nebenbei überhandmischen, indem Sie von der Rückseite mehrmals Karten in die linke Hand abziehen (wie beim normalen Überhandmischen), dann aber die letzten 12 bis 15 Karten nicht auf, sondern unter das Päckchen in der linken Hand geben.

5. Sie fächern den Kartenstapel mit dem Bild nach unten vor dem Zuschauer aus, wobei die unteren 10 bis 12 Karten sehr eng beieinander gehalten werden.
   Ziel ist es, den Zuschauer so zu beeinflussen, dass er eine der oberen 40 Karten wählt.

   Sollte dennoch eine der unteren Karten gezogen werden, sagen Sie einfach: »Genau so funktioniert es. Allerdings hat sich die Aufsichtsbeamtin noch nicht vom ordnungsgemäßen Zustand des Ziehungsgeräts überzeugt. – Lassen Sie die Dame doch mal kurz Ihre Muckis prüfen! Und dann ziehen Sie erneut eine Karte.« (Wenn Sie mit einer Zuschauerin arbeiten, sollten Sie natürlich den Text etwas variieren!)

6. Der Zuschauer hat also keine andere Möglichkeit, als am Ende die »32« aus dem 40-Karten-Block zu wählen. Er soll sich seine Wahl aber noch nicht ansehen, um es spannender zu machen.

7. Sie schieben die Puzzleteile mit spitzen Fingern zusammen und drehen sie anschließend mit der beschrifteten Seite nach oben. – Niemand soll hinterher fälschlicherweise mutmaßen, Sie hätten heimlich etwas beiseitegeschafft, daher die spitzen Finger!

8. Beim anschließenden Zusammensetzen des Puzzles wird deutlich, dass die 32 fehlt. »Laut meiner Voraussage muss Ihre Zusatzzahl die 32 sein. Stimmt das?«

9. Der Zuschauer darf seine Karte mit dem Bild nach oben wenden. Es ist nicht nur die 32, sondern Sie passt natürlich auch in die Lücke!

Wenn Sie Sorge haben, dass die Karten-Force nicht klappt, so gibt es natürlich auch eine Alternative: Verwenden Sie einfach einen ganz normal von 1 bis 49 beschrifteten Kartenstapel. Die 32 legen Sie auf die Rückseite des Stapels. Bei dem Trick »Die Karte im Handy« in Kapitel 17 finden Sie eine sehr einfache und todsichere Force beschrieben, die Sie hier auch anwenden können. Oder schauen Sie bei dem Kunststück »Leere Hand« in Kapitel 17; auch diese Variante ist hier alternativ nutzbar.

Wenn Sie mögen, können Sie das »Spielfeld« auch ganz durcheinander mit Zahlen beschriften. Dann suchen die Zuschauer nach dem Aufdecken des Spielplans noch intensiver nach der 32. Und Sie können dann statt der 32 eine beliebig andere Zahl verwenden. Beispielsweise können Sie auch das Alter des im Publikum befindlichen Geburtstagskindes vorhersagen oder das 25-jährige Hochzeitsjubiläum der Gastgeber etc.

Magisches Tic Tac Toe

»Tic-Tac-Toe« oder »Drei gewinnt« (auch »Kreis und Kreuz«, »Dodelschach«) ist ein klassisches und einfaches Zweipersonen-Strategiespiel, dessen Geschichte sich bis ins 12. Jahrhundert vor Christus zurückverfolgen lässt.

Der Effekt

Auf einem quadratischen, 3 mal 3 Felder großen Spielfeld setzen Ihr Mitspieler und Sie abwechselnd ihr Zeichen (ein Spieler Kreuze, der andere Kreise) in ein freies Feld. Der Spieler, der als Erster drei Zeichen in eine Zeile, Spalte oder Diagonale setzen kann, gewinnt. – Den Ausgang des Spiels haben Sie bereits vor Beginn der Partie exakt vorhergesagt.

Vorbereitung

Sie benötigen zwei identische, 3 mal 3 Felder große Spielfelder. Eines füllen Sie vorab als Vorhersage folgendermaßen aus und falten das Spielfeld anschließend zusammen:

O	X	X
X	O	O
O	O	X

Abbildung 18.7 Ihre Vorhersage

Das vorstehende Spielfeld zeigt den Ausgang Ihres Spiels gegen den Zuschauer. Da Sie beginnen, bleiben Ihrem Zuschauer (unter uns gesagt) nur zwei Wahlmöglichkeiten: In seinem ersten Zug besetzt er entweder eines der vier Eckfelder oder eines der Felder über/unter beziehungsweise links/rechts von der Mitte. Ihre folgenden Züge reagieren dann nach einem ganz bestimmten Muster, sodass Ihre Vorhersage immer stimmt und die Begegnung unentschieden ausgeht.

Tatsächlich wird am Ende noch ein kleiner Kniff notwendig: Ihre Vorhersage müssen Sie gegebenenfalls um 90, 180 oder 270 Grad drehen, damit sie dem Spielergebnis entspricht (siehe Abbildung 18.8). Aber das wissen nur Sie!

O	X	O
O	O	X
X	O	X

oder

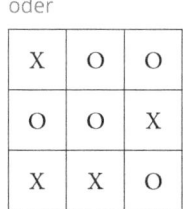

oder

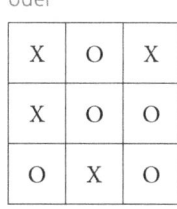

Abbildung 18.8 Es gibt drei weitere Möglichkeiten, Ihre Vorhersage zu lesen: um 90, 180 oder 270 Grad gedreht.

Das Geheimnis

1. Bringen Sie das leere Spielfeld hervor, um Ihren Zuschauer zu einer Partie »Tic Tac Toe« einzuladen.

2. Legen Sie die zusammengefaltete Vorhersage für alle gut sichtbar ab.

3. Erster Spielzug (Zauberer): »Ich beginne in der Mitte. « (Abbildung 18.9).

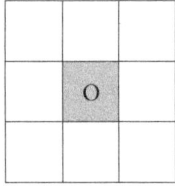

Abbildung 18.9 Ihr erster Schritt

4. Zweiter Spielzug (Zuschauer): »Jetzt sind Sie dran.«

Ihr Gegner kann jedes beliebige Feld mit seinem »X« markieren: entweder eines der Eckfelder oder eines der mittleren Felder (Abbildung 18.10)

oder

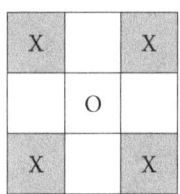 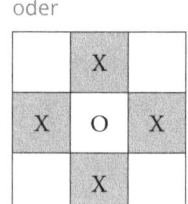

Abbildung 18.10 Die Optionen Ihres Zuschauers: Entweder ein Eckfeld (links) oder ein Mittelfeld (rechts).

5. Dritter Spielzug (Zauberer): Falls Ihr Zuschauer zuvor ein Eckfeld markiert hat, markieren Sie das nächste freie Feld in Uhrzeigerrichtung. – Falls Ihr Zuschauer hingegen eines der mittleren Felder markiert hat, markieren Sie das nächste freie Feld in Gegen-Uhrzeigerrichtung (Abbildung 18.11).

Die folgenden Schritte illustrieren einen beispielhaften Spielverlauf. Merken Sie sich die genutzte Richtung (im Uhrzeigersinn oder entgegen dem Uhrzeigersinn)!

oder

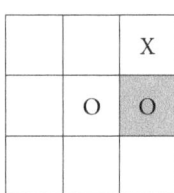 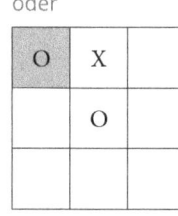

Abbildung 18.11 Sie platzieren Ihre Markierung gemäß Anleitung.

Auch Ihre nächsten Züge machen Sie von da an immer in der gleichen genutzten Richtung, jeweils ausgehend von der letzten Markierung des Zuschauers.

6. **Vierter Spielzug (Zuschauer):** Jetzt hat der Zuschauer keine freie Wahlmöglichkeit, denn er muss vermeiden, dass Sie drei Markierungen in einer Reihe vervollständigen! Also muss er seine Markierung entsprechend setzen (Abbildung 18.13).

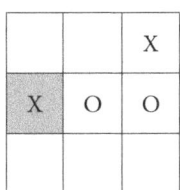 oder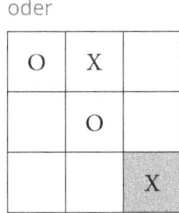

Abbildung 18.12 Dem Zuschauer bleibt nur, Sie zu blocken.

7. **Fünfter Spielzug (Zauberer):** Denken Sie an die zuvor verwendete Richtung, und setzen Sie Ihre Markierung.

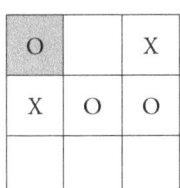 oder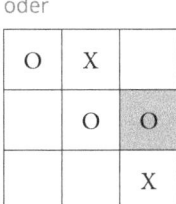

Abbildung 18.13 Sie markieren das nächste Feld in der zuvor genutzten Richtung.

8. **Sechster Spielzug (Zuschauer):** Wieder muss Ihr Zuschauer Sie blocken.

oder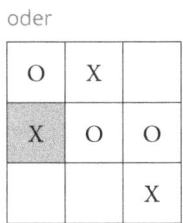

Abbildung 18.14 Dem Zuschauer bleibt nur, Sie zu blocken.

9. **Siebter Spielzug (Zauberer):** Sie gehen vor wie zuvor.

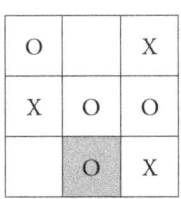 oder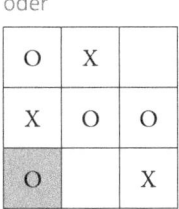

Abbildung 18.15 Sie halten sich wieder an die zuvor genutzte Richtung.

10. **Achter Spielzug (Zuschauer): Letzte Chance für den Zuschauer, Sie zu blocken.**

oder

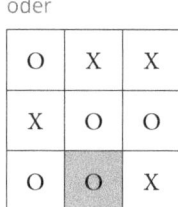

O	X	X
X	O	O
	O	X

O	X	X
X	O	O
O		X

Abbildung 18.16 Sie halten sich wieder an die zuvor genutzte Richtung.

oder

O	X	X
X	O	O
O	O	X

O	X	X
X	O	O
O	O	X

Abbildung 18.17 Sie markieren das letzte freie Feld.

11. **Neunter Spielzug (Zauberer): Sie belegen das letzte freie Feld mit Ihrer Markierung.**

12. »Unser Tic Tac Toe ist unentschieden ausgegangen. Und obwohl es circa zwei Millionen mögliche Spielzüge gibt, habe ich unser Spielergebnis richtig vorhergesehen.«

13. Sie entfalten Ihre Vorhersage zu sich und haben dabei Gelegenheit, sie so zu verdrehen, dass sie genau dem vorliegenden Spielergebnis entspricht.

Teil VI
Der Top-Ten-Teil

Mehr über die »... für Dummies«-Bücher finden Sie auf Instagram:
https://www.instagram.com/furdummies/

IN DIESEM TEIL ...

Herzlichen Glückwunsch! Wenn Sie die tollen Tricks auf den vorhergehenden Seiten ausprobiert haben, werden Sie entsprechende Rückmeldung von Ihren Zuschauern bekommen. Jetzt lernen Sie noch, welche Effekte wir ganz grundsätzlich unterscheiden und was man machen kann, wenn es bei einer Vorführung nicht ganz so läuft, wie man es sich wünschen würde.

Kapitel 19
Zehn Zaubereffekte

Erscheinen

Ein Objekt erscheint, möglichst überraschend, an einem zuvor leeren Platz oder Ort. Aber es muss schon mit Zauberei zu tun haben und gewollt sein ... im Gegensatz zu einem urplötzlich unter einem Scheibenwischer erschienenen Strafzettel, der natürlich kein Zaubereffekt, sondern ein Falschparkeffekt ist!

Beispiel im Buch: »Rohrverstopfung« in Kapitel 16

Verschwinden

Hierbei handelt es sich um das Gegenteil von »Erscheinen«. Häufig auch von angeheiterten Zuschauern ins Spiel gebracht, beispielsweise mit den Worten: »Können Sie auch mal meine Frau verschwinden lassen?« Ihre Antwort könnte lauten: »Gerne, die Kollegen mit den Sonnenbrillen und dem Betonpulver erledigen das sofort.«

Beispiel im Buch: »Der verschwundene Ehering« in Kapitel 13

Verwandeln

Wann immer aus einem Gegenstand ein anderer wird, geht es um eine Verwandlung. Ein klassisches Beispiel findet sich in der Bibel, wo Wasser in Wein verwandelt wird. Wenn Sie mehr Erfahrung in der Zauberei sammeln, können Sie bald auch einen Strafzettel in einen 50-Euro-Schein verwandeln. Achten Sie jedoch darauf, dass dieser nicht sofort wieder verschwindet!

Beispiel im Buch: »Papier zu Geld« in Kapitel 15

Wandern

Eine alte Volkszaubererweise lautet: »Das Wandern ist des Taschenspielers Lust.« Ein Gegenstand wird von einem Ort zum anderen gezaubert, ohne dabei nennenswerte Spuren zu hinterlassen.

Beispiel im Buch: »Geldschein in der Zitrone« in Kapitel 15

Restaurieren

Wenn ein zerstörter Gegenstand auf magische Weise wieder ganz gemacht wird, so heißt das in der Zauberfachsprache »restaurieren«. Erstaunlicherweise übt dieser Effekt auf viele Menschen eine große Anziehungskraft aus, obwohl er doch eigentlich netto pure Zeitverschwendung ist, denn am Ende haben Sie genau das, was Sie zu Beginn auch schon hatten. Dieser Effekt ist übrigens auch von Hobby-Steuerberatern bekannt.

Beispiel im Buch: »Zerschnittenes Tuch wird heil« in Kapitel 16

Durchdringen

Klassisches Beispiel ist die von einer Säge durchdrungene Jungfrau. Die ist allerdings heutzutage ein Problem. Man findet ja kaum noch eine, zumal sie ja scharf sein sollte. Also, ich meine die Säge.

Beispiel im Buch: »Flaschendurchdringung« in Kapitel 3 oder »Tuch durchdringt Handy« in Kapitel 17

Gegen die Naturgesetze

Eigentlich geht es bei der Magie ja ausschließlich um Effekte, die gegen die Naturgesetze zustande kommen. Allerdings gibt es schon ein paar klassische Themen, wie beispielsweise das Aufheben der Schwerkraft (Schweben – ohne Alkoholeinfluss) oder das Ungeschehenmachen von zuvor stattgefundenen Ereignissen. – Achtung! Autos können so oder so nicht schwimmen. Fahren Sie also weder bewusst in den Kanal, noch stürzen Sie sich mit Ihrem fahrbaren Untersatz versehentlich von einer Brücke!

Beispiel im Buch: »Cola-Mirakel« in Kapitel 3

Mentale Effekte

Vorhersagen künftiger Ereignisse, die Sie offenbar allein mit der Kraft Ihrer Gedanken treffen. – Nein, es geht nicht darum, einen Radarwarner einzusetzen und dann dort langsam zu fahren, wo der Blitzer steht. Außerdem gehört das scheinbare Gedankenlesen in diese Kategorie, das Ablesen von Wünschen der Gattin an ihren Augen jedoch nicht.

Beispiel im Buch: »Der magische Lolli« in Kapitel 11

Magie der Geisteskräfte

Alle Effekte und Erscheinungen, die Sie oder Ihr Publikum scheinbar durch Konzentration auslösen können.

Beispiel im Buch: »Das magische Pendel« in Kapitel 1

Mnemotechnik

Das könnte auch eine Untergruppe der »Mentalen Effekte« sein, allerdings hat sich die Mnemotechnik in den letzten Jahren sehr stark weiterentwickelt. Ganz grundsätzlich kommen vorbereitete Merkhilfen bei Effekten zum Einsatz, in deren Verlauf Sie offenbar eine große Gedächtnisleistung vollbringen.

Beispiel im Buch: »Das Riesengedächtnis« in Kapitel 11

> **OBJECTIVE IN DIESEM KAPITEL**
>
> Was tun, wenn jemand zu spät zu seinem Platz geht, während Sie zaubern?
>
> Was tun, wenn jemand während der Vorführung nach draußen geht?
>
> Was tun, wenn keiner lacht oder applaudiert?
>
> Was tun, wenn ein Besserwisser oder Angeber sagt: »Den Trick kenne ich schon«?

Kapitel 20
Viermal fünf Tipps für unangenehme Situationen

Wenn Sie dieses Buch nicht nur lesen, sondern studieren und verinnerlichen, dann wird praktisch niemals etwas bei der Vorführung Ihrer Tricks schiefgehen. So viel ist klar.

Was aber, wenn doch …? Sie müssen ja nicht mal schuld sein, meistens sind es ohnehin die anderen.

Deshalb hier eine Liste, was Sie tun oder sagen können, wenn Sie unverschuldet während des Zelebrierens Ihrer Wundertaten gestört werden.

Wenn jemand zu spät an seinen Platz geht …

Warten Sie einfach ab und machen Sie nichts. Warten Sie, bis derjenige sich hingesetzt hat. Lächeln Sie.

»Jetzt müssen wir noch mal von vorn anfangen.«

»Prima, dann können wir ja beginnen.«

»Gut, dass es geklappt hat. Wir dachten schon, Sie würden es nicht mehr schaffen.«

Schauen Sie einfach demonstrativ auf Ihre Uhr.

Wenn jemand während der Vorführung nach draußen geht ...

»Na bravo, ich dachte schon, der geht nie.«

»Der soll bloß draußen bleiben. Seine Visage stört mich die ganze Zeit schon.«

»Warten Sie – keine Sorge, es wird noch besser.«

»Okay, jetzt kann der Spaß endlich beginnen.«

»Das ist nett, dass Sie die anderen jetzt reinholen.«

Wenn keiner lacht oder applaudiert ...

»Hier ist es so beschaulich und ruhig – genau der richtige Ort, um mal zu proben.«

»Bitte heben Sie sich Ihren Applaus für später auf. Hoppla, jetzt haben Sie mich wirklich beim Wort genommen.«

»Noch nicht, gleich kommt der Knaller, dann dürfen Sie.«

»Gefällt Ihnen wohl nicht, wie?«

»Also, entweder alle zusammen oder gar keiner. Okay?«

Wenn jemand sagt: »Kenne ich schon« ...

»Ich auch.«

»Okay, dann können wir uns das sparen. Danke für Ihren Hinweis.«

»Nichts verraten, das wird unser gemeinsames Geheimnis.«

»Na und? Dann können Sie's jetzt noch mal sehen.«

»Prima, dann machen Sie doch schon mal weiter, während ich mir etwas zu trinken hole.«

Teil VII
Anhang

IN DIESEM TEIL ...

Mit Gleichgesinnten zu zaubern macht mehr Spaß, als nur allein im stillen Kämmerlein zu sitzen wie ein Dummie. Deshalb lade ich Sie im letzten Kapitel ein, dem Magischen Zirkel von Deutschland Ihre Aufwartung zu machen. Da finden Sie Gleichgesinnte und können Erfahrungen und Tricks austauschen.

> **IN DIESEM KAPITEL**
>
> gratuliere ich Ihnen
>
> erfahren Sie endlich, wo Sie andere Leidensgenossen treffen

Kapitel 21
Der Club der Zauberer

So, jetzt sind Sie also Zauberkünstler. Meinen herzlichen Glückwunsch! Fehlt eigentlich nur noch der richtige Club, oder?

Da hätte ich etwas für Sie: Seit meinem 16. Lebensjahr bin ich Mitglied des Magischen Zirkels von Deutschland (MZvD), das ist die internationale Vereinigung der Zauberkünstler zur Pflege und Förderung der Zauberkunst mit rund 3000 Mitgliedern in der Bundesrepublik und in aller Welt. Sie kommen aus allen Berufen, vom Handwerker bis zum Professor, vom Schüler bis zum Pensionär. Aber es sind nicht nur Männer, denn in stetig wachsender Zahl sind auch aktiv zaubernde Damen in unserem Verein vertreten. Allen – egal, ob Zauberprofis oder »nur« Hobbyzauberer – ist die Begeisterung für die Zauberkunst gemeinsam.

Die Geschichte unseres Vereins geht zurück ins Jahr 1912, als sich eine Handvoll begeisterter Zauberkünstler zusammentat und den Magischen Zirkel von Deutschland e.V. gründete. Heute ist der MZvD eine der größten Zauber-Vereinigungen weltweit.

Im Magischen Zirkel sind auch Sie willkommen, egal, ob Sie gerade die ersten Schritte in der Zauberkunst machen oder schon mit eigenem Programm auf der Bühne stehen. In jeder größeren Stadt treffen sich lokale Clubs, die sogenannten Ortszirkel, regelmäßig zum Erfahrungsaustausch, zu Seminaren und Fortbildungen und natürlich zum gemeinsamen Üben und Zaubern. So werden in den Ortszirkeln beispielsweise Zauberdarbietungen vervollkommnet oder neu einstudiert, beim gemeinsamen Fachsimpeln werden neue Effekte geboren oder Details diskutiert. Besonders beliebt sind die regelmäßigen Touren bekannter Spitzenmagier durch die Ortszirkel, die dort ihr Wissen an die Mitglieder weitergeben.

Für die jugendlichen Mitglieder veranstaltet der MZvD jedes Jahr Jugendworkshops, bei denen die Grundlagen der Zauberkunst in Theorie und Praxis vermittelt werden. Die »Lehrmeister« gehören zu den erfolgreichsten Zauberkünstlern der nationalen und internationalen Szene.

Wenn Sie ein »magischer Star« werden wollen, so nehmen Sie doch mit Ihrer Darbietung am Wettbewerb um die Deutsche Meisterschaft des MZvD teil, die alle drei Jahre stattfindet.

Schon manche große Karriere hat hier begonnen. Und wenn Sie bei der Deutschen Meisterschaft erfolgreich waren, können Sie sogar bei der Weltmeisterschaft antreten.

Jeden Monat erhalten die MZvD-Mitglieder die Vereinszeitschrift MAGIE. Sie ist eine der besten magischen Publikationen weltweit und bietet interessante Trickbeschreibungen namhafter Fachautoren aus allen Sparten der Zauberkunst und informiert über das Neueste aus der Zauberei. Die MAGIE ist exklusiv und kostenlos für die Mitglieder des MZvD. Ich will nicht unerwähnt lassen, dass Ihnen die MAGIE mit Sicherheit gefallen wird, wenn Ihnen dieses Buch Spaß gemacht hat, denn als MAGIE-Redakteur war ich viele Jahre für ihre Inhalte verantwortlich und habe ihr meinen Stempel aufgedrückt, der bis heute nachwirkt.

Wer noch mehr über die Zauberkunst wissen will, kann kostenlos die umfangreiche Zirkel-Fachbibliothek per Fernleihe benutzen.

Bleibt eigentlich nur noch die Frage, wann auch **Sie** Mitglied im Magischen Zirkel von Deutschland werden. Dazu müssen Sie nur eine Aufnahmeprüfung bestehen, die aus einem praktischen und einem theoretischen Teil besteht. Aber keine Sorge, diese Prüfung ist kein Staatsexamen, und Ihr Ortszirkel steht Ihnen mit Rat und Tat zur Seite und bereitet Sie darauf vor.

Setzen Sie sich mit der Geschäftsstelle des MZvD in Verbindung oder surfen Sie einfach mal bei MZvD vorbei. So erfahren Sie auch, an welchen Ortszirkel in Ihrer Nähe Sie sich wenden können.

Magischer Zirkel von Deutschland, Richard-Wagner-Straße 17, D-68623 Lampertheim. Oder schauen Sie mal online: www.mzvd.de

Wenn Sie in Österreich oder der Schweiz wohnen, dürfen Sie sich trotzdem gerne an den MZvD wenden. Oder aber an die jeweiligen nationalen Zaubervereinigungen:

Magischer Ring Austria, Leukentalweg 2, A-6380 St. Johann in Tirol, www.mra.at

Magischer Ring der Schweiz, Oberseeweg 22, CH-8853 Lachen, www.mrs-cms.ch

Abbildungsverzeichnis

Abbildung 1.1: Der Spielplan 26

Abbildung 1.2: Genauso viele Finger, wie Sie hochhalten, plus einige weitere, um auf insgesamt elf zu kommen! 32

Abbildung 1.3: Einer dieser 15 Dummies verschwindet vor Ihren Augen. Welcher? Wohin? 39

Abbildung 1.4: So hält der Mitspieler das Pendel über dem Tisch. 41

Abbildung 2.1: Beispiel für ein magisches Quadrat 51

Abbildung 2.2: Ein Blick auf die 1 und wie sie zur 4 wird: links die deutsche Schreibweise und rechts die amerikanische Variante. 55

Abbildung 2.3: Sie zeichnen zwei leere Magische Quadrate, von denen eins mit den Zahlen von 1 bis 16 befüllt wird. 57

Abbildung 2.4: Der erste Zuschauer nennt beispielsweise die 8. Die übrigen Zahlen der gleichen Spalte und Reihe werden durchgestrichen. 58

Abbildung 2.5: Der zweite Zuschauer nennt beispielsweise die 2. Die übrigen Zahlen der gleichen Spalte und Reihe werden durchgestrichen. 58

Abbildung 2.6: Der dritte Zuschauer nennt beispielsweise die 11. Die übrigen Zahlen der gleichen Spalte und Reihe werden durchgestrichen. 58

Abbildung 2.7: Für den vierten Zuschauer bleibt in diesem Fall die 13 übrig. 59

Abbildung 2.8: So wird das zweite Magische Quadrat befüllt. 59

Abbildung 3.1: Die zusammengeknüllte Papierserviette ist in der linken Hand versteckt. 64

Abbildung 3.2: Die zerrissene und die intakte Serviette werden vertauscht. 64

Abbildung 4.1: Die mit dem Bild nach oben gedrehte Karte und ein oder zwei darunter liegende werden als eine nach hinten geschoben. 76

Abbildung 4.2: Nacheinander werden Karten vom Spiel genommen und anschließend mit dem Bild nach oben gewendet. 77

Abbildung 4.3: Auf die Asse werden nacheinander Karten vom Spielrücken gelegt. 80

Abbildung 5.1: Erst die Arme verschränken, dann mit jeder Hand ein Seilende vom Tisch ergreifen. 90

Abbildung 5.2: Ein Zuschauer schlägt einen ganz normalen Knoten. 92

Abbildung 5.3: Ein weiterer Zuschauer darf die Seilenden mehrfach verknoten. 92

Abbildung 5.4: Hinter Ihrem Rücken (oder unter Deckung eines Tuchs) ziehen Sie den Knoten zum Endknoten. 93

Abbildung 5.5: Das Seil wird vorgezeigt. 94

Abbildung 5.6: Die Seilmitte wird als Schleife scheinbar in die linke Hand gelegt. 94

Abbildung 5.7: Die Zuschauer-Sicht 95

Abbildung 5.8: Das Seil wird durchgeschnitten. 96

Abbildung 5.9: In Wirklichkeit ist die Situation diese. 96

Abbildung 5.10: Die Seilschlinge läuft um den linken Daumen. 97

Abbildung 5.11: Der linke Zeigefinger zieht den linken Strang nach rechts. Die rechte Hand legt anschließend die untere Schlaufe über den Daumen. 98

Abbildung 5.12: Der linke Daumen ist eigentlich schon befreit. 98

Abbildung 6.1: So sehen die Daumen und ihr technisches Innenleben aus. 100

Abbildung 6.2: So kann man die Taschenlampe ein- und ausschalten. 101

Abbildung 6.3: Die LED leuchtet durch die Fingerbeere hindurch. 101

Abbildung 6.4: Die LED wird scheinbar abgepflückt. 102

Abbildung 6.5: So wird der Gegenstand auf Ihrem Handy platziert.   107

Abbildung 6.6: Der Original-Screenshot   108

Abbildung 6.7: Der bearbeitete Screenshot   109

Abbildung 6.8: So werden die beiden Screenshots im Videoprogramm bearbeitet.   110

Abbildung 6.9: Das Handy wird in Rotation versetzt.   111

Abbildung 6.10: Aus so einem Deckel lässt sich das Gimmick sehr einfach herstellen.   112

Abbildung 6.11: So sieht der Fake-Bildschirm aus.   112

Abbildung 6.12: Scheinbar ist der Bildschirm durch den Handysturz zerbrochen!   113

Abbildung 6.13: Das entliehene Handy liegt in der linken Hand; der Ballon befindet sich in der rechten Hand.   117

Abbildung 6.14: Die rechte Hand drückt den Ballon aufs Handy, während gleichzeitig kontrolliert Luft entweicht …   118

Abbildung 6.15: … wodurch sich der Ballon ums Handy legt. So sieht das von oben aus.   118

Abbildung 6.16: … und so von unten.   119

Abbildung 6.17: Nachdem die Tülle aufgebissen wurde, lässt sich eine Lage der Ballonhaut auf die andere Seite des Handys umschlagen.   120

Abbildung 7.1: Der rechte Daumen wird in die linke Handfläche gelegt.   125

Abbildung 7.2: Für die Zuschauer sieht (noch) alles normal aus.   125

Abbildung 7.3: Der Daumen wird abgetrennt und zum Ellbogen geschoben.   126

Abbildung 8.1: Die Karte wird auf die ausgestreckten linken Finger gelegt.   128

Abbildung 8.2: Nach dem Drehen der Hand schiebt der Daumen die Karte aus der Faust.   129

Abbildung 8.3: Die Karte wurde magisch bedruckt.   129

Abbildung 8.4: Die Griffe werden über der Tüte zusammengebracht und miteinander verzwirbelt.   132

Abbildung 8.5: Der Unterarm wird scheinbar durch die Tütengriffe gesteckt.   132

Abbildung 8.6: Die Tüte wird ruckartig nach unten gezogen.   133

Abbildung 8.7: Die Tütengriffe sind unversehrt.   133

Abbildung 8.8: Bauplan für die Schachteln   135

Abbildung 8.9: Die beiden Schachteln können Sie nach Ihren eigenen Vorstellungen unterschiedlich dekorieren.   136

Abbildung 8.10: So werden die Schachteln ineinander gestellt, um das topologische Wunder zu ermöglichen.   136

Abbildung 9.1: Die zweite Karte wird unbemerkt nach unten verschoben, während die beiden roten Damen nach oben geschoben werden.   146

Abbildung 10.1: So wird die verborgene Münze gehalten.   156

Abbildung 10.2: Der alles entscheidende Spielplan   157

Abbildung 11.1: So werden Papierstreifen und Schere gehalten.   170

Abbildung 11.2: Die Geldscheine liegen in einer Reihe.   174

Abbildung 12.1: Flugzeug (Image by Hiljon from Pixabay)   180

Abbildung 12.2: Fahrrad (Image by Pexels from Pixabay)   180

Abbildung 12.3: Auto (Image by Sabine Kroschel from Pixabay)   181

Abbildung 12.4: Schiff (Image by Susann Mielke from Pixabay)   181

Abbildung 12.5: Zug (Image by Marvin from Pixabay)   182

Abbildung 12.6: Rückseite (Image by michal ozeri from Pixabay)   182

Abbildung 12.7: So werden die Karten zerrissen.   183

Abbildungsverzeichnis

Abbildung 12.8 Die Bebilderung der 25 Karten   186

Abbildung 12.9 Die fünf Karten mit Namen der Netzwerke   190

Abbildung 12.10: Die benötigten Symbole und ihre Anordnung   195

Abbildung 13.1: So wird der (eigentlich undurchsichtige) Faden am Stift befestigt.   198

Abbildung 13.2: Durch Anspannen des Fadens bewegt sich der Ring auf dem Bleistift nach oben.   198

Abbildung 13.3: Scheinbar ist die linke Hand leer …   201

Abbildung 13.4: … aber in Wirklichkeit halten Sie den Ring geschickt verborgen.   201

Abbildung 13.5: So wird der rechte Zeigefinger mehrmals nacheinander in den Ring geschoben.   202

Abbildung 13.6: Der Ring ist auf dem Zeigefinger erschienen.   202

Abbildung 13.7: Der Ring befindet sich auf dem linken Kleinfinger.   203

Abbildung 14.1: Das Kartenspiel wird am Umschlag getrennt.   207

Abbildung 14.2: Der Umschlag wird von oben ergriffen und dann die rechte Hand umgedreht.   207

Abbildung 14.3: Die linke Spielhälfte wird auf die rechte gelegt.   208

Abbildung 14.4: Das Kartenspiel wird ungefähr in der Mitte abgehoben.   210

Abbildung 14.5: Simultan werden beide Hände umgedreht und die Karten versetzt übereinandergelegt.   210

Abbildung 14.6: Die beiden Päckchen werden per Riffelmischen ineinander gemischt (in Wirklichkeit liegen die Karten links mit dem Bild nach oben).   211

Abbildung 14.7: Bube und Dame liegen an den Positionen 2 und 4.   217

Abbildung 14.8: Nachdem die Dame die Karten »gemischt« hat, schieben Sie heimlich jede zweite Karte nach vorn heraus.   218

Abbildung 14.9: Das Kartenspiel wird bis zur ersten mit dem Bild nach unten liegenden Karte aufgefächert.   220

Abbildung 14.10: Beim Ausstreifen des Spiels werden zwei Asse sichtbar.   221

Abbildung 14.11: Die Karten links und rechts der Asse werden beiseitegeschoben.   221

Abbildung 14.12: Am Ende des Tricks liegen die Karten in dieser Anordnung.   222

Abbildung 15.1: Der rechte Arm wird gebeugt, sodass die Hand in der Nähe des Kragens gehalten werden kann. Die linke Hand reibt die Münze oberhalb des Ellbogens.   226

Abbildung 15.2: Die Münze befindet sich in der rechten Hand mitten unter dem Taschentuch (das Tuch wurde weggelassen).   228

Abbildung 15.3: Der linke Daumen formt unbemerkt eine Stofftasche zwischen Münze und rechtem Daumen (auf der rechten Abbildung wurde das Tuch weggelassen).   228

Abbildung 15.4: Der Ring wird über das Tuch geschoben.   230

Abbildung 15.5: Die linke Hand verschließt die Glasöffnung.   233

Abbildung 15.6: Die ausgestreckten Finger der linken Hand fangen die Münze auf und befördern sie ins Glas.   234

Abbildung 15.7: Die rechte Hand deutet mit dem Stift auf die Münze.   235

Abbildung 15.8: Tippen Sie nebenbei mit dem Stift auf die Münze.   236

Abbildung 15.9: Der Stift wird wie ein Zauberstab geschwungen.   236

Abbildung 15.10: Position der zusammengefalteten Geldscheine auf der Rückseite eines weißen Papiers   237

Abbildung 15.11: Der Bleistift wird durch Papier und Geldschein gestoßen.   239

Abbildung 15.12: Die Position des Schlitzes im Geldschein.   239

Abbildung 15.13: Das Papier wird über den Schein gelegt und anschließend die Falze egalisiert.   240

Abbildung 15.14: Der Bleistift wird in den Schein gesteckt ...   240

Abbildung 15.15: ... aber in Wirklichkeit geht er – unter Deckung des Papiers – direkt in den Schlitz und kann den Schein daher nicht verletzen (in dieser Abbildung wurde das Papier entfernt).   241

Abbildung 16.1: Die Vorbereitung: Die Tücher werden mit Gummiringen verbunden.   248

Abbildung 16.2: Ein Zuschauer darf das Tuch in der Mitte durchschneiden.   250

Abbildung 16.3: Das Tuch ist wirklich zerschnitten, daran kann kein Zweifel bestehen.   250

Abbildung 16.4: Die Schnittkanten müssen genau nebeneinanderliegen.   251

Abbildung 17.1: Das auf Karton ausgedruckte Kamerasymbol   254

Abbildung 17.2: Das Zubehör auf einen Blick   255

Abbildung 17.3: Beispiel für eine Bluetooth-Fernsteuerung   255

Abbildung 17.4: Wenn das Blitz-Symbol durchgestrichen ist, wird kein Blitz ausgelöst.   256

Abbildung 17.5: Der Effekt: Das Tuch wird mitten durchs Handy gezogen.   260

Abbildung 17.6: Schematische Darstellung: Statt des Tuchs wurde hier ein Seil verwendet, um den Weg des Tuchs zu illustrieren.   261

Abbildung 17.7: Auf der wissenschaftlichen Tastatur ist die öffnende Klammer »(« zu finden.   264

Abbildung 17.8: Das Telefon schwebt.   267

Abbildung 17.9: So verläuft der Faden.   267

Abbildung 17.10: Die Position der Schlinge   268

Abbildung 17.11: So wird das Handy zunächst gehalten.   269

Abbildung 17.12: Die beiden benötigten Abbildungen   270

Abbildung 17.13: Die Karte auf dem Bildschirm wird nach links gezogen ...   271

Abbildung 17.14: ... und gleichzeitig materialisiert sich die reale Karte.   272

Abbildung 17.15: In Ihrer ausgestreckten Hand befindet sich nichts.   273

Abbildung 17.16: Das neue Motiv ähnelt dem vorigen, allerdings halten Sie keine Karte in der ausgestreckten Hand.   274

Abbildung 17.17: So oder so ähnlich könnte der Untersetzer beschrieben sein.   276

Abbildung 18.1: Ein paar Beispiele der Aufnahmen   281

Abbildung 18.2: Die Karten werden beiläufig vorgezeigt.   282

Abbildung 18.3: Das kreisförmige Ablegen der Fotos   283

Abbildung 18.4: Das nächste Foto wird immer dorthin gelegt, wo das vorhergehende hinzeigt (die Abbildungen sind Beispiele!).   284

Abbildung 18.5: Das Spielfeld   286

Abbildung 18.6: Zerschneiden Sie das Spielfeld an den dick hervorgehobenen Linien.   287

Abbildung 18.7 Ihre Vorhersage   289

Abbildung 18.8 Es gibt drei weitere Möglichkeiten, Ihre Vorhersage zu lesen: um 90, 180 oder 270 Grad gedreht.   289

Abbildung 18.9 Ihr erster Schritt   290

Abbildung 18.10 Die Optionen Ihres Zuschauers: Entweder ein Eckfeld (links) oder ein Mittelfeld (rechts).   290

Abbildung 18.11 Sie platzieren Ihre Markierung gemäß Anleitung.   290

Abbildung 18.12 Dem Zuschauer bleibt nur, Sie zu blocken.   291

Abbildung 18.13 Sie markieren das nächste Feld in der zuvor genutzten Richtung.   291

Abbildung 18.14 Dem Zuschauer bleibt nur, Sie zu blocken.   291

Abbildung 18.15 Sie halten sich wieder an die zuvor genutzte Richtung.   291

Abbildung 18.16 Sie halten sich wieder an die zuvor genutzte Richtung.   292

Abbildung 18.17 Sie markieren das letzte freie Feld.   292

Stichwortverzeichnis

A

»Abber Daumen« 124
Abdribbeln 219
Abgebissenes Glas 155
Abheben 82
Alles hängt am Geld 186
Alle Vier! 83
Asche zu Asche 37
Ass-Erscheinen 78
Aufgespießtes Geld 238

B

Bezauberndes Rendezvous 216
Blitzaddition 49
Blitzrechnen 45
Buchtest 177

C

Code 104
Cola-Mirakel 69
Curry, Paul 285

D

Das Handy im Ballon 117
Das magische Pendel
Das Magische Pendel 40
Das Magische Quadrat I 51
Das Magische Quadrat II 57
Das Mirakel der Getränkedosen 33
Daumen 100
Der Codebrecher 104
Der Trick, der sogar Einstein täuschte 30
Der unkaputtbare Zahnstocher 66
Der verschwindende Dummie 38
Deutsche Meisterschaft 303
Deutungshoheit 280
Die Bierdeckel-Lotterie 67
Die Fehlende Zahl 47
Die Handy-Erleuchtung 99
Die Karte im Handy
Die noch unkaputtbarere Serviette 65
Die Regierung weiß alles
Die unkaputtbare Serviette 63
Dreifache Vorhersage 247
Drunter und drüber 209
Durchdringen 296

E

Echtes Gedankenlesen 175
Ein reißerischer Trick 179
Eliminationsprozess 164
Entsperrcode 104
Erscheinen 295
Erscheinender Ring 200

F

Fahrstuhl-Asse 141
Falschabheben 75, 206
Farbstifte 172
Finger durch die Luft fliegen lassen 126
Flaschendurchdringung 69
Force 81, 178
Forcieren 212
Formenvielfalt 194
Fotokopierter Kartentrick 211
Futschikato 111

G

Gänzlich verschwundene Münze 246
Gedächtniswunder 213
Gedankenlesen 43
Gefangener Knoten 91
Gegen die Naturgesetze 296
Gegenstand 170
Geisteskräfte, Magie der 297
Geldschein in der Zitrone 241
Gezwungene Wahl 81
Glas durch Tischplatte 251
Großmutters Maßband 279

I

Ich bin meiner Zeit voraus 36
Ihre Glückszahl 54
Ihre Rufnummer ist ... (Version 1) 102
Ihre Rufnummer ist ... (Version 2) 113
Ihre Rufnummer ist ... (Version 3) 259
Ihre Rufnummer ist ... (Version 4)
Ihre Rufnummer ist ... (Version 5)
Ihr Vorname? 74
iKamera rausnehmen 253

J

Je wertvoller der Geldschein 173

K

Karte an der genannten Stelle 142
Karte im Handy 269
Keine halbe Sache 84
Kein zeitloser Trick 147
Knirschender Nacken 123
Knoten, ohne die Enden loszulassen 89
Kolumne 168
Kopf oder Zahl? 34

L

Leere Hand 272
Leitkarte 76
Logisch
Luftballonluft wird verzaubert 158

M

Magie (Zeitschrift) 304
Magischer Lolli 163
Magischer Zirkel von Deutschland 303
Magisches Domino 277
Magisches Tic Tac Toe 289
Magnetische Damen 145

Manipulierter Zufall 218
Markierte Münze
  verschwindet 234
Mega-Multiplikations-
  Mysterium 115
Mentale Effekte 296
Mentales Kartenkunststück
  150
Mentalmagie 163
Mnemotechnik 297
Mobilnummer 102
Münze aus dem Nichts 231
Münze durchdringt
  Taschentuch 227
Münze durchdringt
  Taschentuch und Ehering
  229
Münze durch Glas 233

P

Papier zu Geld 237
Parapsychologie 106
Perfekte Vorhersage 205
Poker 188
Präparation 83, 237

R

Regierung weiß alles
  265
Reißerischer Trick
Restaurieren 93, 296
Riesengedächtnis 164

Riffelmischen 211
Ring durch Finger 202
Rohrverstopfung 245
Rot und schwarz 152
Rot und Schwarz 81

S

Sagen Sie Stopp 75
Scheinübergabe 227
Schnitt! 93
Schnur durch Daumen 97
Schwebender Ring 197
Schwebendes Telefon 266
Social-Media-Magie 189
Spontanes
  Visitenkartendrucken
  127

T

Taschenrechner 104
Telefon-Trick 86
Telekinese 106
Topologisches Wunder 285
Total verdreht
Tuch durchdringt Handy
  260

U

Umzählen 150
Unkaputtbare Einkaufstüte
  131
Unmöglich 149

V

Verschachtelt 134
Verschwinden 295
Verschwindender
  Strafzettelblock 130
Verschwindendes Handy 262
Verschwundener Ehering 199
Verwandeln 295
Vier Asse wandern 139
Vier Karten 193
Vier Zahlen 54
Von Stunde zu Stunde 73
Vorbereitung 177
Vorhergesehen 144

W

Wandern 295
Wandernde Asse 79
Wer lügt – und wer sagt die
  Wahrheit? 27
Wingman 103

Z

Zauberreif 90
Zeigen Sie ihnen die Zähne
  156
Zerriebene Münze 225
Zerschnittenes Tuch wird heil
  249
Zuckersüß 71
Zufällige Karte 191

Bücher schreiben: mit der Hilfe von Profis nicht schwer

AXEL HOLLMANN und MARCUS JOHANUS

Romane schreiben und veröffentlichen für Dummies

2. Auflage

2024. 368 Seiten. Broschur.
ISBN: 978-3-527-72196-2
Ladenpreis: € 18,-

Haben Sie auch schon einmal mit dem Gedanken gespielt, Ihren eigenen Roman zu schreiben? Dieses Buch begleitet Sie auf Ihrem Weg als Schriftsteller. Axel Hollmann und Marcus Johanus helfen Ihnen, faszinierende Buchideen zu entwickeln, interessante Figuren zu erfinden, fesselnde Dialoge zu schreiben und spannende Handlungsbögen aufzubauen. Außerdem finden Sie in diesem Buch das wichtigste Handwerkszeug, das Sie als Romanautor beherrschen sollten, und Möglichkeiten, Ihr Buch als gedrucktes Buch oder E-Book, im Selfpublishing oder bei einem Verlag zu publizieren und zu vermarkten. In der neuen Auflage kommen die Themen KI beim Schreiben und Social-Media-Marketing hinzu sowie Trendthemen für Titel (Umwelt, Diversität), Hörbücher und Schreibschulen.

*Der €-Preis gilt nur für Deutschland. Preisänderungen und Irrtümer vorbehalten.

Tauchen Sie ein in die faszinierende Welt der Kunst

JESSE BRYANT WILDER

Kunstgeschichte für Dummies

2024. 450 Seiten. Broschur.
ISBN: 978-3-527-72119-1
Ladenpreis: € 29,-

Begeben Sie sich mit »Kunstgeschichte für Dummies« auf eine Reise durch Zeit und Raum: Lernen Sie Kunstwerke aus aller Welt kennen und betrachten Sie gemeinsam mit Jesse Wilder Kunstwerke aller Epochen: von den ersten Höhlenzeichnungen über die griechische und römische Kunst, Gothik und Barock, Impressionismus und Expressionismus bis in die Gegenwart. Erfahren Sie, was typisch für die einzelnen Epochen und Kunststile ist, wie die Kunst mit den historischen Ereignissen ihrer Entstehungszeit zusammenhängt, welche Künstler wann welche Kunstwerke schufen und welche Museen besuchenswert sind.

*Der €-Preis gilt nur für Deutschland. Preisänderungen und Irrtümer vorbehalten.

Faszination Sternenhimmel: mit diesem Buch greifbar nahe

STEVE OWENS und MARCUS SCHENK
Sterne beobachten für Dummies

2024. 304 Seiten. Broschur.
ISBN: 978-3-527-72230-3
Ladenpreis: € 20,-

Dieses Buch beantwortet Ihnen leicht verständlich die grundlegenden Fragen rund ums Sterne beobachten. So erfahren Sie, wie Sie ein Teleskop benutzen und wie Sie sich mit bloßem Auge am Nachthimmel orientieren, bevor Sie die Sternbilder kennenlernen. Dabei bringen Ihnen farbige Abbildungen die Sterne ganz nahe. Anschließend führen Steve Owens und Marcus Schenk Sie durchs ganze Jahr und erklären Ihnen, wann Sie welche Sterne beobachten können. Von den Planeten des Sonnensystems bis zu den lichtschwachen »Deep Sky-Objekten« im tiefen All - dieses Buch enthält alles, was Sie für Ihre Tour durch den Nachthimmel wissen müssen.

*Der €-Preis gilt nur für Deutschland. Preisänderungen und Irrtümer vorbehalten.

Verständlich, unterhaltsam, aktuell: Alles, was Sie über KI wissen wollen

RALF OTTE

Künstliche Intelligenz für Dummies

2. Auflage

2023. 512 Seiten. Broschur.
ISBN: 978-3-527-72099-6
Ladenpreis: € 26,-

Künstliche Intelligenz begegnet uns immer mehr im täglichen Leben. Egal ob intelligente Autos, Roboter, Chatbots oder Systeme, die uns im Schach und Go besiegen, KI wird immer wichtiger. Ralf Otte beschreibt präzise und dennoch einfach diejenigen Algorithmen, die all das ermöglicht haben, erläutert Beispielanwendungen aus der Industrie, erklärt die zugrundeliegende Mathematik und zeigt darüber hinaus klare Grenzen für die Künstliche Intelligenz der nächsten Jahre auf. In dem Buch werden die mathematischen Grundlagen der KI besprochen, sie sind jedoch nicht zwingend notwendig, um die Kernaussage des Buches zu verstehen.

*Der €-Preis gilt nur für Deutschland. Preisänderungen und Irrtümer vorbehalten.

Warum ewig auf einen Tisch warten, wenn Sie ihn auch einfach selbst bauen können?

JEFF STRONG

Mit Holz arbeiten für Dummies

2023. 336 Seiten. Broschur.
ISBN: 978-3-527-72053-8
Ladenpreis: € 26,-

Fertigen Sie Möbel und andere Dinge aus Holz an! Ob nützlich oder einfach dekorativ: Ihrer Kreativität sind keine Grenzen gesetzt. Jeff Strong leitet Sie durch den Entstehungsprozess schöner Holzprodukte. Sie erfahren, welche Werkzeuge und Holzarten für die geplante Arbeit geeignet sind und welche Techniken Sie am besten einsetzen. Machen Sie Pläne für ein erfolgreiches Projekt oder legen Sie direkt los: mit den enthaltenen Schritt-für-Schritt-Anleitungen für Bücherregale, Tische, Schränkchen und Kommoden und erschaffen Sie schöne Gegenstände mit Ihren eigenen Händen. Mit diesem Buch erhalten Sie einen schnellen und gut verständlichen Zugang zum Handwerk der Holzbearbeitung.

*Der €-Preis gilt nur für Deutschland. Preisänderungen und Irrtümer vorbehalten.

Ob Heizung, Lüftung oder Wasserleitung: So verstehen Sie Ihr Haus besser

MARTIN SCHLOBACH

**Haustechnik für Dummies
Alles-in-einem-Band**

2023. 656 Seiten. Broschur.
ISBN: 978-3-527-71848-1
Ladenpreis: € 30,-

Wollen oder müssen Sie wissen, wie die ganze Technik in Ihrem Haus funktioniert? Martin Schlobach erklärt Ihnen, wie Sie energiesparend bauen und sanieren, was es mit der Heizungs- und Kältetechnik auf sich hat, wie Lüftungen funktionieren, was Sie bei der Elektrotechnik in Ihrem Haus beachten sollten und vieles mehr. Er erläutert die Möglichkeiten von Smart Homes und weist Sie darauf hin, was Sie bei Wasser und Abwasser bedenken sollten. Außerdem erhalten Sie noch viele praktische Tipps: eine kleine Werkzeugkunde, eine Anleitung Strom- und Heizkostenabrechnungen zu verstehen, Hinweise um die Heizung zu optimieren und viele weitere. So werden Sie Ihr Haus besser verstehen und erfahren, wie Sie richtig Geld sparen können.

*Der €-Preis gilt nur für Deutschland. Preisänderungen und Irrtümer vorbehalten.

Perfekte Planung und Organisation mit Excel, One Drive, Teams und Co.

ALEXANDER BLUMENAU,
ANDREA WINDOLPH und PHILIP KIEFER

**Projektmanagement mit
Microsoft 365 für Dummies**

2024. 544 Seiten. Broschur.
ISBN: 978-3-527-72171-9
Ladenpreis: € 30,-

In diesem Buch erfahren Sie, wie die Funktionen von Excel und weiteren Microsoft-365-Programmen Sie beim Initiieren, Planen und Überwachen von Projekten unterstützen. Von der Risikoanalyse bis zu Prognoserechnungen: Lernen Sie typische Projektmanagement-Methoden kennen und erfahren Sie insbesondere, wie Sie Informationen und Daten mit Excel aufbereiten, ansprechend visualisieren und anschließend vor Auftraggeber und Team präsentieren. Auch die Verwaltung von Dateien und die digitale Zusammenarbeit mithilfe von OneDrive und Microsoft Teams kommen nicht zu kurz. So steht dem erfolgreichen Projektabschluss nichts mehr im Weg.

*Der €-Preis gilt nur für Deutschland. Preisänderungen und Irrtümer vorbehalten.

Ein Buch, das den Lesern das Wasser im Mund zusammenlaufen lässt!

MARKUS BORNHOLDT
Käse für Dummies

2023. 258 Seiten. Broschur.
ISBN: 978-3-527-72126-9
Ladenpreis: € 18,-

Egal, ob Sie lieber Weich- oder Hartkäse, Schweizer oder Französischen Käse genießen – in diesem Buch lernen Sie jede Menge neue Käsesorten aus aller Herren Länder kennen. Käsesommelier Markus Bornholdt plaudert aus dem Nähkästchen und würzt jede Käsesorte mit Anekdoten, geschichtlichen Hintergründen und Tipps, wie Sie diesen Käse am besten genießen. Außerdem erfahren Sie, wie Käse hergestellt wird, wie Sie selbst käsen und welche Lieblingsrezepte Ihnen der Autor ans Herz legt.

*Der €-Preis gilt nur für Deutschland. Preisänderungen und Irrtümer vorbehalten.